燕都掌故

瞿宣颖 著
侯磊 编注

北京出版集团
北京出版社

图书在版编目（CIP）数据

燕都掌故 / 瞿宣颖著；侯磊编注. -- 北京：北京出版社，2025.8
ISBN 978-7-200-18385-6

Ⅰ. ①燕… Ⅱ. ①瞿… ②侯… Ⅲ. ①北京—地方史—掌故 Ⅳ. ① K291

中国国家版本馆 CIP 数据核字（2023）第 234065 号

总 策 划	高立志	责任编辑	张　帅
责任印制	燕雨萌	封面设计	金　山
责任营销	猫　娘	封面绘图	宗其香

燕都掌故
YANDU ZHANGGU
瞿宣颖　著　侯磊　编注

出　　版	北京出版集团
	北 京 出 版 社
地　　址	北京北三环中路 6 号
邮　　编	100120
网　　址	www.bph.com.cn
发　　行	北京伦洋图书出版有限公司
印　　刷	北京华联印刷有限公司
开　　本	880 毫米 × 1230 毫米　1/32
印　　张	14.5
字　　数	260 千字
版　　次	2025 年 8 月第 1 版
印　　次	2025 年 8 月第 1 次印刷
书　　号	ISBN 978-7-200-18385-6
定　　价	88.00 元

如有印装质量问题，由本社负责调换
质量监督电话　010-58572393

史地民俗　文学不俗

　　古今对历史留下文字者文人为上，其中以从事过政治工作的舞台为根基，留意录下日常所作所为的随笔日记，此乃第一经历的较客观文献。此种方式往上是帝王"起居注"，往下则是日常生活流水"札记"。在这些札记中所载事迹，除生活琐事、个人情感外，更有重大价值的则是在于史地民俗方面。其实，真确的民俗就是历史，田野调查或文献考据成为纸上的文章，需要多少代人毕生耕耘方能呈现出好学问。

　　若经常找些应时当令的文字，做畅销书籍亦是有些成就。但沾传统文化复兴之光，从事"非遗"创收，容易"速成"的作品不过是昙花一现。可是，古时文人往往并不着力于创作，而是努力编辑、整理、记录前人作品，从基础做起按规律采撷修复。专门梳理这些萧疏文字做成合集，做此种种奠基性质的工作很是辛苦，恰似扫墓修坟的编撰，不仅劳神费工夫，也常有瑕疵被不知情者指责。但此种研究成就远比写点人云亦云的回忆，对社会的贡献更大。若有此心志去从基础做起，则是学习前人做学问的根本，而今就是需要此种精神修文。

旧时，很多读书人熟悉明末张岱的文章，而今众人自认为是彼时的文学创作，其实这就是真准的史地民俗记录。历史往往就是这样，在朝代更迭历乱之时总会出现多彩的见闻或回忆，还有不少传说笔录，皆是弥补正史不足的最佳资料。而今，我们打算了解明代的内廷活动，只有看刘若愚老太监的《酌中志》，这是他以第一经历所记录的现实生活，万幸遗留在民间才得以流传。《万历野获编》则是后人的辑录，也能得知一些更多的史地民俗。那么，我们再看后世刘鹗的《老残游记》，以包天笑为首的"鸳鸯蝴蝶派"文字，还有在张恨水、老舍他们这一代人的作品中，保存史地民俗的成分已成其文学的一个重要组成结构。

瞿宣颖先生就是身兼文学家、史学家、艺术家乃至政治家等多重身份，至于书画只不过是趣味修养的一部分，已经熔铸在其生活中了。百年以来，宣颖先生文字最具史地民俗学的范例，亦是我们所高山仰止的文学作品。学者陈永正、徐晋如二位主编的《百年文言》一书，首选瞿宣颖先生《曾敬诒先生六秩寿颂》骈文，在书中被赞誉为："现代骈文，以瞿宣颖为第一！"

史学无论官修还是民间著述，乏味枯燥文字自然很多。至于正史、志略、外史、杂史、野史以外，还有名曰"稗史"之题目,即是草芥掺杂稻菽中的假种子。不过,由此发展延伸便是演义故事等文学作品,一直到传奇和说书类的艺术表现形式,中国的文学多是唱出来后,经时间推移洗尽铅华后再用文字精致装点而成。宣颖先生除了文言、白话的文章外,以半文言——浅文言来写北京的史地民俗,很是值得特别关注的。古人的笔记、小说、信札、日记、语录等,特别是宋、元、明、清以来的散文小品,多是用半文言或浅文言写作。宣颖先生的浅文言用词典雅,口语文风不俗却又无诘屈聱牙之感。此类文字与他早年以生僻字做文言的习惯不同,此种浅半文言并不能证明所谓的"文学进化论",我们深信中国的文学并不是从汉赋——魏晋六朝文——唐诗——宋词——元曲——明清小说——"五四"白话文一路"进化"或"简化"而来的,文学的发展不能说是"行文越来越简化","文字越来越简单"。未来之中国文学必然继承精致有思想的文字,在汉字的运用发展中我们更无法妥协,文学从近代的白话批判必然回归细腻婉折的述史经典格局。

宣颖先生经多见广,在鉴赏、辑略前人文章方面见地很高。《同光间燕都掌故辑略》中,所辑李慈铭(1830—1894)、翁同龢(1830—1904)、王闿运(1833—1916)等晚清三家日记篇章,皆是为美玉醍醐,画龙点睛。这与其政治经历和艺术经历不无关联,因此他走访京华旧迹,所论并非街头巷尾的闲谈,而是对历史的精辟分析。他在知名杂志《古今》上发表的《苑西志感》中论道：

> 武宗初来，偏信刘瑾，阁臣刘健、谢迁欲诛之而未能，致反为所排斥。论者多恶瑾为人，以为大奸慝。其实瑾之专权，仍与士夫相结，特有一南北成见耳。其党焦芳力持南人不可为相之论，瑾不过相与附和而已。比瑾之诛，仍由杨一清结张永而得其助。细按史实，只是宦官间之争权，与南北朝臣朋党之起伏。瑾固不良，然去瑾又何益于国，徒使武宗更不信任朝臣而已。且瑾综核名实，奏罢各边年例银两，似颇不负任使，非持禄养交之朝臣所及，固未必无一节之长也。

> 因过苑西而慨然于正德年中事如此，武宗诚一异人矣。使其享国长久，殆将一变重文轻武之风，或进而益致力于海外交通，未可知也。

此两段谈及大明朝政的复杂性，对刘瑾并不能用"大奸大恶"四字就概括了事，而是借游览北海公园畔的明校场旧址之机，力图尝试复原武宗一朝之真面貌。他在考据方面的角度极为高明，惜墨如金般的点评让人回味无穷。后世搞史地民俗理应效仿。如在《北梦录》中《甘露旅馆之来历》所录：

游香山者，入宫门，循蹬道，始夷而渐峻，流汗喘息，行数百级，始得广庭，构席棚，列藤椅数十具，侍者先进以浣具，继进以苦茗，心神为之顿舒。遥望西山苍翠，近在眉宇，庭中鸟语花香，槐阴匝地，真仙境也。

又如《圆明园之回忆》前序：

呜乎！茫茫禹迹，逢此百罹，何其不幸耶！昔王先生闿运作《圆明园词》，序之者以为达于政事，明乎得失之迹。今者别风余址，带陵阜而茫茫，铜驼卧棘，已八十寒暑矣。后生罕识旧事，能过而凭吊者不知更有几人。

咏景抒情，典雅含蓄，既非食古不化，又具拟古规格，可歌可泣之诵咏文辞。这些经典句子犹如榫卯结构的营造，不只是其故事内容令人赏心悦目，就是他笔下前后之排比润色，以及行文逻辑皆是玲珑倜傥。无论以文言做骨架还是用俗语做诙谐，皆能看出文字之高深莫测，这就是"喜旧厌新"的士大夫精神，以慎终追远的态度来著述。这与他出身于官宦之家，并从政为士的经历相关。他从青年时代便与诸多耆老交往，其群体和学问圈子皆是精英善人。文化修身非只一朝一夕，古人著书皆是晚年积淀而成，我们理应遵循……

历来准文人皆在政界下野后奋笔疾书，站在政治高度研究文史留下文字耐人寻味。瞿宣颖先生晚年离开北京回到上海，特别是在生活拮据时，以专门写文章度日，文笔潇洒流畅。又因黄金时期在帝都生活，早年的记忆注定永远不能磨灭，应对各种文辞语言游刃有余，对民俗考据的理解、评点则高远精博。

侯磊贤契为瞿宣颖先生整理、注解这本史地民俗著作煞费苦心，在篇目选材以及文字推敲方面，可谓是："史地民俗，文学不俗！"

国家一级演员、昆曲表演艺术家、
北京史地民俗研究学者　张卫东

目录

北京建置谈荟…………………………………（001）

同光间燕都掌故辑略……………………………（050）

北梦录……………………………………………（135）

梦余拾补（二篇）………………………………（257）

枬庐所闻录（十篇）……………………………（264）

养和室随笔（十一则）…………………………（284）

人物风俗制度丛谈（两篇）……………………（299）

故都名迹考………………………………………（308）

再版"北京历史风土丛书"序…………………（315）

《燕都丛考》序…………………………………（316）

王湘绮先生闿运圆明园词自注…………………（318）

《圆明园之回忆》前序…………………………（337）

关于圆明园………………………………………（340）

上方山纪……………………………………（348）

记游上方山…………………………………（364）

岫云夕话……………………………………（366）

苑西志感……………………………………（386）

游崇效寺记…………………………………（397）

《北平志》编纂通例………………………（399）

"双肇楼丛书"序…………………………（403）

"京津风土丛书"序………………………（405）

《湖广会馆馆志》后记……………………（406）

瞿宣颖北京题材诗词选……………………（411）

编校后记：燕都掌故，永生不息……………（444）

北京建置谈荟①

序　言②

都城建置为自昔文人学士所艳称，盖国家声名文物所会。治国闻者所不可忽，理有固然矣。以今语论之，则欲观真正中国文化精神，必于北京。非直其建筑美也，所含之历史意味尤深永而可玩也。暇览群书，悠然遐想。参合近闻，记其概略，期于人人可晓。居北京之诸公，读吾此记，为当知公等日日所经历之地，皆有可研究者存也。本非著作，故

---

① 《北京建置谈荟》最初是系列专栏，于1923年12月至1924年3月连载于《大公报》天津版，分成67则，署名：无竞。后单独成书，收入作者自编的"北京历史风土丛书"，于1925年在作者自办的广业书社先后出了两版，署名：瞿宣颖。丛书分为上下两册，由梁启超题签，陈垣作序，初版为石印，收录《京师偶记》《燕京杂记》《日下尊闻录》《藤阴杂记》《北京建置谈荟》五种；再版为铅印，无序言，增加《天咫偶闻》《燕京岁时记》两种。参考王志刚、王幻的论文：《〈大公报〉"北京建置谈荟"专栏的旨趣与价值刍论》，《白城师范学院学报》2019第12期。

② 广业书社1925年版与《大公报》天津版连载相比，本文缺少《序言》、《内城西》（书中《内城西》本为《外城西》）、《外城东》、《英和的〈恩福堂笔记〉中关于北京建置的论述》，现分别补上。

所引说，不尽志其出处。又随笔记录，更无次序，排比润色，俟诸异日至于方闻①君子，益我不逮则固祷祀求之。

癸亥新秋，无竞②自记。

古京城与今京城之形势

北京建置，最早当溯之唐代。唐之范阳节度使治，实在今城之西南彰义门、西便门以外。何以知之？以法源寺之位置知之也。法源寺为唐之悯忠寺，今按《悯忠寺舍利记》称在大燕城内东南隅，故知唐城必在法源寺西北也，此为一证。更有一证，则康熙间有人在西安门内掘得唐卞氏墓志，有"葬于幽州东北五里礼贤乡"之原语，故又知唐城必在西安门之西南也。

其次则当考辽城之位置。辽以幽州为南京析津府，《辽史》有"城中东北隅有燕角楼"一语。今广宁门内有燕角胡同，而琉璃厂曾得辽碑，称其地为东门外海王村，然则辽城必即唐城故址，殆亦可信。宣武门外之老墙根即辽故城之东北隅，但辽之离宫曾及今之西苑，故相传琼华岛有辽后梳妆

---

① 方闻：指博学多闻之士，宋代科举有方闻科。
② 无竞：瞿宣颖笔名之一，本意为不争，没有竞争。《诗·大雅·桑柔》："君子实维，秉心无竞。"出版时改为"宣颖自记"。

楼故址。

复次是为金之中都。其城盖因辽城而加大，创制者为粘罕。史称其规制甚宏，北京有伟大建筑盖自此始。其城门之西向者，有曰彰义，至今沿用，但其地点则非是耳。大概金城之地势，西北包今钓鱼台（金之同乐园），东北包今西苑（金之万安宫），而西南包今丰台（金城正南门曰丰宜门，丰台之得名以此），东南抵南苑。

又据《天咫偶闻》[①]谓："八里庄之西二里，有河名十里河，又名萧太后运粮河。东岸有土城，阓阇宛然，土人名萧太后城，考其地，即金代都城之西面，门即灏华门。金城方七十里，每面相距十八里。"准其地望，殊相合。

迨元世祖定鼎于中都之北三里筑城，围九十里，规模益加扩大。今推测其时，北城盖包括今之德胜、安定、东直三门外。观《寰宇通志》称洪武初改大都路为北平府，缩其城之北五里可证。而辽金故城，当时则谓之南城，其时大内在太液池东，则与今之大内亦略相当。要而言之，则唐辽金故城直今外城迤西以至郊外之地，其东北隅约与今城西南隅相接，而今城位置，则自元以来无甚变更也。

明初，徐达营建北平，实减元城东西迤北之半，而稍廓

---

① 作者震钧（1857—1920），满族，瓜尔佳氏，字在廷（亭），又字元素，号涉江，后改名唐晏，清代学者。著有记述北京历史掌故的《天咫偶闻》，又著有《渤海国志》《庚子西行纪事》《两汉三国学案》《八旗诗媛小传》《国朝书人辑略》等。

其南面，永乐中更加修缮，规制始定，及嘉靖中，复因城外居民繁夥，筑重城包京城南面，转抱东西角楼为七门，是为外罗城，此即今之京城矣。（当时原拟筑城包四面，以财费工巨，先成南面，自时厥后亦无赓前议者矣。）

但据《日下旧闻》引《元名臣事略》谓："至元三十年秋，车驾还自上都，过积水潭，见舳舻蔽水，天颜为之开怿。"则通惠河漕运可以直达今德胜门，似元城北面必有阙口，以通河道，惜无他书以佐证之。

建筑北京之工师

北京之建置既如此之宏伟矣，工师之姓氏亦有可考者乎？曰有。史称金朝北京营制宫殿，其屏扆窗牖皆破汴都辇致于此。汴中工匠有名燕用者，制作精巧，凡所造，下刻其名，及用之于燕，而名已为先兆，此其一。海陵天德三年，诏广燕城依汴京制度，遣丞相张浩、张通古等，调诸路夫匠张浩举、苏保衡分督工役，又景州刺史李石护役皇城，运一木之费至二十万，举一车之力至五百人，宫殿皆饰以黄金五彩，一殿之成以亿万计，见于赵氏《廿二史札记》所考集，此其二。《欧阳元功集·马合马沙碑》载："也里迭儿与张柔、段天佑同行工部，修筑宫城。"而《元史·世祖纪》称亦黑迭儿尝于中统间请修琼华岛，必是一人，此其三。又明人《水东笔记》称："太监阮安，一名阿留，交阯人，清苦介洁，善谋画，尤长于工作之事。其修营北京城池九门、两宫、三殿、五部、五府诸司宫宇及治塞杨村驿，皆大著劳绩。工曹诸属，一受成而已，详见《东里文集》。"此其四。

然则，此数人实为吾国有名工师，曾建如此之伟绩，而不见称于搢绅之士，以致几于湮没，真可为长叹者矣。杨士奇《都城胜览·纪正统筑城之役》云："工部侍郎蔡信[①]扬言于众曰'役大，非征十八万不可，材木诸费称是。'阮安董其役……取京师聚操之卒万余，停操而用之……有司不预，百姓不知，而岁中告成。"是阮氏不独技艺之长材，能尤可称也。至俗传燕京规画出于姚广孝，似为俗说，未可据为典要。盖吾国帝京本有定式，前朝后市，液池在西，御沟环绕，历代皆然。至景山则自元初已有之，见《马可·波罗游记》，皆无俟于姚氏之发明也。（又范石湖《揽辔录》称，金主亮始营此都，规摹出于孔彦舟[②]，此人亦不可甚考矣）

---

① 蔡信：生卒年不详，江苏武进人，目前认为他参与设计了故宫。
② 孔彦舟（1106—1160）字巨济，相州林虑（今河南林州）人。原为无赖，从军后进剿洞庭湖农民起义军，先叛降伪齐，后降金。

城门名之沿革

俗人每谓崇文门之称"哈达",宣武门之称"顺治",为清代俗称,殊不知今之宣武,乃元之顺承,至永乐而改今名。所谓"顺治"实沿元旧称,而音讹转耳,至崇文之称"哈达",乃因门内有哈达大王府,盖亦元之旧,诸家笔记亦多作"海岱"字云。

革命以后,改皇城南出之门曰"大清"者为"中华门",此门在清曰"大清门",在明曰"大明门"。明代所以用此二字者,亦自有故,盖元代名其正衙曰"大明殿",故其门即曰"大明门",犹今之太和殿之太和门,大约明人见此二字,以为佳谶,亟沿用之。清人遂以为此门必当用国号,又亟易以"大清",民国承之,复亟从其后而易以"中华",殊不知元人之定此名,原出无意,正不必以国号冠之门榜然后为美也。《春明梦余录》云:"辽之正殿曰'洪武',元之正殿曰'大明',后之国号年号先见于此,谁谓非定数也?"朱昆田亦云:"辽以大安名殿,而金以之纪年。"是知古人多迷信此说也。

大城正南之门,金曰"丰宜",元曰"丽正",明仍其称。至正统初始改今名，并改"文明"为"崇文"，"顺承"为"宣武"，"齐化"为"朝阳"，"平则"为"阜成"，而今俗称沿旧者三，其二亦不用新名，以此见习俗之难移，而元代流风遗俗之能深入于人心也。

五城坊名

五城分坊系明代旧制，盖自唐以来帝都相沿如此，但明代内城隶中、东、西、北四城，外城隶南城，清代则五城合内外城通，分以此界限愈益纷乱，不可详考，兹录明代各坊之称如左（下）。

中城曰：南薰坊、澄清坊、仁寿坊、明照坊、保泰坊、大时雍坊、小时雍坊、安福坊、积庆坊。东城曰：明时坊、黄华坊、思诚坊、居贤坊、朝阳坊。南城曰：正东坊、正西坊、正南坊、宣南坊、宣北坊、崇南坊、崇北坊。西城曰：阜财坊、金城坊、鸣玉坊、朝天坊、河漕西坊、咸宜坊。北城曰：崇教坊、昭回坊、靖恭坊、灵椿坊、发祥坊、金台坊、教忠坊、日中坊、关外坊。

自明及清，每城设御史巡视，所辖有兵马使、指挥副使、指挥吏目。昔宋以四厢都指挥巡警京城，民间谓之都厢。元设巡警院，分领坊市民事，今则京师内外城划为警察二十区矣。

宣武门以南谓之宣南坊。昔时宦游人多居此处，故题识恒曰"宣南"。今见西长安街有酒肆榜曰"宣南春"，似未得命名之正，无宁易以"宣北春"也。

城垣建筑之沿革

今之城垣，当是明初徐达所创之基。永乐十八年蔡信重修，益加宏壮。正统四年，又命内臣阮安重修。今之九门楼橹①雉堞，盖多半即阮氏之遗制。至十年又以内面用土，恐易颓毁，乃命朱勇等甓之与外面等，俗云永乐建城，实未深考也。

杨士奇《都城胜览》云："太宗皇帝肇建北京，既立郊庙宫殿，将及城池，国家屡有事，久未暇及。皇上（英宗）嗣大位之五年，始及于斯。"可证永乐未尝修城。凡大建置必非一人一时之事，恒累世而后能就。余尝闲步天安门前，见甃地之砖，有"宣德年制"字，是知皇城工作，亦随时补修者也。

---

① 楼橹：古代军队中用于观察敌人动向的瞭望台。

金代宫阙之大概

燕京制作壮丽，自昔已然，观范石湖《揽辔录》所记，不独非南渡朝廷所可比拟，即近明清两代，亦间有逊色也。其略云："循东西御廊北行，廊几二百间，廊分三节，每节一门。将至宫城，廊即东转，又百许间，其西亦然，亦有三门。（按此即今中华门内之地，自昔有千步廊，东接长安左门，西接长安右门，大约有清中叶尚存也）出门中驰道甚阔，两旁有沟，上植柳。廊脊皆以青琉璃瓦覆，宫阙门皆用之。"（按，今御道旁无沟，亦无柳树，瓦不以青而以黄，此其异也）又云"使人由殿下东行，上东阶，却转南，由露台北行入殿閾，谓之栏子。（按，露台即丹陛，栏子即殿槛也）金主幞头红袍玉带，坐七宝榻，背有龙水大屏风，四壁帘幕，皆红绣龙，拱斗皆有绣衣。两槛间皆有焚香大金狮蛮，地铺礼佛毯可一殿，两旁玉带金鱼①或金带者十四五人，相对引立，遥望前后殿屋，崛起甚多"云云。而《日下旧闻》引《海陵集》亦称："宫阙壮丽，延亘阡陌，虽秦阿

---

① 玉带金鱼：玉饰的腰带上配有刻成鱼形的金符，为唐代三品以上官员的装饰。韩愈《示儿》诗云："不知官高卑，玉带悬金鱼。"

房、汉建章不过如是。"（按，宋朝殿制甚简陋，东京内宫只用黑漆窗户。又正前四殿乃用琉璃瓦，南渡后规模更小，宜其见金宫室而震惊也）其他宋人使北诸书，所记略同。又金《宫城史》载，宣阳门中间绘龙，两偏绘凤，用金钉钉之，中门惟车驾出入乃开，两旁分双，只日开一门。此门当今之天安门，而绘龙绘凤与分日开门之制无存矣。

《日下旧闻考》引《金图经》："亮欲都燕，遣画工写京师宫室制度，阔狭修短，尽以授之左相张浩。"是金制仍仿自东京。《北辕录》所谓初虽取则东都，终殚土木之费也。

元代宫阙之大概

凡记事之文，若出自异域之人，以目所未经见者笔之于书，其言尤亲切有味。今试更录《马可·波罗游记》之记大都一段，以见元代宫阙之大概。译文[①]殊不能尽满人意，亦姑仍之耳。

---

① 以下引文来自魏易译《元代客卿马哥博罗游记》，北京正蒙印书局，1913年出版。魏易（1880—1930），字冲叔（春叔），杭州人。初受旧式教育，十六七岁时就读于上海梵王渡学院（即上海圣约翰大学前身），翻译家林纾的幕后合作者，两人合译《黑奴吁天录》。

大可汗每岁于阳历十二、一、二等三月，皆居汗巴路大城中，城之位置在契丹之极东，北城之南，宫殿在焉。宫之制划地筑垣，围以巨濠，垣为方形，每面长八英里（按，此指大城而言，读者勿误会），于两端之中辟一门，以便行人出入（按，此稍误每面实有三门也），垣以内沿墙凡宽一英里之地，皆属广场，羽林之军驻焉（按，此与《元史·兵志》所言颇合）。过此又一垣，垣内之地，纵横皆六英里（按，此为皇城），南北两垣，辟门凡三，其中央者稍大，常时关闭，非大可汗出入不启；其两旁之门，则通行人焉。此城之内，更有一城，墙垣至厚，高二十五尺，雉堞瓮城，皆涂白垩。（按，此为紫禁城，今无复白垩矣）

此城方四英里，每面长一英里，共辟六门，沿城遍栽树木，间以草地，畜麋鹿麞麝无数。草场辽广，有石砌之道，以通往来，道上不染纤尘，中凸，天雨则水自两旁流下，借以灌溉草地。（按，此即御道。今御道上方整之石，已间为妄人所斫破矣）大可汗之宫，正建其中，此宫之华丽宏大，实为天下之冠。宫起城北，直达城南，除天井外余无隙地，其中惟贵官及值宿卫之兵往来而已。宫殿均一层，无有楼者，然殿顶崇高无比，殿基为石台，高数丈，四围皆白石之栏，无论何人，非经召问，不得过石栏之一步。殿墙绘龙凤鸟兽，亦有绘两军鏖战状者，仰墙亦施藻绘金漆；殿之四面均有石级，自平地直接殿基，石台大殿既深且广……殿顶覆以五彩之瓦，构造极坚，能历久不坏；窗门之上，嵌以明瓦，通透若玻璃。宫之北首，有土山一处，高约百步，山趺周约一英里，遍植长年不凋之树。大可汗见他处有奇树，必移是间，以增山之郁秀，又因此山常年青绿，故名之曰青山（按，自系景山）。山顶建一亭，亦作青色，人望见之，四时皆呈佳景，山之北，相去不远，有大洼一处（按，此当系净业湖什刹海），似是鱼池，实则仅用以饮马耳。大可汗宫与太子宫之间，亦有洼地（按，此即三海矣），有桥可通，中蓄游鱼，凡御膳所用之鱼，悉取给于此，洼中之水，系引小河之水灌注其中，非自有泉也。（按，液池之水，实自玉泉引来，经德胜门以入城，汇为诸海，马氏之说甚是）其始低洼之处，皆属平地，大可汗欲堆积青山，故挖取其土以成之，山成而洼亦成矣。（按，此说亦是）

马氏游记又言："大可汗以星者言，决计于河之对岸另建新都，名之曰大都。"上章所言诸宫殿，悉在大都，此即吾正史所言"至元四年定鼎中都之北，九年改为大都"者也。马氏所谓河之对岸，当指太液池而言。又云城垣以土为之，墙基宽十尺，渐渐向上，峻削至墙顶，仅宽三丈，据《析津志》言，元城"每岁以苇排编，自下砌上，恐致摧塌，累朝因之"。以此相证，可见古城简朴，完全用土，至有明然后以砖筑外面，至正统间，然后以瓴甓①加城之内面，今之知此说者抑鲜矣。

《元大都宫殿考》有云："大明殿后连为主廊十二楹，四周金红琐窗，连建后宫，广三十步，殿半之。后有寝宫，俗呼为拿头殿，东西相向。至冬，则自殿外一周，皆笼护皮帐，夏则黄油绢幕，内寝屏幛，重覆帷幄。而后裹以银鼠，席地皆编细簟，上架深红厚毡，后覆茸单。宫后连抱长庑，以通前门，以贮妃嫔。而每院间必建三楹，东西相向，为绣榻"云云。又孙承泽《元朝典故编年考》记大明殿之状，云："青石花础，白玉石圆碣，文石甃地，上藉重茵，丹楹金饰，龙绕其上。四面珠琐窗，藻井间金绘，饰燕石，重陛朱阑，涂金铜飞雕冒，中设七宝云龙御榻，白盖金缕褥，前悬绣绿朱帘……冬月，大殿则黄猫皮壁帐，黑貂褥，香阁则银鼠皮壁幛，黑貂暖帐……"绮丽可想证之。《马氏游记》所述大可汗行帐之状，颇有相似者，其略云："帐之制有三支柱，皆雕刻贴金，帐之外层蒙以三色之条纹狮皮帐之，里裱以银鼠、貂鼠或他贵重之裘，系帐之绳以丝为之。寝帐之旁，围列无数小帐，制亦华美，后妃、女侍之所居也。"诸书所述，大同小异，而明初之萧洵亲与毁元宫室之役，所撰《故宫遗录》，尤详曲无遗。

---

① 瓴甓：砖块。

明以来宫禁沿革大略

正统五年三月，又建二殿两宫，六年九月工成，嘉靖三十六年四月十三日，奉天等殿门灾，三十七年七月大朝门等工成，四十一年三殿成，改奉天殿曰皇极殿，门曰皇极门，华盖殿为中极，谨身殿为建极（按，即太和、保和、中和三殿），文楼曰文昭，武楼曰武成（按，即体仁、弘义二阁），左顺门曰会极，右顺门曰归极（按，即熙和、协和二门），东角门弘政，西角门宣治（按，即昭德、贞度二门）。

明永乐十五年，改建皇城于元故宫之东。十八年，三殿工成，至十九年四月初八日灾。先是新宫既迁旧内，东华门之外，逼近居民，喧嚣之声，至彻禁籞。宣德七年，始加恢扩，移东华门于河之东，迁民居于灰厂西之隙地。盖明代宫禁，占地至广，皇城以内，无复民居。若今东安、西安门内地，彼时皆罗列宫殿府库，此最为论史者所不可不知也。正德九年，两宫灾，乃武宗因贮烟火而致灾也。十一年成，万历二十四年三月乾清、坤宁灾，二十五年二月重建，是年六月十九日三殿灾，天启五年二月起工，至七年八月初二日三殿工成，共用银五百九十五万七千五百十九两余。

自今保和殿以南，古之所谓外朝，每朝必异其名号，有清一代亦已屡次改建。自乾清宫以北，古之所谓内寝，则明清相沿，迄无少异，虽制作代有增修，而大体如故，说者谓大内掖庭①永巷②之中，有自明以来从未启扃③之屋，观其黯敝之状，疑若信然也。

明大内中有可记之轶闻甚多，元武门西之长短连房，名廊下家，凡内官答应长随皆于此造酒射利④，其酒色殷红，类琥珀光。

明人笔记言："禁城内本有路灯、石台、铜户，注油其中，自魏阉擅权后，乃尽废之，以便舋夜出入，至清代仍之不改。除朝房及各门外，绝无灯火，戊夜趋朝，皆暗行而入。惟亲王及堂上官⑤有灯引至景运、隆宗二门，军机大臣以角灯入内右门。""光绪初，一夜大雨，有持折笔帖式，竟以夜暗坠河溺死。"⑥

清人笔记《闲处光阴》云："正指挥谓之司，专司相验，副指挥吏目谓之坊，分司缉捕弹压，各有所领，不相统属，东西南北四城，副指挥驻城外。"《天咫偶闻》云：

---

① 掖庭：亦作"掖廷"。宫中旁舍，妃嫔居住的地方。
② 永巷：宫中长巷，引申为宫女、妃嫔居住的地方。
③ 启扃：开门。
④ 射利：谋取财物利益。
⑤ 堂上官：明代各衙署的长官因在衙署大堂之上处理重要公务，故称堂上官，简称堂官。六部尚书、侍郎等都是堂上官。
⑥ 此段引自刘若愚《酌中志》。

"京师所以司地面者不一：曰步军统领，所以司内城盗贼者也；曰外营泛，所以司外城者也；曰五城巡城御史，所以司闾阎词讼者；曰街道厅，所以平治道途者也；曰顺天府尹大、宛两县，职在郊坰，城内无其责也。又京师街巷皆有堆铺①若干，堆总以官厅，立一官司之。凡有水火及盗贼以及人家细故之或须闻之官者，皆可一呼即应。故步军统领所司实当今之警厅，迄于今名目愈多，职责愈混淆矣，官厅今尚存，堆铺则存者颇少。"

据赵翼《廿二史札记》云："明祖创造南京，规制雄壮，今四百余年，城郭之崇，街衢之阔，一一可想见缔造之迹。盖尽举前代官民房舍扫除而更张之，而工作皆出于民力。"《水东日记》云："洪武门外至中和桥六七里长街，乃富民沈万三家络丝石所砌，以此类推，是物料皆取之民间也。"《明史·严震直传》："时方事营造，集天下工匠二十万户于京师，震直请户役一人，各书其姓名术业，按籍更番役之，是工匠悉取之民间也。"《朱煦传》："洪武十八年，诏尽逮天下官吏之为民害者，赴京师筑城。"《叶伯巨传》亦言："居官一有蹉跌，苟免诛戮，则必在屯田工筑之科。是工筑并及于官吏也。"当开国之初，劳民动众，固非得已。至成祖迁都北京，自可仍元都之旧，乃宫

---

① 堆铺：又称堆拨、堆子、堆房，兵丁看街值更的地方，相当于现在的派出所，在堆铺值班俗称坐堆。

殿多移在元旧城东三四里，盖自徐武宁平燕，废元都，已缩其地为北平府。今德胜门外八里有土城，尚是元健德门故址，可见武宁已割旧都西北一带于城外也。华云龙镇北平，建燕邸，改筑北平城。（《云龙传》）刘侗《帝京景物略》亦谓："徐达新筑城垣，南北取径直，是城郭已另筑也。"《姚广孝传》："成祖初封于燕，其邸即元故宫。"《景物略》亦谓："燕邸因元故宫，即今之西苑，开朝门于前。永乐登极后，即故宫受朝。至十五年改建皇城于东，去旧宫里许，悉如金陵之制"云云。是宫殿亦另建也。今以《明史》各列传参考之，当时大工大役，亦不减洪武之创南京矣。自永乐五年，实始营建。九年，谭广以大宁都指挥使董建北京。（《广传》）十五年，薛禄以后军都督董北京营造。（《禄传》）宦官阮安有巧思，奉命董北京城池宫殿及百司府舍，目量意揣，悉中规制，工部受成而已。（《宦官传》）是董役者固不一其人。邝埜以北京执役者巨万，奉命稽省病者。（《埜传》）叶宗人为钱塘令，督工匠往营北京。（《宗人传》）是工匠亦役及各省也。邹缉疏言："建造北京，几二十年，工大费繁，调度甚广。工作之夫，动以百万，终岁供役，不得耕作。工匠小人，又假托威势，逼民移徙，甫定，又令他徙，至有三四徙者。"（《缉传》）永乐十九年诏云："赖天下臣民，殚竭心力，冒寒暑，涉风霜，趋事赴功，勤劳匪懈。"（《景物略》）是可见当时城池宫阙，皆非因元之旧，其扰民肆害有记载所不能尽者。本朝定鼎，明宫殿已为流贼李自成所毁，宜乎大有改建，乃初定鼎，仅在武英殿朝贺，后次第修葺，不肯兴大役以病民，直至康熙八年十一月，太和殿、乾清宫始告成云云。

按，此条于北京建置沿革之见于《明史》者，栉比无遗，惟另条据《帝京景物略》以元故宫，乃在今西苑之西宣武门以内，稍觉失当。盖《景物略》亦只云燕邸因元故宫，即今之西苑，若全在西苑以西，则与元中心台在都城中心之说不合。中心台即齐政楼，齐政楼即今鼓楼也。且按之《辍耕录》《故宫遗录》诸书仍云："万岁山、太液池在大内西北。"可见元与明清宫城位置相去必不甚远也。

据乾隆十三年谕旨，以"京师为辇毂^①之地，五方之人，云集辐辏，是以于五城分命满汉御史、兵马司正副指挥、吏目等官，纠察而稽查之，又有步军统领，专掌九门，巡捕营员、查匪类、缉盗贼、察赌博等事。嗣以外城街道孔多，虑藏奸匪，各树栅栏，以司启闭，因而设巡检官数十员。……将巡检，概行裁革，其栅栏仍照旧，交与都察院五城及步军统领，酌派兵役看守"。此亦可见都城警察制度之沿革。

又据十九年谕旨："京师为万方辐辏之地，街衢庐舍理应整齐周密，以肃观瞻，乃近来京城内外，多有拆售房屋者行户等，亦借以居奇射利，此陋习也。着工部、步军统领、

---

① 辇毂：皇帝的车舆。代指皇帝、京城。

顺天府尹、五城御史，出示严行禁止。"阅此可见建国之始，街衢庐舍必皆官力经营，整齐划一，一成之后，不容复改。故拆卖房屋，著于禁令，虽似不近人情，然以国家权力定久远规模，于势亦不得不尔。今观四牌楼等处市房似尚约略可见当时整齐划一之制，古人经制之精玮不得不令人惊叹也。

清代宫殿建筑年可考者，约举于下：太和殿，康熙八年重建，三十四年再建；乾清宫，顺治十二年建，康熙八年重建；坤宁宫，顺治十二年建，内廷宫室、景仁、承乾、钟粹、永寿、翊坤、储秀等宫，顺治十二年重建；延禧、永和、景阳等宫，康熙二十五年重建；启祥、长春、咸福等宫，康熙二十二年重建；建福宫，乾隆五年建；宁寿宫，康熙年间建，乾隆三十六年重建；慈宁宫，顺治十年建，乾隆十六年重茸；寿安宫，乾隆十六年就咸安宫旧址改建；文渊阁，乾隆三十九年建。以上皆见于《日下旧闻考》者也。

太和殿额曰"建极绥猷"，联曰"帝命式于九围兹惟艰哉奈何弗敬，天心佑夫一德永言保之遹求厥宁"；中和殿额曰"允执厥中"，联曰"时乘六龙以御天所其无逸，用敷五福而锡极彰厥有常"；保和殿额曰"皇建有极"，联曰"祖训昭垂我后嗣子孙尚克钦承有永，天心降鉴惟万方臣庶当思容保无疆"。此皆乾隆时御书，自从三殿归民国政府管理，此物亦不可复见，不知属何处矣。

明代宫禁既全包地安、东安、西安三门以内地，爰举皇城东部之建置,见于各记载者略如下述。

北安门(即今地安门),东曰黄瓦东门(今讹为黄化门),街南曰尚衣监街,北曰司设监。再东,酒醋面局(今有胡同),曰内织染局(今有胡同),曰皮房纸房,曰针工局,曰巾帽局(今有胡同),曰火药局。再东稍南曰供用库,曰番经厂,曰汉经厂,曰司苑局,曰钟鼓司(明内官掌管出朝钟鼓及内乐传奇过锦、打稻诸杂戏者,今讹司为寺,有胡同)。再南曰新房,曰都知监,曰司礼监(今有此地名),曰御马监,再南曰杵子房,北膳房,南膳房,曰暖门厂,曰明器厂,曰混堂司(盖司浴具者),曰尚膳监,曰百花房,曰印绶监,曰中书房,曰蹴圆亭①,曰内承运库,曰外马房。过东上北门(皇城东面近北之门),东曰弹子房,曰学医读书处,曰光禄寺,曰篦头房。自东上南城之东,曰重华宫,制度如乾清宫,又东则内承运库,再东南则崇质宫,俗云黑瓦殿,景泰年间英宗居此,谓之小南城,其在永乐间则谓之东苑,据《日下旧闻考》即今之缎匹库,嗣为睿亲王府,吴梅村诗所谓"七载金縢归掌握,百僚车马会南城"也。再南则皇史宬,藏贮历代宸翰②及实录,今存无恙。在南池子路东,其西过观心殿,稍南则嘉乐馆,北有桥,玲珑精巧,来自西域,桥之南北有飞虹、戴鳌二坊,此即今南池子

---

① 蹴圆亭为明天启皇帝朱由校踢毽子的地方。
② 宸翰:帝王的墨迹,皇帝亲笔手诏御札等。

飞龙桥矣。观心殿以西复有石山泉水之胜，则皆南池子路西诸民居地。自皇史宬东西有门通河，河上有涌福阁，稍北则吕梁洪东安桥。再北桥亭，曰涵碧，又北，曰回龙观，其殿曰崇德，观内海棠，每春开如堆绣。然则沿玉河一带，今方拆皇城卖以建市楼之用者，明朝乃离宫别馆之地也。

兹更记皇城西部之概状。

黄瓦西门之里为内官监（今有此地名），过北中门迤西则白石桥、万法殿、大高元殿等处，皆供奉仙道，其南则景山，彼时称万岁山，元武门（今改神武门）以西则石作（今有此地名）。

又西，曰乾明门，曰兵仗局（今万寿兴隆寺地），曰袍房，曰旧监库，曰尚膳外监甜食房，西上北门，其东则西下马门矣。过西上南门则御用监，又南曰灵台，曰宝钞司（今真武庙地），自西中门之西，则尚宝监鹰房司，再西出西苑门即今西苑及北海诸宫殿不具载。金水桥（今金鳌玉𬟽）之北曰玉熙宫[①]，是明宫演剧处，清废为阳泽门内小马圈，今则并马圈亦无有矣。迤西，曰棂星门（盖今三座门），迤北，曰羊房夹道（今讹养蜂夹道），虎城再西曰西酒房（盖今酒醋局），曰花房，曰经厂，曰大光明殿，曰大极殿，曰洗帛厂，曰果园厂，曰甲字十库（今曰西什库），曰司钥库，曰

[①] 玉熙宫清代为御马监西马场，民国后又改为军营、公府操场，1929年建北平图书馆，今为中国国家图书馆古籍馆。

惜薪司（掌宫中薪炭者），曰鸽子房，遂抵西安门。古者宫阙之制，前朝后市，当时百货所集，盖在今后门一带，若前三门之日臻繁盛，又为最初所不及料也。孙氏《梦余录》称元武门外每月逢四则开市，听商贸易，谓之内市。灯市自正月初旬起至月半，止岁惟一举，每月逢朔及二十五则城隍庙市，每月逢三则土地庙市，谓之外市，土地庙一处乃在外城。

至其所述著名货物，如勾阑胡同何关门家布，前门桥陈内官家首饰，双塔寺李家冠帽，东江米巷党家鞋，大栅栏宋家靴，双塔寺赵家薏苡酒，顺承门大街刘家冷淘面，本司院刘鹤家香，帝王庙街刁家丸药，至抄手胡同华家专煮猪。内而宫禁，外而勋戚，皆知其名，蓟镇将帅置走马传致，想见当时风俗物力，亦如宋人小说所艳称之旧京王楼梅花包子，曹婆婆肉饼等物矣，然无一在外城，可知明代外城，实甚萧索也。

明之南内包地甚广，今南北池子皆是。北池子北头之骑河楼，相传当日以有楼跨玉河得名，《日下旧闻考》因以所谓桥上有亭，曰涵碧者当之。此外尤有可记者，明南内有洪庆宫，为供番佛之所，此岂即今之玛噶喇庙耶？庙在康熙间即睿府改建，然仍沿旧称，乾隆间改锡普度寺，中仍供黑护法佛，有睿亲王所遗铠甲弓矢。《天咫偶闻》云："普度寺殿宇极宏，佛像极奇，皆西天变像，手执戈戟，骑狮象，陈设多宝物，沉香长及丈，雕镂花纹。明成化中，番僧板的达所贡七宝佛坐，即仿其规式，造五塔寺者，今尚供寺中，完好无恙。乃木雕加漆者，疑《涌幢小品》记所云南内最后一殿，供佛甚奇古者，或即指此而言。"又今隆福寺石栏，是南内翔凤殿故物，景泰帝取去者，亦不可不知也。

南池子之门神库，在明代为玉芝宫，即嘉靖中所建世庙以祀兴献帝①者，四十四年庙柱产芝，故名。清代用为门神库，实贮内用木器。今屋宇渐倾颓，有大铁锅数口，仆于地，不知何用也，其旁有门通太庙。

普胜寺，今名石达子庙，顺治八年敕建，有《内翰林国史院大学士宁完我碑》。乾隆九年，修有《工部侍郎励宗万碑》，四十一年复修。

明之御马监，在银闸一带，而马神庙则御马监之马神旧祠也，清忠勇公傅恒之第在此；而其子福隆安尚高宗女和嘉公主赐第，即在其东，俗名曰公主府，后遂拨为大学矣。

今嵩祝寺为章嘉胡图克图住所，法渊寺②在其东，智珠寺在其西，皆非明代之物。据吴氏《宸垣识略》云："嵩祝寺东廊下有铜钟一，铸番经厂字。西廊下有铜云板一，铸汉经厂字。法渊寺有张居正撰《番经厂碑》，知此三寺即明番汉经厂。"

慈慧殿以慈慧寺得名，即明司设监旧址。

---

① 即嘉靖皇帝之父明睿宗朱祐杬，被嘉靖推尊为"兴献帝"。
② 此寺庙已于20世纪50年代拆除，现存建筑为后殿，面阔五间，进深七檩，东西配殿各三间，进深五檩，均为筒瓦大式硬山过垄脊。

东安门石桥旧极壮丽穹隆，1921年（民国十年）一举而摧夷之，行人得免陟降之劳，故迹则不可复见矣。明人陈僖《客窗偶谈》云："中官初入选，进东华门，门内有皇恩桥，谓从此即受皇恩也，俗呼曰'忘恩桥'，以中官既富贵，必仇其所生也，今讹为'望恩桥'。"

大高元殿在北上门之西，临禁城之护城河，门前牌坊一署"孔绥皇祚"，一署"宏佑天民"，此明世宗所建斋宫之一，以祀三清，并令女官习仪于此。其门前二亭，钩檐门角，穷极工巧，明时中官呼为九梁十八柱，今犹轮奂如故。都人日过其下车，马趁趣，殆莫有举其故实者矣。雍正、乾隆时曾两次重修此亭，或亦重修者。

南北长街一带，多内务府所属各官署，如慎刑司、庆丰司①、会计司、营造司、都虞司②、官房租库署、管辖番役署等，而庆丰司、会计司、营造司尤各有胡同以专其号，代远年湮，则亦将如内官监、司礼监等之不可复识矣。

在金鳌玉蝀桥之东，有圆城，设以睥睨，自两掖洞门而升（左曰昭景，右曰衍祥），中构金殿，乃俗呼团城者是也。有古栝一，传是金时遗植，此殿在元曰承天，明更今名，嘉靖中又更乾光，清复名承光。其南有石亭以覆玉瓮。玉瓮者，制于元世祖至元二年，元代大朝会必置于正衙，其

---

① 庆丰司：掌管牛羊群牧及口外牧场孳息等。
② 都虞司：掌管三旗武职官员铨选任用、官兵俸饷考核及打猎、捕鱼等。

后沦于西华门外真武庙中，俗呼玉钵庵。清乾隆十年，乃以千金易之，置承光殿。今殿中有白玉佛一尊，嵌宝石为璎珞，与玉瓮同为无价宝矣。

光明殿胡同之大光明殿，是明嘉靖间所建，万寿宫故址，太宗潜邸，而亦世宗驻跸之所也。清雍乾两次重修，仍为设醮祠雨雪之所，故有今兹之完整。门曰登丰，前为圆殿，中为太极殿，后有香阁，高江邨士奇赐第，即在此胡同。

羊房夹道之得名，盖因明宫有牲口房虎城等，在此圈养禽兽，不知何以误作养蜂二字。今路西有延寿庵，是明内安乐堂旧址，凡宫人有病及年老或有罪，先发此处，待年久再发，外之浣衣局，明纪皇后即于此诞孝宗，所以别于地安门内之安乐堂者，彼专以处宦竖也。

今西安门街北有地署曰刘蓝塑，人多不晓其义。按此元初所建之元都胜境，清乾隆二十五年曾重修，改名天庆寺，其中有刘銮塑像。据《元史·方伎传》："刘元者，尝从阿尔尼格学西天梵相，亦称绝艺。"《金鳌退食笔记》称："元都胜境正殿乃玉皇大帝。右殿塑三清，仪容肃穆，道气深沉。左殿塑三元帝君[①]，上元执簿侧首而问，若有所疑，一吏跪而答，甚战栗；一堂之中，皆若悚听严肃者。神

[①] 三元帝君：即三官大帝——天官、地官、水官。天官赐福，地官赦罪，水官解厄。

情动止，如闻馨欸①。"而宋光熊《天庆观诗》："变相曾传吴道子，佛头争说喻弥陀。能师画意工抟换，前度刘郎艺不磨。"注云元刘銮、刘元俱工塑像，而銮在元前，据乾隆御制诗有："南雕北塑古所传，大都神塑犹存元。名手刘姓元与銮，东岳抟换称元贤。"兹天庆像銮，坯埏则以东岳庙像归之元，而以此像归之銮矣。

又《元史》："尼波罗国之阿尔尼格从帝师入见，自云知画塑铸金之艺，因为补明堂针灸铜像。"然则元人善塑之多，其艺乃自意大利传来欤？

旃檀寺之东北有三圣祠，乃明武宗所置内教场故址，据《日下旧闻考》祠中有碑可为确证。

《芜史》："宝钞司造草纸，备宫人使用，神宗时造钞印板及红印闻在库中，其署左临河后倚河，有泡稻草池，池中有石灰炉渣，视成象形，名象山，作房七十二间，各具一灶突②，名曰七十二凶神。"《旧闻考》则谓："织女桥南真武庙，有明万历八年《重修宝钞司真武庙碑》。"则庙即宝钞司故址，今其地犹有七十二烟洞之名。

旃檀寺非本名也，本名弘仁寺③，康熙五年迎旃檀佛像

---

① 馨欸：形容难闻的、粉尘的气体呛着或让气逆了一下的感觉。馨，声音安和。欸，逆气。
② 灶突：灶上的烟囱。
③ 弘仁寺因供奉旃檀佛又称旃檀寺，于康熙五年（1666）由明清馥殿旧基改建而成。清代为喇嘛印务处，是掌印呼图克图办公的地方，每年正月初八庙会，有喇嘛跳布札，打鬼。寺毁于庚子之变，清末成为禁卫军营地，1912年后又作为模范团驻地，1949年后为部队大院。

于内。旃檀像者，据《金鳌退食笔记》云："高五尺，扣之声若金石，大抵近于沉碧①，万历中慈圣太后始傅以金。"而《圣祖御制旃檀佛历代传祀记》云："按元翰林学士程巨夫《旃檀佛像记》'佛道成思报母恩，遂升忉利②又为母说法。优填王欲见无由，乃刻旃檀为像。'佛自忉利复下人间，见所刻像，摩顶受记曰'我灭度千年后，汝往震旦广利人天。'自是像在西土一千二百八十余年，龟兹六十八年，凉州十四年，长安十七年，江南一百七十三年，淮南三百六十七年，复至江南二十一年，汴京一百七十六年，北京燕京供圣安寺③十二年，又北至上京大储庆寺二十年，南迁燕宫内殿五十四年，元丁丑岁三月燕宫火，复还圣安寺五十九年，至元十二年乙亥，迎供万寿山仁智殿，二十六年已丑，迁大圣寿安寺从殿。又按明万历间释绍乾《瑞像来仪记》，明初自万安寺迁庆寿寺，嘉靖十七年寺焚，迁鹫峰寺④百二十八年。康熙四年创弘仁寺，迎供至今又五十七年矣。计自优填王造像之岁，当周穆王十二年辛卯，至康熙六十年辛

---

① 沉碧：深绿色。
② 忉利天（Trayastrimsa），意译"三十三天"，以有三十三个天国而得名。居须弥山顶，距离此岸世界之上八万由旬高（三十余万里）的地方。此天天众身长四十里，寿命一千岁，人间百年为其一日一夜，中央为主国帝释天。
③ 圣安寺：位于北京宣武门外南横街西口。金天会年间（1123—1135）始建，明正统十一年（1446）重修并改名普济寺，清乾隆四十一年（1776）又重修恢复为圣安寺。寺内原有大雄宝殿、后殿、瑞象亭、天王殿、东西配殿及明三世佛、壁画等。1949年后改为小学、宣武区青少年科技馆。瑞象亭已迁建至陶然亭公园西门内北山顶，原址现存天王殿和山门。
④ 鹫峰寺：故址在北京西城内城隍庙南，现已无存。

丑,凡二千七百十余年。此像乃有如是绵长可贵之历史也。"

今建天主堂之西什库,在明为内府十库,按《明史·职官志》甲字掌贮银米、黄丹、乌梅、藤黄、水银诸物,乙字掌贮奏本等纸云云。所谓十库者,即甲字、乙字、丙字、丁字、戊字、承运、广盈、广惠、赃罚、广积是也。但今西什库极北有地,名曰赃罚库,是赃罚库在十库中处极北矣。

旧虎城在棂星门西北,睥睨其上而阱其下,内有铁网如笼以获虎。据《日下旧闻考》:"其遗地在今旃檀寺后,正德二年八月盖造豹房公廨,前后厅、左右厢歇。遂朝夕处此,不复入大内。"而豹房南,复有腾禧殿,武宗西幸宣府,悦乐伎刘良女,载归居此,号曰夫人,俗呼为黑老婆殿,傍有古井曰王妈妈,莫识命名所自,此皆今旃檀寺后一带之历史事迹矣。

《日下旧闻考》引《明世庙识馀录》:"三殿规制自宣德间再建后,诸将作皆莫省其旧,而匠官徐杲能以意料量,比落成,竟不失尺寸。"又《四友斋丛话》,成祖迁都北平,其宫殿牌额皆朱孔扬笔,是皆与前记之阮安媲美矣。

皇城以内在明代皆为宫禁已如前记,迄今仍有属于内府者,如东城则灯笼库、箭厂(内务府属)、缎匹库(户部属与大库、颜料库通谓之三库)、瓷器库(内务府属)、内务府妞妞房(东小胡同曰闷葫芦,今改为蒙福禄馆矣)、南池子之门神库,地安门之米粮库、帘子库等,今俱尚存也。

内城东

自《日下旧闻考》诸书皆言："棋盘街在正阳门内大清门之前，周绕以石栏，四围列肆长廊，百货云集，又名曰千步廊。"此制自金元以来相沿不改，而今则其名仅存，其状已全非当日矣。据日人嘉庆间所刻《唐土名胜图会》，门内确有千步廊，门前列肆，周以石阑。《旧闻考》亦言："乾隆四十年曾修葺石栏。"然则乾隆、嘉庆之际犹未毁也，毁自何时尚俟考。

明代正阳门前皆搭盖棚房，居之为肆。崇祯七年，成国公家被火，于是司城毁居民之侵占官街，搭造棚房者。

昔时各部署除属于内务府者外，皆列阙前。东为宗人府、吏部、户部、礼部居其前，兵部、工部、鸿胪寺、太医院居其后，翰林院则又东而北向，理藩院南向，西为銮仪卫、太常寺、都察院、刑部、大理寺，而通政司又在西长安门外北向。俗传："主生者居东，主死者西。"当时或出有意也。自经庚子之变，逐渐易革，几皆不可志其故处矣。

宗人府在故大清门红墙迤北西向，今已为内务部所鬻。署中有明碑、二碑亭，现已斜圮。

吏部署今为警察厅，明吴宽手植藤花，为词人所艳称，亦莫知所在。他如兵、工、礼三部古物并多，散失俱尽，亦从无过问者。更越数年，所谓曹司清切地，恐将尽化市楼，居骃侩矣。

阙西刑部今为司法部，署有杨椒山祠，庭隅老榆传为忠愍手植，别一小祠曰阿公祠者，名阿世图。康熙时官满司狱，以除夕纵囚，元旦囚悉来归，一囚偶后，公惧，竟仰药死，囚踵至，痛公甚，亦触柱死。今肖像执马鞚①侍侧，凡此皆新建司法部所保存者。

户部街以东东交民巷（应作江米）一带地，今为各国使馆、银行所萃，明清两代王府官廨泊灭其中者，盖不少。举其大略，则钦天监、太医院、詹事府、翰林院（元鸿胪署故址，至元之翰林院在今鼓楼西，欧阳楚公诗所谓"翰林老屋势深雄，犹是金家兀术宫"是也）、理藩院、太仆寺、怡贤亲王祠、昭忠祠、醇亲王府、裕亲王府、肃亲王府、安郡王府皆是，而明之会同馆，清之会同四译馆，亦正当此处，则自古即以为来远人之用也。又玉河西岸尽南有达子馆，清代所以馆蒙古贡使者亦其类。

东交民巷中各胡同名今不更存，独存台基厂一名，西人名之曰马可·波罗路。明高道素《明月轩日记》载："工部设五大厂：神木厂在崇文门外，大木厂在朝阳门外，琉璃

---

① 马鞚（kòng）：马笼头。

厂、黑窑厂俱在外厂，台基厂乃堆放薪柴芦苇之地。"今讹基为吉矣。今各国使馆所由来，灼然可考者三处：俄馆为昔之俄罗斯馆，英馆是圣祖子惇亲王府，其裔孙奕梁降袭后称梁公府，法馆是太祖孙安郡王府。余当以询之各馆中人，或可得其来历也。

永乐十五年六月，于东安门下东南建十三邸通屋八千余楹，又宣德三年四月，新作公主府三所，于诸王邸之前，此则今王府大街所由得名也。

明人陆粲所撰《说听》有云：太监谷大用辱挞官吏，必先问曰："你纱帽那里来的？"湖广某县令闻之略不为意，云到："我必不受辱。"及大用过其地，某人见大用，仍喝问云云，某答言："老公公，知县纱帽在十王府前三钱五分白银买来的。"大用一笑。而龙十王府在今为王府井大街。然则今之大小纱帽胡同，在明朝确为售纱帽之所也。

双辇胡同，当作双碾胡同。有兴福禅林，康熙三十二年重建，乃明舍饭、幡竿二寺故址，当时用以养济贫民者（见《世宗实录》），西城别有舍饭寺，亦曰蜡烛寺。在西城，唐时禁止京城丐者，分置病坊于诸寺以廪之，亦谓之悲田院，即其意也。齐化门街北之大慈延福宫，成化十七年以奉天地水府三元之神，嘉靖中重修，乾隆三十六年又重修。

《芜史》①:"南海子总督太监一员,东安门外有菜厂,其在京之外署也。"即今菜厂胡同。《析津志》言:"菜市,一在哈达门丁字街。"亦疑即此。

奶子府,今改"乃兹府",实可笑之至。《梦余录》:"东安门稍北有礼仪房,乃选奶口以候内廷宣召之所,有提督司礼监,太监有掌房,有贴房,俱锦衣卫指挥。每季选奶口四十名养之,谓之'坐季奶口',又别选八十名籍于官,谓之'点卯奶口',奉圣夫人客氏即出身于此也。"

《明宫史》:"东厂外署在东安门外迤北。"即今东厂胡同所由命名也,其内署在东上北门之北街。

《芜史》:"天寿山守备太监一员……岁进松花、黄连、茶、核桃、榛、栗等,各陵皆有晾果厂在京。"今讹亮果。

盔甲厂,为明代造盔甲火药之地,万历间火药忽燃者再,崇祯甲戌又震。

裱背胡同于少保祠,万历乙未建敕。

石大人胡同,今改名外交部街,乃石亨旧宅,宅没入官,以赐仇鸾,鸾败复入官,为宝源局②。

煤渣胡同,神机营在焉,其附近之校尉营、帅府园盖皆因是得名。

---

① 即《酌中志》,明代太监刘若愚创作的笔记,较为翔实可信。
② 宝源局:明清两朝铸造钱币的机构,1905年裁撤。

《采访册》云:"灯市口之熙贝勒府①,相传为严嵩故宅。"

佟府夹道,乃顺治时孝康章皇后之兄佟国纲赐第,又传云是严世蕃故宅。又《芜史》:"宝和等店管商贩杂货……俱在戎府街。"戎府者,乃嘉靖中所立戎政府也,即今之佟府夹道地。

什景花园②,乃"适景"之讹,《帝京景物略》所称成国公园也。

东四牌楼十三条胡同名汪家胡同,乃汪文端由敦赐第也。

隆福寺,乃景泰三年六日建,雍正元年复重修,月之九、十日有庙市,其来已久。

《燕都游览志》云:"灯市在东华门王府街东,崇文街西,亘二里许,南北两廛,凡珠玉宝器以逮日用微物,无不悉具。衢中列市棋置,数行相对,俱高楼。楼设氍毹帘幕,为宴饮地,一楼每日赁值至有数百缗者,夜则燃灯于上,望如星衢。正月初八日起至十八日始罢。(自《日下旧闻考》已云:"今有灯市口之名,灯市已废然。"《唐土名胜图》尚有其状,而《天咫偶闻》亦言:"幼时尚见路南楼六楹,巍然无恙。"是则同治、光绪间中殆犹未全泯绝也。)

贡院,乃元礼部。

---

① 熙贝勒为蒙古贝勒熙凌阿,为喀喇沁左旗第九任扎萨克丹巴多尔济曾孙,熙贝勒府位置为现在的北京市第二十五中学。

② 位于今"什锦花园胡同",花园现已无存。

今外交部街有双忠祠,乃乾隆十六年建,以祀都统傅清、左都御史拉布敦者。

《析津志》:"京师黄华坊有东院,有本司胡同。本司者,教坊司也。又有勾阑胡同、演乐胡同。相近复有马姑娘胡同、宋姑娘胡同、粉子胡同,迷楼曲巷,盖直至总铺胡同。出城则有南院,皆旧日之北里。"燕中妓多以子称粉子,亦其人之名也。今勾阑胡同改内务部街,衮衮官中人,莫知其旧为纸醉金迷之地矣。其东有方家园,园毁建净业庵,今庵废,园空有其名,亦为人改作芳嘉园矣。

报房胡同,应作豹房胡同,礼士胡同应作驴市胡同,诸城刘文清公故宅在此。《天咫偶闻》云:"胡同西头,南北皆是。其街北一宅改为食肆……正室五楹,阶下有青桐一株,传为公所手植。街南墙上横石刻有'刘石菴先生故居'七字。今则屋皆易主,北宅久拆,横石亦亡矣。"

总布胡同,应作总捕胡同,盖以官名者。大小雅宝胡同,应作哑巴胡同,如此类者,虽名不甚雅驯,而见于故书载记,胜于今人杜撰者,多皆不宜改也。

府学胡同,有文丞相祠,明初建,文山授命处元之柴市,即此是也。柴市相传在城南,而今实在城北,说者遂谓元城较今偏北故。然准以其他地望,元城与今城相去不能甚远,断不致南北倒置若此,余以为当系一字偶讹耳。

内城西

石灯庵为元泰定间建之承恩寺，明万历丙子吴僧真程自云栖来居，发古甓下得石一，式如灯台，旁镌《心经》一部，唐广顺间赵偃书，因此得石灯庵之名，今无存矣。

庆元楼在顺治门内街西，丽春楼与之相对，朝元楼在庆元楼北，近乾石桥①，今俱无考。

西长安街之双塔寺乃元庆寿寺，塔二，一九级，一七级。九级者，海云禅师墓。七级者，可庵禅师墓。《燕都览志》言亦名大慈恩寺，姚广孝辞赐第即居于此。后百官于此习仪，英宗正统间重修，改为大兴隆寺，嘉靖间又废为射所，名曰讲武堂，明末范景文②殉节于寺傍井中，乾隆二十九年重修。灵清宫为灵齐宫之讹，明代建以祀徐温子知证、知谔者。

正阳门前之关帝、观音二庙，为都人士所艳称，其来旧

---

① 民国后，乾石桥以谐音改为甘石桥，桥已埋于地下。陈宗蕃《燕都丛考》："今乾石桥作甘石桥，梁士诒燕孙宅在焉。"

② 范景文（1587—1644），字梦章，号思仁，别号质公，河间府吴桥（今属河北）人，明朝末期政治家、文学家、东阁大学士。明末崇祯帝自缢后，范景文留下遗书曰："身为大臣，不能灭贼雪耻，死有余恨。"后赴双塔寺旁的古井自杀。

矣。《燕都览志》："关帝庙在正阳门月城之右，每年五月十三日致祭，是日民间赛会尤盛，国有大灾则祭告之，庙有董太史书，焦太史撰碑记，时称二绝，今此碑尚存。"《春明梦馀录》称庙建于明初，观音大士庙当亦创于同时，乾隆九年重修，有张照奉敕撰书碑，庙壁有万历壬辰修筑都城碑记，兵部郎中虞淳熙①撰。

旗手卫，属锦衣卫，今讹手为守；纬缨胡同，今讹未英；噶礼胡同，康熙时江督噶礼居此，今讹嘎哩；邱子胡同虽不得命名之始，然明人笔记已有，今讹为邱祖。

宣武门内之天主堂，明万历二十八年建，顺治十四年修，康熙五十一年重修，乾隆四十年毁，次年复建。其西为时宪书房，即天启间邹元标、冯从吾等所建之首善书院②。

王恭厂，在宣武门西南隅，为明火药厂，今讹恭作公矣。明天启六年火药局之灾最为奇惨，稗史载之甚详，尤异可者，云石驸马大街石狮重五千斤，飞出顺承门。北阜成门，东至刑部街，亘四里，阔十三里，宇坍地塌，木石人禽自天雨而下，燔臭灰眯，号声弥满。《绥寇纪略》则云："有女人衣饰尽而身存，其同伴头去，比肩无恙；有从空坠人头及须发耳鼻。大木远落密云，石狮掷出城外，衣服

---

① 虞淳熙（1553—1621），字长孺，浙江钱塘人，曾任兵部职方事、礼部员外郎等职。著有《虞德园集》《孝经集灵》。
② 首善书院：明天启二年（1622），都御史邹元标、副都御史冯从吾等创建与高攀龙、钟羽正、叶向高等相继在此议论时政，抨击阉党，后为阉党所毁。

挂于西山树杪，银钱器皿瓢至昌平阅武场中。"

又据《明水轩日记》，工部五小厂曰文思院，曰王恭厂，俱丝工，此盖王恭厂得名所自也。

卧佛寺，乃故鹫峰寺，旧藏旃檀佛像，康熙间以铜范如来还供本寺。

都城隍庙，永乐中建，号曰大威灵祠，宣德五年修，正统十二年重建，嘉靖二十七年因灾重建。清雍正四年、乾隆二十八年屡修。《日下旧闻考》云："寝殿内朱漆木桶二，大可容数十石，有万历时进造浴盆及换水二碑，浴盆二尚存，不知今何似矣。"

庙之庙市初以每月初一、十五、二十五开市，今则以每年五月初一至初十日云。《野获编》云："庙市陈设甚夥，剔红填漆旧物自内廷兰出者尤精好，往往所索甚微。"盖明代尤盛，今稍衰矣。砖塔胡同之塔乃耶律文正之师万松老人之塔也。

帝王庙，明嘉靖间建，雍正七年、乾隆二十九年重修。

弘慈广济寺，旧为西刘村寺，金时刘望云建，明天顺间僧普慧因其址重葺之，赐额，清康熙三十八年重修。今得时流朝贵为之布施，宏丽几为京师诸刹冠矣。寺有古树，老干奇特，僧呼为铁树。

阜成门之白塔寺，建自辽道宗嘉隆二年，内贮舍利戒珠，元至元十六年建。圣寿万安寺，世祖帝后影堂在焉，其后诸帝数临幸,至正二十八年六月灾。明天顺元年改妙应寺,赐额,成化元年于塔座周围砖造灯龛。清康熙二十七年修寺与塔,乾隆十八年重修,四十一年又修,附近尚有黑塔、青塔,二寺皆无存矣。

西四牌楼之帅府胡同,乃明武宗之镇国公府,嘉靖初改太平仓,今府、仓均无存。

宝禅寺,乃元之大承华普庆寺。《元史》:"至大元年赐寺,金千两,银五千两,钞万锭,西锦彩缎纱罗布帛万端,田八万亩,邸舍四百间,皇庆二年又赐益都田百七十顷。"其侈大可想。明成化间内官麻俊买地治宅,掘土得赵承旨①碑,乃复建寺,改赐额曰宝禅。(《蓟丘杂钞》)

今阜城门宫门口东西廊下之名,乃朝天宫遗址也。明嘉靖中崇奉垿于大高元殿,宣德八年建,成化十七年重修,天启六年灾,盖自此废矣。

锦什坊街,据《光绪顺天府志》云疑金城坊街之讹,盖元有此坊名也。

蒋养坊,乃浆家房胡同之讹。《芜史》:"浣衣局在德胜门迤西,俗称浆家房,凡宫人年老及有罪退废者居此。天启七年十一月客氏笞死于此。"

大隆善护国寺,旧名崇国寺,始至元,皇庆修之,延裕

---

① 即赵孟𫖯。承旨为官名,唐代翰林院有翰林学士承旨,位在诸学士上。凡大诰令、大废置、重要政事,皆得专对,宋元仍其制,明代废除。

修之，至正又修之，宣德赐名隆善，成化加护国名，寺为托托①故宅。殿旁立一老髯襆头朱衣，一老妪凤冠朱裳，后为姚太师影堂，康熙六十一年奉敕修。

火德真君庙，在地安门外万宁桥北，路西为药王庙，唐贞观中创址，元至正六年重修，明万历间改增碧瓦重阁，天启中，以六月二十二日祀火德之神，著为令。乾隆间重修门及后阁，改黄瓦。钟楼，元至元中建，按《明一统志》，永乐十八年建，后毁于火，清乾隆十年重建。

鼓楼，故石齐政楼，亦元建，上置铜壶漏，制极精妙，及清代已不同铜壶等物，但以时辰香定更次矣。

齐政楼，都城之丽楼也。东中心阁大街，东去即大都府治所，南即海子桥澄清闸，西斜街过凤池坊北钟楼。此楼正居都城之中，楼下三门，楼之东南转角街市俱是针铺，西斜街临海子，率多歌台酒馆，有望湖亭，昔日皆贵官游赏之地。楼之左右俱有果米饼面柴炭器用之属，此为元时鼓楼一带之景况。

又云，中心阁，在大都府西，元建，以其适都城中，故名。中心台在阁东十五步，其台方幅一亩，以墙纡绕。正南有石碑，刻曰中心之台，实都中东西南北四方之中也，云云，今并不可考矣。

---

① 托托，也作脱脱（1314—1356），亦作托克托·脱脱帖木儿，蔑里乞氏，字大用，蒙古族蔑儿乞人，元朝末年政治家、军事家。主修《辽史》《宋史》《金史》，人称"贤相"。

德胜门内之积水潭，为玉泉之水，为城内第一潴汇，源出西山一亩马眼诸泉，绕出瓮山后，汇为七里滦，纡回向东南行数十里称高梁河。将近城，分为二，外绕都城，开水门内注潭中，入为内海子，绕禁城出巽方，流玉河桥，合外隍，入于大通河。元时开通惠河，运船直至积水潭，故元世祖尝临幸，见帆樯而乐之，明改筑京城，与运河截而为二，遂非复昔观，今指近德胜门者为积水潭，稍东南为十刹海①，又东南为莲花泡子，其实一水也。景物殊似江南，昔年裙屐，多集于此，近则每岁夏间，唯有北人，于此遨游，市肆喧阗，脂粉狼藉，宜其不复为搢绅所道，宋褧②词所谓"浅碧湖波雪涨，淡黄官柳烟蒙"者，莫知其幽趣矣。

成亲王府在十刹海，翰墨史之诒晋斋即在此处，乾嘉间诗人骚客所荟，又成府旧为大学士明珠第。相传《红楼梦》为明珠子纳兰成德自况，则大观园亦即在此处也。《红楼梦》中有"鼓楼西大街"一语，地望甚合，彼时热闹市廛王侯第宅固皆在北城也。

《天咫偶闻》云："法梧门故居在松树街东头李公桥西堧下第一家，已无人居，老树数株，茅屋半欹。"李公桥者以李西涯故居得今名，法式善《存素堂文集》云："弘治时太监李广，以符箓得幸，桥或广所造，似非。"

---

① 十刹海：今作"什刹海"，下同。
② 宋褧（1294—1346），字显夫，大都宛平（今属北京市）人。卒赠范阳郡侯，谥文清。著有《燕石集》。

今府右街之李阁老胡同，为李东阳赐第旧址。其旧宅则在净业湖畔，所谓西涯也。《帝京景物略》云："嘉靖间麻城耿定向①首议赎还为公祠，穿双履及一粗纻小衫云。其诰命碑阴记云："吾祖始居白石桥之旁，后筑入地安门内，移于慈恩寺之东海子之北。"《存素堂文集》云："余综诸说与地址印证，盖广福观之南，响闸之西，月桥之北，海潮寺之东，地名煤厂，文正故第当在是。"

外城东

正阳门外迤东之三里河，今已无复河道，在元时实为文明河，接通惠河为漕运要道，其附近芦草园、北官园、南官园等地，皆明代势家园林也。明人园林萃于正阳、崇文二门之间，故《帝京景物略》称鱼藻池（鱼藻池即天坛北之金鱼池）阴一带园亭甚多。蟠桃宫每岁上巳三日庙会，亦为都城胜集。《天咫偶闻》称其地近河埂，雅有《清明上河图》之致。原名太平宫，为明故刹，有康熙元年重建后殿碑，其南

---

① 耿定向（1524—约1596），字在伦，又字子衡，号楚侗，人称天台先生。湖广黄州府黄安县人。明代政治家，理学家。晚年辞官回乡，与弟耿定理、耿定力一起居天台山创设书院，合成"天台三耿"。著有《冰玉堂语录》《硕辅宝鉴要览》《耿子庸言》《先进遗风》《耿天台文集》等。

有观音庵，旧名云深处，亦康熙年建。

拈花寺，在广渠门内东南角，即冯相国万柳堂别业，后归石文桂，因舍为寺，夕照寺在其西北，今并荒芜。

廊房头条者，据《顺天府志》引《人海记》云："永乐初，北京四门钟鼓楼等处各盖铺房，召民居住，召商居贷，总谓之廊房。"视冲僻分三等，纳钞若干贯，洪武钱若干文，选廊房内居民之有力者一人，签为廊头，计庸纳钱钞敛银，收买本色，解内府天财库交纳，以备宴赏支用，今正阳门外廊房胡同犹仍此名。

朱文端公第在煤市街，今为旅店。

梁文庄公第在杨梅竹斜街。

李文忠公光地第在西珠市口。

外城西

今前门内前府、左府、中府、右府、后府各胡同，在前明时代为五军都督府之故址，而清之刑部衙门，即明之锦衣卫故址也。明之刑部署又在长安街西，今所呼旧刑部街是也。

《野获编》云："今京师全楚会馆，故江陵张相①第，壮

---

① 即张居正。

丽不减王公,然特分宜严相旧第四之一耳。会馆之右小房,虽不及大第十之一,然亦轩敞。"此下述有祟事,至今称为四大凶宅之一。

宣武门大街,名人家邸最多,如韩菼、汪懋麟、龚鼎孳、钱大昕,而顾侠君亦曾寓宣武门壕上也。

米市胡同,有王文贞崇简青箱堂①,又有曹文恪秀先第。

珠市大街,应作猪市大街。

延寿寺街本有延寿寺,辽金称巨刹,辽主尝临其地,金人以栖道君及汴京所获车辇,明正统间,太原僧湛然重建,开渠,得断碑,有延寿字,因仍其名。

《春明梦馀录》云:"梁园在京城之西南废城边,引凉水河入其中,所谓废城,乃辽城也。因明人梁氏建园得名。"王渔洋《过梁家园忆昔游》诗:"此地足烟水,当年几溯游。"

孙公园,乃孙退谷故居。

魏染胡同,有吴梅村故居,康熙间汤少宰寓此,乃有"旁人错比杨雄宅,异代应教庾信居"之联。

铁老鹳庙,乃一关帝庙,因鸱吻上有铁雀二以驱鸟巢得名;琉璃厂之琉璃窑创于明代,有清仍之,其东火神庙为岁首摊肆所集,乾隆十年步军统领委官重修。

---

① 王崇简(1602—1678),字敬哉,一作敬斋,顺天府宛平(今北京市)人,谥文贞。有《青箱堂文集》《青箱堂诗集》等。

火神庙之西夹道为王渔洋故居，其手植藤花不可复见矣；海北寺街是海波寺之讹，寺今废，朱竹垞自禁城迁居于此也。

永光寺街之永光寺，乃元之大万寿寺。

四川营以秦良玉驻兵于此得名。

铁门之宣城会馆，乃施愚山故居也。

乍子桥松筠庵为杨椒山故宅，即以祠焉，此固人人所知矣。土地庙斜街之长椿寺，今多为人假以设奠，乃明慈孝皇后建以居水斋禅师者，有渗金多宝佛塔高一丈五尺，今尚完整。又所藏佛像十余轴，中二轴黄绫装裱，一绘九朵青莲，花捧一牌，题曰"九莲菩萨之位"，明神宗母李太后也。一绘女像，具天人姿，戴毗卢帽、衣红锦袈裟，题菩萨号，下注"崇祯庚辰年恭绘烈皇生母孝纯刘太后"也，今尚存然亦摹本。

慈仁寺，以元代双松著名，在彰仪门大街之北，门额曰"大报国慈仁寺"，乾隆十九年发帑重修。《燕都游览志》云："殿前二松相传元时旧植，台右一株尤奇，寺后毗卢阁甚高，望芦沟桥行骑历历可数，阁下磁观音像，相好美异，得之窑变。"寺本为周太后弟吉祥建，而寺有成化二年御笔制，碑止云"为太后祝釐①"。

昔日慈仁寺有书摊，故《池北偶谈》记："朱先生以三

---

① 祝釐：祈求福佑，祝福。

钱易客氏旧刺。"顾亭林康熙间入都寓此,故后人遂为建祠。

善果寺,在白纸坊,旧名唐安寺,创于南梁,明天顺间复建,清顺治十七年世祖曾临幸焉。

朱竹垞、查初白并有故居在槐市斜街①。

白纸坊,为历代造纸之区,元于此设税副使,今居民犹以造纸为业。

崇效寺,相传建于贞观间,今有楸花、牡丹,亦为春日宴赏之所,渔洋有《过崇效寺看枣花》诗,寺藏极庵和尚《红杏青松图卷》,乃寺僧亦不肯以真者示人。《元一统志》言:"唐刘总舍宅为崇孝寺。"或即此。而明北平图经、寺书、石经、文碑在旧南城白纸坊,乃金国子学惟余石碑二通,今遗址亦应在此。

附记日本人刻《唐土名胜图会》

《唐土名胜图会》者,标题故蒹葭堂木世肃先生遗意编述。法桥冈田玉山(尚友)、冈熊岳(文晖)、大原东野(民声)同画。前有皆川愿、横塘有则、奥田元继三序。序署享和文

---

① 槐市斜街:民国时街道改变,此地名已无存,约在长椿寺东下斜街一带。

化年号,则当吾国嘉庆九、十年(西历一八〇四、五年也)。

其卷帙次第,首大内,次皇城,次内城,次外城,次园囿郊垌,而终之以直隶各府。其编制先之以《总图》,而后及乎典章文物,风景名胜,系之以说明,而参引名人之题句。其于大内也,则若《帝后御冬夏朝服之图》《午门朝参之图》《午门内九重门之图》《太和殿大朝会之图》《除日保和殿宴外藩蒙古之图》《乾清宫千叟宴之图》《重华宫小宴图》。其于皇城也,若《天安门颁诏之图》《元夕奉芍药牡丹之图》《冰嬉之图》《紫光阁试武进士之图》《皇帝躬耕皇后躬桑之图》……皆太平之世声名文物之盛,即《会典》诸书所不克备见者也。若《东西安门之图》《四牌楼之图》《正阳门正阳桥之图》,则京师城闉廛市之迹,可以自今证古而若合符契者也。至如各衙署、寺院、坛囿、苑御,或其名仅存,或其地已泯,览其图绘,皆宛然如见。数百年来,经营缔构之功,犹得长存于吾人之想象。斯诚图籍之瑰宝也。

其于京外各府,亦先举其山川胜迹,笔墨尤为致密精丽,而曲折井然,殆非身历其地,积年累月以摹绘之者不办。每地各系以人物故事之图,若易州之荆卿,涿州之昭烈,山川人物之美,互相辉映矣。

其有一时之盛举,绘者所目睹,而后之人未由悬拟者,若首册所载《除日保和殿宴外藩蒙古》及《乾清宫千叟宴》是,其中外藩之衣饰,耆老倚杖携童升降参差之状,与夫特制之彩棚帷帐等,俱可想见其一笔不苟也。

其有当时景状,今已全非,赖此书以得其仿佛者,如大清门前之棋盘街,百货杂陈,门内有千步廊,门上有楼橹,今无有也。金鳌玉𬯎西有小马圈(即今集灵囿北门以外地),今无有也。南池子有飞龙桥,今此桥亦不存也。

古今风土变迁最可玩味者,莫如戏楼与妓馆,其所载《东西青楼之图》,是在今灯市口之东一带,妓皆服长袍盛妆,弹筝侑酒,绣帘红烛,迥非今世所见。正阳门外之查楼,其戏台与今制不殊,惟观客皆露立,妇女始居席棚,其旁市肆喧阗,亦无异今状。有牌楼署"广和查楼"四字。查楼者,查姓富商所创,凡戏楼皆以查名之,不知何时误查为茶也。又东四牌楼之灯市,崇楼绣阁,周遭相属,今亦无余矣。

画中人物衣冠之制,自帝后百僚之章服仪卫,固靡不详备矣,至于道上行人之服式,亦无不戴大帽、着袍褂,百年之间,风气迥殊若此,不尤令人感不去心耶?因附记其大要于此。

英和的《恩福堂笔记》中关于北京建置的论述

新春哲维得英煦斋《恩福堂笔记》一册见赠。其中有关京城建置者,为录二则如下:

太和门外东为石亭,西为石匮。一日,上自天坛还宫,见之以问南书房翰林,莫知其名,或以语彭春农①。春农举《阅微草堂笔记》中云:"曾闻之督三殿工者,言其中多朽粟。"纪文达公断以为嘉量。后穆鹤舫②亲往视,以告春农,言匮之盖非构架不能启,文达之说亦未确云云。按今太和门左为石亭,右为日晷,所谓石匮,盖自重修不复存矣。

又一条云:大内合符阳文也,留京办事王大臣值宿所守者。余皆阴文,大城则正阳、德胜二门,禁城各门皆有之,步军统领家亦藏之。余于嘉庆癸酉九月任事,开箧检视,则有雍正年间舅舅隆科多议奏清字折一册,内称京城倘有警,白塔山信炮一放,号旗一起,王大臣文武百官及兵丁等各趋所定之地守卫听令。九门皆有炮杆,何门紧急,先放何门之炮,旗随起,夜则悬灯。一门炮起,各门炮击咸应。尔时曾将科条颁存各衙门,历年既久,人无知者。余因按照原折译汉,使人易晓,奏明发刻,谓之《白塔信炮章程》,颁给京城大小文武各衙门一体存案。此以见定鼎时之设防周密。岂意百年而后,文恬武嬉,视遂同废纸耶?

英煦斋以韦杜故家,金张世族,掇巍科③,跻穹列。所述琐事,皆足想见八方无事之日,满人富贵雍容之概,其中

---

① 彭春农:即彭邦畤,字锡九,号春农,江西南昌人。嘉庆年进士,官至顺天府学政。
② 穆鹤舫:即穆彰阿。
③ 掇巍科:古代称科举考试名次在前者为巍科,掇巍科即科举高中。

一则，述其初入词林，谒窦东皋①。窦斥仆人曰："来客携有红毡始会。否则辞之。"既见，复斤斤于白帖字样之大小，及今观之，殊堪喷饭。又记其先世与人书札：用红柬加以白折启，贮以白软封，上贴红签加封二字，外用护封。另有所云，则红帖。又云，乾隆初年，知府称太爷，司道称大老爷。此皆足考见风会之变迁。研有余沈，聊泚笔附记之。

---

① 窦东皋：即窦光鼐（1720—1795），字元调，号东皋，安丘县临浯乡高家庄人（原属诸城）。乾隆七年（1742）中进士，由庶吉士授翰林院编修。先后任顺天府府尹、宗人府府丞、福建正考官、浙江学政、吏部右侍郎、都察院左都御史、会试大总裁等。

同光间燕都掌故辑略[1]

同光间燕都掌故辑略序

往时无新闻纸,故零闻琐事过眼都忘,日后追寻渺无踪影。燕都旧事以咸丰庚申以后为变迁最剧,而史官失职,文献尠[2]征。大至典章之兴革,小至间巷之詹言,自一二私乘若《天咫偶闻》外,几于无可甄综。揆以《春秋》三世之义,所闻反逊于所传闻,是亦大可哀矣!近人惟李越缦、翁文恭、王湘绮三家日记逐日记注,有关于兹地之史事者颇多,而尤于极琐屑平凡之记载可以窥见一时社会情状,故为至可珍之史料。迩为《北平志》搜辑资料,涉猎及之,遂分段辑录,以备观览。虽私人之日记,固可作七十年来之新闻纸读也。书成,名之曰《同光间燕都掌故辑略》云尔。

---

[1] 本篇曾单独成书,世界书局1936年8月出版,署名:瞿宣颖。
[2] 尠(xiǎn):稀有的,罕见的。

民国二十一年四月，瞿宣颖叙于国立北平研究院史学研究会。

第一　宫苑

团城

晚步至御河桥，观落日，遂入团城。城者金鳌东之小城也。入门迤逦平坡，登城旷然而平。殿曰承光，五楹，东西配殿前两亭对峙，复有屋随殿如半月状曰"敬跻堂"。栝松合抱数百年物，松柏荫可半亩，成行列。殿前一亭，中置宝瓮，大容二石许，外作龙鱼，中刻高宗《御制玉瓮歌》，形椭圆，不甚端正，承以石台。亭柱刻侍臣和诗及记凡四十八，匆匆不及备观也。西有假山，山有亭，今圮。下视南北海如镜，前有屋曰馀清斋。

（《翁文恭日记·八》同治七年六月初三日）

南海

西华门之西有门焉，所谓南海者是也。入门循堤而南，高槐老柳椶楸蔽日，长桥卧波，周以赤栏。度桥殿宇壮飞，门曰"德昌"。门外铜龙牙牙欲攫。北瞰金鳌，车马如蚁，稍西屋榭重复，周垣缭之，树草一色，郁若深山，四望三门，盈盈隔一水，由门而北，陂陀掩映。循红塘数百步，得船坞，龙舸藏焉。过是而北，梵宇南向，瓦以琉璃，曰"万善殿"。多松柏，莳瓜果，俨然村落。其西有亭，翠浮波上，渺不可即，龟趺载心往一处嵝，字大如斗。

（《翁文恭日记·八》同治七年六月初五日）

西苑

由长安门西阙门至西苑门，偕松君入，过长桥，复过一桥，入土山口，往西而北，过宫门，稍折而东里许，抵补桐书屋①。二三楹极小南向。对面为随安室，在山石上。石皆太湖，玲珑如云，可爱也。苍松古柏，参差夹路，下为待月轩，余等所坐也，亦极窄。外则一片波光，鱼鸟云天，恍如镜里矣。惜轩之东窗不开，左右有楼观，又一亭斗入水际尤妙，与孙、松两公徘徊久之。右有春明堂，其前一石木变石也，文理尚在，鳞甲铿然，红墙内即含元殿，殿踞高处，传

---

① 补桐书屋位于今中南海内，是太湖石上的一个小院落，乾隆帝做太子时曾在此读书。院内南屋名补桐书屋，北屋名随安室。院中有两株老桐树，一株枯死后用其材制成四琴存在屋中，后补种，由此得名。北屋随安室之名，取其随遇而安之意。

膳之所也。

（《翁文恭日记·二十四》光绪十一年四月十九日）

寅正二到西苑门。……俄而玉圃亦来，遂不及待燮臣先入。入四扇门，循岸而西，入丰泽园门，西行至惇叙殿，至崇雅殿（有楼见中海），观较射处。历春耦斋，登楼，曲折而下，一步一形。斋以紫绿石铺地如古锦，面池。对岸戏台，再前叠石为山，仿佛狮子林，黝然深谷，极妙。出石头门，周遭约三里许，非玉圃不能如此遍游也。

（《翁文恭日记·二十四》光绪十一年四月二十四日）

出神武门径至承光左门，度长桥，迤逦东北入土山中，再过一桥（此桥对陟山门），西望即白塔，直北至宫门，前殿曰春雨林塘。殿后方地，长廊周建，后殿曰画舫斋。由东廊宛转穿廊曰古柯庭。（槐一株，殆五六百岁，盘根如石，十围。）

（《翁文恭日记·二十四》光绪十一年四月二十八日）

是日起，三日赐听戏于西苑之纯一斋。斋在丰泽园之西，有门曰静谷，历三层殿座，始至，水座也。两廊十一间，以七间为王大臣等座，列毡垫两层，每间约六七人，余在第五间也。较宁寿宫为逼仄，且系地座，无高凳，经日盘膝不能去帽。每入座必一叩首。礼节亦繁矣。辰正入座，先在戏台下立候，已久，甫入即出脱褂。巳初早饭，午初果席，未正二晚饭，极丰腆精美。闻皆系慈圣指挥，盖从来未有也。饭所在静谷门外,临河支帐子列坐凡十余桌,甚敞,微嫌热耳。

(《翁文恭日记·二十九》光绪十六年六月二十五日)

卯正到公所,即冒雨入坐亭中,群公毕集。辰正入座,仍三次正食。因雨移于听鸿楼廊下。听鸿楼在纯一斋之西面,众峰皆秀石,云是艮岳之遗。南行出小门,即临河亭子矣。

(《翁文恭日记·二十九》光绪十六年七月初二日)

上午入宣武门,进西安门,经福华门,土木方始,畚桐载道。红墙黄瓦,渐已改观。过金鳌玉𬟽桥,荷花正盛,红艳欲滴。绕景山出地安门至庆和堂,赴漱兰通政乔梓之约。十刹海花事已过,惟翠盖亭亭,掩映两堤杨柳,咏白石"荷叶似云香不断"之句,弥觉流连无尽耳。坐有爽秋、子培、筱珊、苇卿①,酒毕,散步堤边久之。夕阳时回车,仍至金鳌玉𬟽桥,裳回栏槛,花香袭人,太液风来,凉生衣袂,登团城由液洞门升承光殿。殿前有石亭,中置元代玉瓮,楹柱间俱勒诗。殿内设宝座,前列熏炉四,皆小而方,又长纤如烛形者二,镂制工绝。旁列熏笼二,灰积如雪。左列鼎一,传是商鼎,盖上马脑②钮为博山衔月形,殿左暖阁,御榻在焉。殿外左有古栝③一,传是金元时物,又偃盖松一,皆蟠屈数

---

① 即袁昶、缪荃荪、王颂蔚、沈曾植。
② 马脑:今作"玛瑙"。
③ 栝:即桧柏,又叫圆柏。常绿乔木,树高可达二十米,树冠呈圆锥形。

亩，殿后为敬跻堂、古籁堂，堂之左有小山临池，山上为朵云亭，亭内外皆有高宗御制诗额，堂之右为馀清斋，斋后石山临玉蝀桥，磴道周回，上有亭已废。

（《越缦堂日记·壬集上》光绪十三年六月二十五日）

西苑多榆树，今年榆生虫。一日堕皇太后衣襟蜇手，乃命凡榆尽伐之。于是百余年之树无孑遗矣。

（《翁文恭日记·三十二》光绪十九年九月二十日）

祈年殿

祈年殿重屋三成，圜屋四周，窗棂用水精帘。水精帘者，蓝色料丝织成者也（出青州，工部制造库办）。

（《翁文恭日记·二十六》光绪十三年正月十二日）

南墕门

连日见内务府及奉宸苑议三海工程，欲开南墕门。

（《翁文恭日记·十三》同治十二年八月二十日）

钓鱼台

午后，同敦夫出广宁门，经天宁寺白云观，驺卒不识道，迂行二三里，始抵钓鱼台。地属玉河乡之池水，村亦曰花园村，去三里河西北里许，相近有圆通观、圆觉寺，为金主游幸处。金人王飞伯尝隐于此，见元遗山诗。乾隆三十八年濬治成湖，以受香山诸水，于湖之东口置闸以蓄泄之，其下流由三里河达阜成门之护城河至东便门，入通惠河矣。湖中有泉涌出，堤岸周围约二三里，中悉种莲，较十刹海多几倍之。近水为稻田，堤外积土隆然成山，迤逦相属。……湖中有船，方篷施幔，仿佛吴制。……回舟循堤至钓鱼台行宫，列圣诣西陵驻跸进茶处也。宫墙周里许，下有水栅，以通湖流，宫门面南，入门过桥为养元斋东向，正厅五间，回廊四匝。又西为潇碧斋，中为品字形，窗棂玲珑。玻瓈①四照。又西过桥登石山，为澄漪亭。亭中悬高宗御制诗云："墙外为湖墙内池，一般凭槛有澄漪。剔疏意在修渠政，何必瓶罍细较斯。"后题乾隆壬寅仲春下澣②题，有二印，一曰古稀天子之宝，一曰犹日孜孜。……

（《越缦堂日记·乙集上》光绪六年八月初六日）

圆明园

辰初至保安寺雨珊寓室，待叔鸿同饭，偕游圆明园。入

---

① 玻瓈：今作"玻璃"。
② 澣：同"浣"，下浣为农历下旬或官员在下旬的休息日。

顺城门，出西直门三十里，访廖枫亭参将，留饭。同廖车游六角桥、八方亭（名廓如）。访砖殿铜殿，皆已毁矣。湖水半涸，铜犀无尾，以荆棘围之。东南诸山苍翠无恙。还寻扇子湖澄怀园旧游，无可识矣。游鸣鹤园，惠王赐第也。戌初归泄水湖，即廖所居，……夜宿其园室，与雨珊、叔鸣同榻。

（王闿运《湘绮楼日记·三》同治十年四月十日）

午至故宫角门，寻董二太监，同游园中，循出入贤良门西行，过正大光明殿、勤政殿、保和殿，皆无复阶陛。由殿下循石路稍西，过极福堂，后寝也。堂东为帝寝（题曰"天地一家春"），皆临前湖，湖前石山为屏，即正殿。湖后皆坐落，名不可胜纪。益东为福海，琼岛在焉，甚远不可往。乃西上石山（题曰"四面云山"）。望湖水山树，苍秀静旷。后湖前文宗新建清晖堂，亦毁矣。穿石洞登一亭，又西至双鹤斋后殿（曰"廓然大公"），房舍未毁。登龟背桥，行廊相通。然俱低窄，太监二人引行，谭道咸宫中事甚晰。日西欲归，循石道出过石卫城①，廿万尊佛均毁矣。

（王闿运《湘绮楼日记·三》同治十年四月十一日）

太平瑞圣花

恭邸送太平瑞圣花数枝，此甲午年生于圆明园殿基南斋

---

① 石卫城：今圆明园舍卫城。

赋诗者也。花四瓣如垂丝海棠，有酸香。

（《翁文恭日记·三十六》光绪二十三年五月初六日）

西直门至颐和园石路

是日派承修西直门至颐和园石路工程（与福馄两人），旋荐厂商者纷纷矣。本部及各部司官颇有来求随带者，风气陋劣可憎。

（《翁文恭日记·三十二》光绪十九年五月十六日）

是日因石路开工未入直。卯正一行至西直门官厅，则福公已在彼矣。李高阳①、敬子斋以西直门城楼开工亦在此同坐。辰正高阳等在城上行礼毕，余与福公始在内海墁上对门洞行礼，一跪三叩首。工头等将事，即在南官厅前破土起石一块。

（《翁文恭日记·三十二》光绪十九年六月初四日）

偕福相查石路，并收圆明园八旗营房工。寅正二刻起，卯正二刻黎明行，五刻抵西直门，少顷箴亭到。辰正步出城，欲丈量西直门外门洞，余以司官所开并工部所量示之，遂止不量。乘轿由石路行，石块均起刨，椎凿之声盈野，匠卒几数千人矣。黄庄官厅小坐，直诣颐和园东门外步军统领公所……饭后同箴亭至牌楼后查续修之新石路一百十余丈，

---

① 指李鸿藻。

此本颐和工程处应办，近日奉懿旨交承修石路之大臣一并兴修（自宫门外由东西如意桥接至牌楼前）。工程处大木纵横，不能丈量，约略而已。入东官厅坐谈，良久，与福公分路循南边土道折而东北，由娘娘庙石路转东至正蓝旗营公所换马，略看三四处。

（《翁文恭日记·三十二》光绪十九年九月二十七日）

颐和园

十一日策马出寺，迤逦绕玉泉山至静宜园宫门。一片榛莽，望见万寿山，因欲一观。先过船坞入看，凡三艘。在外窥观，未登舟也。仍骑过青龙桥南行至新建颐和园宫门，百工毕集，下马敬瞻，历正殿（原名勤政，今改仁寿），过山口，后殿玉澜堂极华丽。……后一层亦成。再后一层折而西，过数院即到昆明湖湖边。长廊迤逦几一里许，极北曰石丈轩，至此无路，再行转北，一片瓦砾也。

（《翁文恭日记·二七》光绪十四年十一月十一日）

出西直门看鸾桥，工甚重。历高亮桥至广通寺，始乘舆循石路行，至黄庄官厅饮茶（已至双庙矣），复行过虹桥，由扇面河南岸望见圆明园大宫门矣。不觉呜咽。过马厂西门为新石路接处，然肩舆避水行田中，不甚分明也。至颐和园东宫门外提督衙门公所（极宏敞）解衣磅礴。福公邀余三人饮，并为监督监修治具于颐和园司房公所，上下不下百人矣。熙李二公商量查估事，定最重者选旧二成，次重六成，轻者八成。以余观之极重者多，轻者才十分之一二耳。则换新者不下七成，钱粮铓矣奈何。又余窃虑段长时迫，运料难，鸠工难，须有一番大振作方可。是日福公本有入园查看地平差使，因邀余等同行。入东宫门至仁寿殿（面东是为正殿），次戏楼，楼后××最后××阁均未及遍览，西行，于玉澜堂前登舟，舟以棹行，西望一幅如青绿山水。至码头登岸，中为宫门，历阶过桥曰二宫门，登陛曰排云殿，太后寝宫即在殿西室，殿后崇阶五十七级，曲折而登曰德辉殿（此等处皆未毕工）。再上数十级曰佛香阁，尚未立架，更上最高处则智慧海也。足力乏不能到，仅到德辉而止，三憩而出。

（《翁文恭日记·三十二》光绪十九年六月初七日）

传恩佑带诸臣遍游园中诸胜，出门西行，先排云殿，次听鹂馆，历长廊至石丈室，次石舫，遂乘翔云带桨船驶湖心。南至龙王堂，登岸陟月波楼上涵虚堂，堂阶三层数十级，四面皆云天浩荡，茶果随行，到处列坐。至楼观之丽，陈设之华，目所未睹也。至对鸥舫坐。未正传退，出沿堤曲折廊庑间，出东宫门，至小寓换衣。

（《翁文恭日记·三十五》光绪二十二年正月十七日）

铜狮

排云门外两铜狮模范极精,自畅春园移来,云是吴三桂府物。昨晨从乐寿堂廷中过,见有石横列皱如波涛,疑即所谓青芝岫①也。

(《翁文恭日记·三十六》光绪二十三年十月十一日)

淀园

御史有据内务府微员之请疏乞修复淀园者,集王公大臣议。议上,谕旨切责妄言之罪,御史落职,内务府官发黑龙江为奴。

(《翁文恭日记·八》同治七年八月初一日)

长春宫戏台

自本月十七起,宫中土木之工繁兴,春杵邪许之声如海潮音。或云长春宫添造戏台,无稽之言不敢凭也。是日内务府大臣于未刻叩头,意者工将毕赏赉之矣。

(《翁文恭日记·七》同治六年五月二十六日)

---

① 位于颐和园乐寿堂前的巨型太湖石,长八米、宽二米、高四米,为明代米万钟在京城西郊房山发现,但只运至良乡道上,弃置道旁田间。百年后由乾隆得知降旨移至此,取名"青芝岫"。

东华门女墙

所修之女墙在东华门直北共十九朵,海墁(即地平)如之,不过涂饰而已。

(《翁文恭日记·二一》光绪八年八月初七日)

第二　名胜

二闸

荫轩约游二闸,桂广两侍郎及余而已。巳初入船,由二闸操舟至高碑店,食于野寺中,寺依闸下临流。申刻归,过公主坟,松栝葱郁(福隆安额驸也,墓在此,故呼为公主坟,有乾隆四十九年祭文碑亭),登岸至二闸龙王堂小憩,日薄西山,徜徉而返。

(《翁文恭日记·十一》同治十年七月十一日)

偕逸山同车诣六舟、麋伯,张砚秋工部、徐寿鸿户部皆至,遂同出东便门,至大通桥下舟,过赏荷轩,泛至二闸小憩龙王庙。寿鸿先归,予等更舟过福寿公主坟园及广惠寺,将至三闸，望见高碑庙，以北风劲甚，遂折回。二闸至三闸几及六里，河广水深，烟波渺然，土人不便桨楫，以牵行舟，过芦苇深处为风所逼，深入丛际，雪花露叶，纷披衣袂间，宛然故乡水村风景也。自大通桥至二闸不及三里，水亦浅陋，都人夏日游者云集，闸上流泉如水帘，溅沫飞花，鸥凫群浴，鱼罾隐树，桔槔远闻，京华尘坋，耳目俱洗，然绝无园亭，船又无篷障，有日炙之苦，经秋以后，人迹遂阒，今日寒甚，萧寥倍常，而烟树苍茫，秋阴可缋，红墙野庙，远映微明，足令畸士忘情，云客濯梦。此河源自西山之麓，玉泉、柳沙诸泉由西湖入都城，穿金水河宛转而出，今年夏秋多雨，诸泉甚壮，河水盛于昔时，前日又新得大雨，故诸闸涛奔湍激，声喧数里，北地所仅见也。

（《越缦堂日记·第十九册》同治十二年八月二十八日）

出便门觅舟到二闸，饮茶于肆，闸下水如雷，觉此中静趣自在，小儿善没者投身十丈之渊取一二钱以为笑乐，余最恶之。坐久回舟于沿堤柳阴下茶棚小坐，有一处小潭荷花亩许（名三块板），有一庙，穆春岩所修也。

（《翁文恭日记·二十三》光绪十年六月初八日）

十刹海

经神武门过大高殿，明世宗所建大高玄殿也。以奉三清，金碧巍焕，出地安门，曰钟鼓楼，迤西至十刹海，土名南河，实即积水潭，明人所呼净业湖者也，周回约三里许，荷花极盛，南岸树阴夹峙，第宅相望。……西岸稍荒寂，惟故协揆麟文端第最华整，朱楼重阑，极似江南，高柳带拂，尤为佳胜，香涛[①]等已先在，有新为浙江粮道归者，名奇克坦太，居其地，因借其楼憩焉。

（《越缦堂日记·巳集》同治十一年六月十九日）

陶然亭

晡时偕梅卿同车诣龙树寺，车马甚盛，遂不入，更诣陶然亭。坐亭之西窗，下临苇田，万顷一碧，南风大作，烟翻雾卷，有江湖波涛之观，对面西山隐隐云际，右环雉堞，左带龙树、龙泉诸寺，红墙远映，间以绿树，陂塘积水，时露隙光，都中胜地，此为第一，夏中雨后尤为宜耳。未几雨作，观石刻江藻《陶然吟》。藻字鱼依，汉阳人，康熙乙亥以工部郎中督黑窑厂，乐此寺陂池之美，始构轩三楹，取白香山"一醉一陶然"语以题其额，诗作七古，平弱率冗，绝无结构，尚不甚俗耳。后有其兄蘩（字采伯）跋，此轩既成，游赏遂集，然实无亭之称，而雅俗相沿皆以陶然亭呼之，盖地

---

① 香涛：即张之洞（1837—1909），字孝达，号香涛，做总督时人称"帅"，故时人皆呼之为"张香帅"。

据高阜，廊槛翼峙，四望翘竦，有似亭形，故乾隆以来见于各家诗文集者，皆仍其称不改。近更名以江亭，系姓于地，比于滕王之阁，庾公之楼，子云浩然，同斯佳话，亦此君之幸矣。

（《越缦堂日记·第二十册》同治十三年六月初四日）

游陶然亭，寺僧于亭南新辟精舍三楹，整洁可喜，亭外增碧阑一带，疏杨掩映，尤为佳观。

（《越缦堂日记·癸集上》光绪十四年九月二十三日）

南花泡子

傍晚驱车至南泺，都人所谓南花泡子也。旧有亭久破坏，数年前袁侍郎保恒葺小屋三间为庚戌同年消夏公讌①地，而太湫隘，又不临流，无足延憩。池分左右，其左稍广。周围约里许，荷花已老，略有余红，因偕仙坪、铁香坐小舟泛之。

（《越缦堂日记·乙集上》光绪六年八月一日）

南泡子

出彰仪门②南行三里许，至所谓南泡子者，土室三楹，落花四面，袁小午物色得之，今游者甚多矣。惜草树翁郁，遮

---

① 讌：同"宴"。
② 彰仪门：又称"章义门"，即今广安门。

蔽其东，一亭矗立，云是乾隆三年造，盖官工也。

(《翁文恭日记·十六》光绪三年六月二十六日)

由西长安门出城赴汴生、子禾两公南泡之约，南泡者彰仪门外三里许荷花池也。……有小舟可坐。

(《翁文恭日记·十九》光绪六年七月初三日)

西泡

出城诣天宁寺，独坐空堂，顿触前事，须臾朱敏生、许筠庵两君来，邵汴生、祁子禾、孙子授皆来，遂同游西泡（亦名莲花池）。自寺直西稍南约四里许，柴门矮屋，主人雄县何姓，颇幽洁。有三舟，一舟有篷，六客同泛由带径穿而出，延缘荷花中，花叶皆压篷上，极有致。池凡六顷，四面土冈起伏，俨类南中江乡景物，良久归。

(《翁文恭日记·十九》光绪六年七月十二日)

樊家村

出南西门坐花之寺，又访丰台芍药，至所谓樊家村者（距南西门八里）。颇有大花厂，皆常卉，有数处篱落中芍药甚密而皆蓓蕾。

(《翁文恭日记·二七》光绪十四年四月初十日)

西山

　　晴无片云，忽欲作翠微之游。寅正登车，日出出平则门①，过八里庄，路皆沙，庄西二里许曰恩济庄，康熙时内臣林老人墓也。入寺访僧觉品，则去年死矣，二十四年一弹指也。其弟正品出见，过此小石荦确，八里许，田村两堡门，荒凉之至。过田村折而西北，策骑田畴中，见灵光塔矣。巳正抵灵光寺，僧会一导至塔下一亭，双泉鬐沸，荷花满地，静坐甚畅。策骑童至秘魔岩，寺曰证果，僧曰心纯，年六十二，尚沉静。寺后曲径修廊，岩石突出，峪岈中空。即所谓秘魔岩也。岩上有卢师及二龙像，题名者皆近人，平望芦沟桥如凫鹥点波，良乡塔如在几席。游罢遂饭，饭后雇爬山虎三，乘登山，循石路下行，折而上，曰三山庵，无足观。又上曰大悲寺，方丈年七十三，山中人推为能书，有大悲坛在最高处，嘉靖二十九年石碣称泾主魏娘娘助金钱成此寺，不知泾主何解也。……又出为龙王堂，寺小而多竹，西院有泉注方池中，声瀿瀿然，池有金鱼，池上古松三，奇秀可爱，有屋曰听泉小榭，更上为香界寺，规模巨丽，登其楼佛像甚多，藏经数匮，皆乾隆中官颁，东有行宫，皆为洋人所居。……又上里许曰宝珠洞，洞在绝顶，塑住海岫（康熙

---

　① 平则门：即今阜成门。

初)像,旁列一像,僧曰此圣祖也,余指方补示之,力斥其诬,俯视洋河如带,禁城殿阁历历,出寺由小路盘旋取近而下,往返两时许耳。

(《翁文恭日记·二十四》光绪十一年六月二十七日)

出阜成门,路有水,转而北,至八里庄①,过恩济庄,晤僧正品茶话,索余书,诺之。过田村,行田塍,至夏庄西头,却被沟断,不得入,令长喜送吴老人月饼茶叶,仍绕出夏庄东口。石子极难行,策骑入长安寺。寺亦八刹之一,前殿已为茂草,后层洋人居之,未入。……过灵光寺,屋宇修洁,前此未尝到也。洋人已去,流连久之。僧慧一痴甚,日暮抵秘魔崖宿僧房西边,亦甚洁修。

(《翁文恭日记·二五》光绪十二年八月十四日)

匆匆早粥,呼舆登山,童子随行,先宝珠洞(前有牌坊),坐敞亭极目无际,次香界寺……次龙王堂……次大悲庵……次三山庵,一四合房耳,未坐定即出。从东山脚螺旋而上,至极高者,宝珠洞也。由西山迤逦而下,三山庵与灵光寺相望,最低处也。

(《翁文恭日记·二五》光绪十二年八月十五日)

出西华门,于汇丰帽铺易衣,出平则门八里庄尖,从此骑行,由捷径抵灵光寺……又东行数百步至三山庵,西厢

---

① 八里庄:指北京西八里庄,当地人提及时并不加"东""西"来区别。

有抱厦，一望莽然，前此为洋人所占，未到也。游毕至秘魔崖……呼兜子由东峰螺旋而上，至狮子窝，屋宇华丽，拟于宫殿，询之则内官印刘①所建，而两张姓内官主持者也。

(《翁文恭日记·二五》光绪十二年十月初十日)

由东峰缘绝涧而上，度念佛桥北行，越一山曰一片石，下山平野，转入山麓，过双泉桥。重修者刘治印也。过此即双泉寺甚新，亦印刘所修。又至天太山，慈善寺，寺在小腹，山门内一壑，里许始抵庙门，无旧碑，但殿廊两边嵌福隆安两碑，盛称大佛灵应救病之迹，僧本一殿有肉身僧端坐，头微侧，而土人妄谓此世庙仙蜕，可笑也。（俗呼为魔王）庙极庄严，系一女巫所募，约数万金也。（福隆安碑称为《我佛圆悟康熙四十九年坐化碑》，乾隆四十五年立）西望浑河如带，门头沟历历可指。出寺数里再过双泉寺，又下曰茶棚，其北有寺曰广禧。（明弘治年二碑，一仆于门前，朽者谢迁文、王华书）度一片石，归秘魔崖，往还廿六七里，路极滑险也。

(《翁文恭日记·二五》光绪十二年十月十一日)

巳正登车，出西直门，迂回数里，经八里庄之北。申正一刻，抵四平台山麓。杏花盛开，徘徊其下，入山花转少矣。策骑至证果寺，寺僧纯公入城，晤其徒，饭罢步崖下，

---

① 刘得印(1845—1895)，小名多生（一作升），直隶东光（今属河北）人，为怡亲王赏识入选内侍，赐名增禄，字德印，宫中习称"印刘"。曾入升平署学戏，光绪二十年(1894)万寿庆典时恩赏三品顶戴。

与赵松子谈诗,甚倦。

(《翁文恭日记·三十》光绪十七年二月二十八日)

腰舆登山,从者三皆策蹇先往,东峰弘德寺,废寺也,杏花数百株,初开妍丽,策杖观之。(僧瑞明寺廊得石碣不及尺,题成化十八年御马监阿九修,门外石榜曰弘德寺,在草中)西越绝涧极仄,桥曰念佛(嘉靖中造),井曰龙王(崇祯己巳),登宝珠洞,寻肉身像,南望莽然。入香界寺,僧鉴海索余笔迹,并恳告嵩公索香灯钱。玉兰一株正花,他处所无也。茶话片时,过龙王堂,有朱邸眷属在彼,亟避去。过大照寺(有海棠沟)至三山庵。其西厢最宜眺远,两山横抱。僧理顺七十矣,朴实,香界退院也。午还证果寺饭而行。

(《翁文恭日记·三十》光绪十七年二月二十九日)

东便门外神木

出东便门十里许,有御碑亭刻神木诗(乾隆中)。其后一木横卧①(旁一枝稍小),长二丈,中空而纹蹩正,如图画,高与人等。按,诗是明时物,云以镇甲乙方者,有石阑护之。

(《翁文恭日记·十四》光绪元年三月初三日)

---

① 此地20世纪50年代时曾建北京钢琴厂,碑曾埋入地下后挖出,现存原址。古木已被制成家具。

第三　庙宇

大佛寺

……过万寿寺登眺久之，后殿毁于火，并老桧都尽矣。过大佛寺，山门已塞，左邻小庙觅得道人持钥开门，一佛高五六丈，旁罗龙天诸相，皆飞动。庭有古松，大可合抱，枝干离披，人以手撼其一枝，则全树动摇如大风然，奇矣。余殿皆圮，铜佛像露处，登佛背遍审无一字也。有缸景泰年铸，有钟康熙中物，徘徊久之，日已落，亟驰入西直门……

（《翁文恭日记·二十二》光绪九年十二月十五日）

广化寺

诣十刹海北河沿小堂饮茶，遂西至广化寺河边乘舟……徜徉中流西山云气蓬蓬然，忘其在城市中矣。回舟登车同至高庙登小阁，乃地山侍郎所构。

（《翁文恭日记·十五》光绪二年六月二十六日）

极乐寺及可园

上午诣打磨厂福寿堂辞同官之饮,即进正阳门,出西直门,至极乐寺道中见河流(河即高梁河,《水经注》所谓"高梁水"也。发源玉泉山,山亦以泉名也。寺明成化时建,与崇教坊元时所建之极乐寺同名。彼寺在内城东北隅,近国子监)清漪。平野绿缛……大有江南春意。寺中海棠红蕚未放,杂花乱开,伯宜、香涛及逸山、秦宜亭、吴清卿编修、许鹤巢、顾缉廷两舍人已俱至,遍游寺院。海棠以外,梨花、雀梅尤盛。设饮于国花堂。堂本以牡丹名,明时甚盛,今连畦皆杂树矣。堂后广庭有池,叠石为山,渡以小桥,桥南为台,屋三间颜曰雨花庭。(庭当为亭,见方应祥①《青来阁集》)后轩老杏一树,当窗敷雪,以外皆寺圃也。砚樵后至,觞咏极欢。……罢酒更游可园,都中人呼三贝子花园②,相传为诚隐亲王赐邸,道光间尝归宝文庄相国③,今为卖花人居矣。绕园有墙如城,外为重门,老树参天,地广数十顷,昔时亭榭甚盛,今俱颓废,佳树古木亦

---

① 方应祥(1561—1628),字孟旋,号青峒,浙江承宣布政使司衢州府西安县(今浙江省衢州市)人,明朝政治人物,著有《青来阁集》,曾于乾隆年间被禁毁。

② 三贝子花园:位于今北京动物园西部,尚存部分建筑遗址。

③ 宝文庄相国:即觉罗宝兴(1777—1848),字献山,隶镶黄旗。嘉庆十五年进士,官至四川总督,充上书房总师傅,兼翰林院掌院学士。道光二十八年(1848)卒,谥文庄,葬于通州八里桥西南。

十九为薪。然曲径平芜，高柳疏错，堂宇之东有曲廊一带，下临清池，随土阜高下为方亭折阑，足令林客宅心，溪叟眷眺。

（《越缦堂日记·第十六册》同治十一年三月十四日）

早起再诣极乐寺……旋坐于国花堂……有一树以海棠合接之，红白相半，弥可爱玩。山门之内有偏院，杂莳花树，中累石数级，覆以方亭一间，颜曰勺亭，四眺野绿，高下如缋。西有五塔寺，剌麻①寺也（即真觉寺，建于明永乐时）。五塔攒竦，殊有光气。前后多王公冢墓。……如明之茶陵李文正（文正墓在畏吾村②，去极乐寺里许，今湖南人以三月祭之，其父墓亦在此间）。国朝之宛平王文靖，皆葬于此。……罢酒后游三贝子园……偕竹篔至西边，历话云楼，登土山上一空亭，远见诸湖，湖外云树直接西山。……山下有花神庙，此地胜绝，前游所未至也。晡后回车……游天宁寺，登土山，坐塔射山房……凭栏看隋仁寿寺塔，始进广宁门③而归。

（《越缦堂日记·第十六册》同治十一年三月二十二日）

法源寺

晨起呼车出门，诣竹篔同游法源寺，古悯忠寺也。丁香二十余株，作花正繁，寺宇华整，规制甚严。山门之内，高

---

① 剌麻：今作"喇嘛"。
② 畏吾村：今魏公村。
③ 广宁门：今广安门。

松森列，二门以内皆植丁香，东边尤盛。又有白皮松一树，雪干孤竦，广庭中为重台，登之，则星攒玉粲华头毕见。此寺建于唐贞观十九年，太宗悯东征高丽战亡士卒，因建此以荐福。历代崇饰故事最多，而宋末谢叠山复抗节饿死于此，故其寺额明改崇福，国朝改法源。而今道俗皆仍古称，忠义之风感人深矣。寺尚有唐至德二载碑文及会昌六年、景福元年重藏舍利两记，其东西双塔已不复存。殿前重台盖即《春明梦馀录》所谓"悯忠高阁，去天一握"者也。都中梵刹虽多，大抵创于有明。金元所建，存者已少，如琉璃厂东之延寿寺（建于辽初），西之永光寺（本元大万寿寺），一二尚在人耳目。而延寿号最大刹，辽之诸帝屡降銮舆，金俘道君亦寓其宇，今仅僧院数间，甚为湫隘。永光自辨公卓锡①，曹洞大兴屏山湛然②皆居坐下，勒碑纪法，允为名蓝，今亦惟寮庑粗存，略无名迹。至天宁之基肇兴元魏（魏为光林，隋为宏业，唐为天王，金为大万安，今额则明宣德中所改也）。然当元末兵火荡尽，今寺乃明成祖在藩时所重造，盖自一塔以外无昔制矣。其法界代崇，云构宏峙，缁徒守律，清规不替者，惟悯忠耳（今寺中正门不开，有宴客者不得携荤腥入）。

（《越缦堂日记·第十六册》同治十一年三月二十三日）

---

① 卓锡：卓，直立；锡，锡杖，僧人外出所用。因称僧人在某地居留为"卓锡"。

② 湛然（711—782），唐代高僧，俗姓戚，为天台宗第九代祖师。

晡后偕宝卿、紫泉、鼎甫游法源寺，摩挲唐人苏灵芝行书《宝塔颂》，僧知行正书景福元年《重藏舍利记》，金大安十年《舍利函记》，又李北海所书《云麾将军李秀断碑》，共四石，实二础之两面也。此石旧在安定门内文丞相祠中，嘉庆末通州白小山尚书重模刻之，嵌于寺廊壁间，几欲乱真。都中外城，此为最巨刹，规制森严，有《北藏》①全经。

（《越缦堂日记·第十九册》同治十二年七月二十六日）

《法源寺留春会宴集序》：法源寺者，故唐闵忠寺也。余以己未赁庑过夏，居及两年，其时夷患初兴，朝议和战，尹杏农主战，郭筠仙主和，而俱为清流。肃裕庭依违和战之间，兼善尹、郭，而号为权臣。余为裕庭知赏，亦兼善尹、郭，而号为肃党。然清议权谋皆必有集，则多以法源为归。长夏宴游，悲歌薄醉，虽不同荆卿之饮燕市，要不同魏其之睨两宫。盖其时湘军方盛，曾、胡犄角，天子忧勤，大臣补苴，犹喜金瓯之无缺也。俄而大沽失机，苏、杭并陷，余同郭还湘，肃从西幸，京师被寇，龙髯莫攀，顾命八臣，俱从诛贬。自此东南渐定，号为中兴。余则息影山阿，不闻治乱，中间虽两至辇下，率无久留。垂暮之年，忽有游兴。越以甲寅三月重谒金台。京国同人，既皆失职，其有事

---

① 《北藏》：又名《永乐北藏》。永乐八年（1410）敕令雕印，永乐十七年（1419）开始雕版，完成于英宗正统五年（1440），版存北京。

者又异昔时。怀刺不知所投，认启不知所问，乃访旧迹，犹识寺门，遂请导师，代通鄙志。约以春尽之日，会于市寮。丁香盛开，净筵斯启，群英毕至，喜不遐遗，感往欣今，斐然有作。列其佳什，庶继兰亭，亦述所怀，以和友声云尔。诗曰："京国多良会，春游及盛时。宁知垂老日，重作《五噫》词。尊酒人心醉，繁花鸟语悲。且留残照影，同照鬓毛衰。古寺称资福，唐宗为闵忠。于今忧国少，真觉世缘空。天地悲歌里，兴亡大梦中。杜鹃知客恨，不肯怨春风。"

（《湘绮楼日记·三一》民国三年四月二十一日）

慈仁寺

京师花事，悯忠丁香，崇效牡丹（今已枯）。花之极乐海棠（极乐本有荷花，今已无），天宁芍药（亦有牡丹及菊花），丰台芍药（在南西门外，地皆民家，散植村落间，以卖花为业，含萼稍舒，即剪儋入城，亦有它植，皆无可留赏），十刹海荷花而已。慈仁、长椿二寺亦多花，然不名一种。慈仁以殿前双偃松奇古绝尘，传为元时物（寺建于明成化时，以居周太后之弟吉祥，而相传寺西北隅有小寺曰报国寺，尚存辽乾统三年尊胜陀罗尼石幢。吉祥为僧后，常宿于此，故俗犹呼慈仁曰报国寺。然寺额实曰大报国慈仁，盖已兼而有之，故双松得为元植）。又有毗卢阁可登眺，故游屐时至，长椿有明孝定李太后九莲菩萨画像①，寺僧甚秘之，别摹一幅供之丈室。

（《越缦堂日记·第十六册》同治十一年三月二十三日）

下午诣慈仁寺，墙宇半存，殿庑将圮，寺门题榜侧悬欲落，寺僧坐钉关打钟募修之。其中荒凉已甚，花树仅有存者，香台前偃盖松枝柯半芟，惟丁香数株摇曳风中耳。回车诣白纸坊，游崇效寺，桃、李、梨、杏诸花尽落，丁香、海棠尚有余花，碧柰②一株烂漫已过，鸾枝半树，嫣红就零，楸花未开，牡丹已含苞矣。独坐藏经阁下久之。

（《越缦堂日记·辛集下》光绪十三年四月初一日）

过慈仁寺，荒凉可叹，一道人导入室，一稚僧全不知。乃摩挲唐幢（在毗卢殿廿年前寺僧曤山得之，余辨得开元字）。欲访戒公葬处，门已锁断，余必欲启门，良久始入，则戒公塔已被雨冲塌，祁文端③书碑成两截，为之凄怆，嘱僧且待我重树此碑也。

（《翁文恭日记·二十三》光绪十年九月初二日）

到报国寺……捫戒公塔，塔前覆一亭，置寿阳所书碑于内，见一石于殿庑下，隐隐有开元字，寺僧云新得于败壁

---

① 孝定皇后李氏（1546—1614），明神宗万历帝生母，信佛教。万历十四年（1586）秋日，李太后所居内宫出现"瑞莲"，因此被奉为九莲菩萨。
② 柰：苹果的一种，俗称柰子，即沙果。
③ 祁文端：祁寯藻（1793—1866），山西寿阳县人，清代名臣。曾教习同治帝读书，谥号文端。

中，嘱护藏之。

（《翁文恭日记·一》咸丰十年六月十七日）

善果寺

游善果寺（在报国寺西半里），两庑塑五百罗汉，有成化重修碑，太监姚姓所布施也。

（《翁文恭日记·一》咸丰十年七月十八日）

善果寺在慈仁寺西北半里许，本唐之唐安寺也（《日下旧闻》诸书皆言建于南梁，然尔时自是北朝，何以系之萧氏，且唐安之名决不在唐前）。寺极宏敞，后有藏经楼，前有罗汉山，周绕天王殿之东西两庑，雕塑生动，依山设景，俱本释典，传是明代内官姚某所为。今尚塑有太监姚公像，不知何人也。寺已属白纸坊，盖坊之北起于此寺矣。

（《越缦堂日记·丙集下》光绪八年二月十八日）

高庙

晡后游南下洼诸寺，先入龙树院，游人甚盛，无复坐处。……步诣龙泉寺门外，贵官车骑喧阗，遂却回入山西人所造高庙，有亭翼然。……又有阁道横跨蹊间，设级儗桥。……青林黄苇，间以塔寺。其南有敞轩，绕以修闉一带，可以列坐。……又入一寺，亦名高庙，山门耸峙，石径曲抱，而殿庑迫窄，无可憩息，欲游隔巷观音院，以日暮回车。

（《越缦堂日记·癸集》同治十三年九月初九日）

静默寺

访本寺主瑞月和尚，寺有碑二，一方望溪先生文、湛享书，一王掞①文、王澍②书，皆名迹也。望溪文见集中，所称海宽和尚者，盖诚朴明敏极有识力之僧，今几传而蠢蠢者不足与语矣。

（《翁文恭日记·三》同治元年六月初七日）

按：公时住静默寺

天仙庵

内子两姬诣天仙庵观剧，庵在西草厂胡同，有尼居之，近忽演剧三日，内外城闺襜珠佩无不往者。相传乾隆中有公主焚化于此，至今其尼得出入戚里，且通禁中，故蕜幰③时

---

① 王掞（shàn，1645—1728），字藻儒，一作藻如，号颛庵、西田主人，江南太仓人，明代首辅王锡爵曾孙。

② 王澍（1668—1743），字蒻林，号虚舟，江南金坛人。康熙年间书法家，以善书知名。

③ 旧时女子乘车，车篷前后挂帘遮蔽叫"蕜"，车上的障幔叫"幰"。

临，威仪颇肃。

（《越缦堂日记·庚集上》光绪十一年四月初六日）

法华法藏二寺

饭后至放生池，无所见，复游法华寺（在池西南半里许）。寺为元时刘某所创，明内监阮治、阮河葬地，有天顺年间张骏①碑一通（字佳文俗）。方丈觉正（名融性），宁河人，曾任都司，屡升屡革，弃去为僧，年才四十许耳。最后游三塔寺（土语如此即法藏寺）。有碑，景泰时立，撰书皆江南人，亦中官所建，寺已荒尽，佛像露立，而一塔巍然。从砖罅入正黑，十级后始露光，凡六层至巅，天风浩然，盖京师之塔可登临者惟此耳。长啸而下（壁间题名不及看，内有康熙四年者二，则古迹矣）。第一层尽处则佛像甚多，疑是宋辽时物。

（《翁文恭日记·二四》光绪十一年四月初三日）

崇效寺

晡诣香涛同廖伯、六舟、肯夫、廉生②偕至南下洼之西

---

① 张骏，明代书法家，生卒年不详。字天骏，号南山，华亭（今上海松江）人，官至礼部尚书致仕，擅行、草、隶、篆，草书宗怀素。

② 香涛、廖伯、六舟、肯夫、廉生：指张之洞、谢廖伯、陈六舟、朱迪然、王懿荣。

偏访崇效寺，古枣花寺也。唐幽州节度使刘济舍宅所建（事载《析津志》，见《永乐大典》，徐星伯[①]说）。寺中牡丹昔时最盛，有绿、黑二色异种，又多杂卉，今廊庑半圮，殿门仅存，僧徒贫甚，闻其中花木多卖于人，庭院荒芜，几断行迹，殿后藏经阁尚无恙，殿西破屋数间，壁嵌唐王仲堪墓志，吴荷屋中丞得之广渠门外者，徐星伯有记，亦刻石，其外为西来阁，已倾堕不可登矣。寺僧出《青松红杏卷》观之，康熙时盘山僧智朴（字拙安）结庵青沟，绘为此图，一老僧凭松而立，苍枝虬互，红杏夹之，一沙弥手执一芝立其下，有康熙辛未王渔洋题诗、癸酉朱竹垞题诗，前有行书"青松红杏图"五大字，盖亦出渔洋笔也。其后如陈子文、查初白、翁覃溪、法时帆、吴兰雪皆有诗，桂未谷、孙渊如诸公题款尤夥，而野僧贵官之恶札亦相厕杂，然寺僧颇秘之，不轻示人也。傍晚复游龙泉寺，观张茶农所绘《龙泉寺图》，甚深秀。寺屋华洁，僧富而寿，香涛谓是良田广宅供养所致也。以香茗饮客，为尽数杯，偕肯夫立寺门外，看西山晚霞相赏，有越中里居意，麇伯邀夜饮燕宾斋，二更归寓。

（《越缦堂日记·第十六册》同治十一年四月二十五日）

傍午坐车诣白纸坊崇效寺，以今日偕敦夫及吴介唐、陆渔笙饯肯夫也。诸君相继至，坐青豆禅房，观拙庵和尚智

[①] 徐松（1781—1848），字星伯，原籍浙江上虞，后迁顺天大兴，清代著名地理学家。曾考察新疆各地，著有《西域水道记》《汉书西域传补注》《新疆识略》等。

朴《青松红杏图卷》，此卷以渔阳、竹垞、初白诸老题诗之故，后来观者无不留名，疥蚓续貂以希附骥。余观之三度矣，竟未附一字。诣西来阁下旁舍小憩，读壁间所嵌唐王仲堪①墓志，午饮于静观堂，顺治丁亥王孟津所题也。

（《越缦堂日记·乙集下》光绪七年五月初十日）

夕照寺

上午诣夕照寺，由三里河而东，复数里，行旷野中一二里方到寺，已将及左安门矣（今呼沙锅门）。庭芷、逸山、献之皆先至，寺僧仅一二人，皆杭僧也。寺创于明时，为西山浙僧分院，规制颇隘，而廊宇雅洁，窗槛明靓，有江南风。后殿右壁有北人陈松寿山画松，左壁有王安崑平圃所书沈约《高松赋》，后有跋，言京师左安门外弘善寺静观堂有陈香泉、禹之鼎两君画壁，观者云至，夕照寺恒吉师欣慕之，乾隆乙未夏六月因乞陈寿山画松而平圃书此赋，今日寺僧言陈君画时年已将八十，当暑盘薄，顷刻而成，其画雄深苍古，腕力绝人，王君谓其笔墨阴森一堂风雨，洵不虚也。王书作行草，亦婉劲有米襄阳、董文敏之风，沈赋见其本集，有云："叶拒禽踪，枝通猨路。"又云："飞蓬下卷，

---

① 王仲堪（734—797），唐幽州安次人，字仲堪。唐代宗大历七年登进士第，授太原府参军。后为幽州大都督府户曹参军，累迁节度参谋，拜监察御史里行。

明月孤悬。"为一篇之警策矣。东院有挹翠轩为燕坐处,庭中有竹树小池,对轩有平台,上设栏槛,墙外环以杨柳,野景萧廖,女墙掩映,南望荒亭一二错峙榆槐,即冯益都万柳堂也。……

(《越缦堂日记·第十九册》同治十二年九月十二日)

花之寺

偕肯夫至慈仁寺看花,柍、梅、杏、梨诸花已过,丁香、金雀正盛,毗卢阁下碧桃一树尤艳绝人寰。登阁小憩,复驱车出南西门至花之寺(本三官庙也,曾宾谷题额曰"花之寺")。殿前对植海棠二本,盖二百年物,高及脊栋……平生所未见也。东院一株,枯干旁生,秾花簇枝,明丽尤绝。……方勉甫舍人、受甫户部兄弟偕周伯荪编修、梁有常兵部设饮西院,强邀入席。院之前楹有井,泉极清洌。勉甫兄弟携龙井茶烹之,色味俱佳。傍晚酒毕,至后院启牖看野色,松柳卓峙,新绿满畴,复至花所,夕阳绮映,裴回久之。

(《越缦堂日记·第十六册》同治十一年三月十八日)

花之寺,曾侍郎燠[①]所题也。本名三官庙,盖即韦公寺。刘同人《帝京景物略》所称武宗朝内侍韦霦所建,赐

[①] 曾燠(yù,1759—1831),字庶蕃,一字宾谷,晚号西溪渔隐,江西南城人,官至贵州巡抚。清代著名诗人、骈文名家、书画家和典籍选刻家。

额宏善寺,在左安门外二里寺内西府海棠二株左右列者,是也。惜所谓临流水亭奈子古树不复可问,而自一井以外,亦并无深溪里许、荻花芦叶之观。

(《越缦堂日记·第十六册》同治十一年三月二十三日)

下午坐车出右安门独游花之寺,本三官庙也。余自壬申到此,已八年矣。佛殿前海棠二树高竦繁盛,不异曩时……左院旧有四五树,今只存其一,右院即曾宾谷题额处也。……寺外有花厂可挹野趣,裴回久之。

(《越缦堂日记·甲集上》光绪五年闰三月十三日)

策骑出南西门访花之寺海棠。……寺僧玉上人七八年前见之。

(《翁文恭日记·十一》同治十年三月初一日)

南顶

午后偕梅卿仲彝出永定门十里,游碧霞元君庙,土人所谓南顶也。自初一日开庙至今日止,游人甚盛,庙中高松百余株,皆因树盖苫,设棚酤饮,袿熏①䑃绿,错坐其间。庙外有桥,桥西有土阜曰九龙山,山下为凉水河,河上跨桥三洞曰永胜桥,正对南苑之大红门,桥之南北东西架席棚为游人憩息之所,酒帜茶櫩,栉比而立。梅卿邀同小饮,临河

---

① 袿熏:袿衣的熏香,即古代妇女华贵的衣服散发出香气。

洒然，凉风四起，南望苑中树色蔚深，浓绿无际，西山远映，层青缭烟。时已夕阳，山之上下皆设栏槛，钗光鬓影直接水次，弹词弦索相间而作。虽帝都春色，略似翰苑人才，锺嬷弄姿，等诸自郐，所可流连者，山水清晖，大有江乡风景耳。……都中有五顶之称，皆碧霞元君庙之在郊外者，惟中、南为胜。中顶在右安门外，地近丰台，花圃水畦，野趣饶洽，岁以四月一日开庙，而南顶以天桥盘马流水游龙趫捷①相逐沿为故事，故游者尤多。

（《越缦堂日记·巳集第二集》光绪三年五月十七日）

中顶

今日右安门（俗称南西门）外俗谓之中顶者，赛会甚盛。其地去城十里而近，曰草桥。为众水所归，荷池亘数里，居人以种花为业，丰台万柳堂皆在其旁，国初之祖氏园②、年氏园③亦在焉（吴岩游中顶诗言岁以四月一日开庙。今以六月一日，不知始以何时也）。

（《越缦堂日记·壬集第二集》光绪四年六月一日）

---

① 趫（qiáo）捷：矫健敏捷。
② 祖氏园：位于右安门外草桥，为元代旧迹，乾隆初年归王氏所有。参见李临淮编著《北京古典园林史》，中国林业出版社，2016年1月出版，第181页。
③ 年氏园：位于右安门外草桥，园中景致极佳。参考文献同上。

白云观

是日邸钞①御史张廷燎奏,京师城外白云观,每年正月间烧香赛会,男女杂沓,并有阑房屈曲静坐暗室,托为神仙怪诞不经,请严行制止。诏从其请。

(《越缦堂日记·庚集上》光绪十一年正月二十五日)

觉生寺

骑马过觉生寺(俗名大钟寺)。看永乐年华严经钟,钟约高三丈,径六七尺,中外皆刻经,旁有乾隆诗碑。

(《翁文恭日记·三十一》》光绪十八年四月二十一日)

出德胜门有水稍迂折,至大钟寺,僧云此本鹿圈,雍正初闻觉和尚奉敕建此寺,移万寿寺大钟,百余年未尝重修。

(《翁文恭日记·三十六》光绪二十三年五月初四日)

东岳庙

姬人诣朝阳门东岳庙烧香……庙中本有元人刘元(今误

---

① 邸钞:又称"邸报""邸抄",古代用于朝廷传知朝政的文书和政治情报的新闻文抄,从唐代一直延续到清代。

为刘銮,銮乃金末元初人,亦善塑像,尝塑燕四贤祠,见郝伯常《陵川集》,元官昭文馆大学士正奉大夫秘书监卿,见《元史·方伎传》)。所塑诸神像奇妙殆绝,今盖已久易矣。

(《越缦堂日记·第十六册》同治十一年四月初二日)

慈慧寺

过慈慧寺,寺在阜成门关厢西头路北坡上,门外一碣即蜘蛛塔也(明人黄恽记)。观大殿后倒影处,倒影者殿门下处有一穴,大如盂,有阳光入,树影倒垂,人自外行则全身皆见,影皆倒,僧云阴天更显,莫测其故。至后院看,则蓬蒿满地,院才丈许,土墙缭之,何缘有光耶。

(《翁文恭日记·二十四》光绪十一年七月十四日)

摩诃庵

游摩诃庵(八里庄东门内)。观九莲菩萨画像(此像乃慈圣李太后,本在慈寿寺,寺今拆成平地,故移奉于此)。在一小殿旁,丹青黯淡,作倚栏状,栏外二童子耳(本幅有七八段题识,有法式善、吴嵩庆、王轩,余不能辨)。登其东南阿楼,壁上题字系乾隆丙辰,诗却不佳,此庵明太监赵政墓也。

(《翁文恭日记·二十四》光绪十一年七月十四日)

福庆寺

巳初出德胜门过土城小豁门福庆寺,寺土冈中东向,有别院,曲廊幽室,小坐饮茶。

(《翁文恭日记·三十五》光绪二十二年三月二十一日)

善缘庵

至善缘庵访樵野未到,与僧语。庵之南即澄怀园也。策骑过……池台化为田畴,惟断桥尚在,松柏稍留,旧居无从辨识。家国之感凄然泪下。

(《翁文恭日记·三十五》光绪二十二年三月初八日)

碧云寺

赴香山查健锐营房……辰正到碧云寺。寺在山麓高处,望之巍峨。……鼓兴登后山,山盖魏珰[①]坟也。乾隆中始划平之,以其地包入寺内,作五塔镇之。历二百余级始登塔场,塔皆巨石,不能上,俯视玉泉、昆明,风烟莽莽,对之长叹。

(《翁文恭日记·二十二》光绪九年十二月十八日)

---

① 即魏忠贤,太监又叫内珰。

登碧云寺后最高处,一塔(塔不能上)上四小塔,旁罗八塔,雕镂佛像甚细,乾隆中用以镇压此山者也。徘徊久之。

(《翁文恭日记·二十四》光绪十一年七月十四日)

乘肩舆历青龙桥而西,过健锐营,至碧云寺,直登寺后高台,松声萧然,默坐良久,寺东院御座房尚整,玉兰一株正花,挹鸣泉盥手。主僧他出,知客僧曰德玺,曰玉山。德老,玉尚不俗。打钟僧陕人,赠以一金。寺最高,拾级三百,仆辈扶掖犹可支持,舆行五刻余始到。

(《翁文恭日记·三十七》光绪二十四年三月二十四日)

第四 园林

适园

出后门到醇邸新辟之适园(在黴子胡同)陪殷谱经[①]坐,有惠王、谦公及泽公、澍贝勒,遍游各处,台树池石,殆无以过。适园者,乾隆中某官所构(和珅之戚),已废

---

① 殷谱经:殷兆镛(1806—1883),字补金,一字序伯,号谱经,江苏吴江人,晚清官员。道光二十年(1840)进士。

矣，醇邸以三千五百得之，增廊西边极闳敞。

(《翁文恭日记·二十一》光绪八年二月二十八日)

秦家花园

再挈斌孙游后湖秦家花园泛舟，微雨持盖而坐。入瑞应寺，有文光果树，入广化寺，司客灵山、方丈魁一皆曾相识者。

(《翁文恭日记·十八》光绪五年六月二十八日)

刘家园

是日与廖伯①、香涛诸君约以初八日集刘家园泛舟。园在十刹海之西，北河之东，有渔屋豆棚，池周五里，半为莲芡，有小舟二三可坐，都中所罕见也。

(《越缦堂日记·巳集》同治十一年七月初五日)

万柳堂

……至万柳堂，廉野云别业也。子昂有图，今无，吕才补之，阮元记之，存壁间。康熙中冯溥得其地，募人种柳

---

① 廖伯：谢维藩（1834—1878），字悔夫，号廖伯，又号振士，湖南岳阳人，同治元年（1862）进士，官至山西提督学政，著有《雪青阁集》等。

五株，即为地主，傍城堤上柳阴浓绿，今无一存矣。堂左有楼，石廷桂摹仁皇御书于上，盖后归石氏也。今为拈花寺，无可观者。

(《湘绮楼日记·三》同治十年四月十四日)

傍晚游万柳堂，已为佛寺，门垣俱圮，仅存御书楼三楹尚完好。阮文达题"元万柳堂"四字，八分书。楼上中间有石刻"简廉堂"三字，为圣祖御书。两旁壁间皆嵌石刻诗，楼外有栏，眺望甚美，春夏之间，弥应佳耳。楼西为大悲阁，尚藏绢屏一扇，为朱野云（鹤年）①所画《万柳堂图》，阮文达书、赵文敏所赋《廉园》诗于上。文达以为此地即元廉野云之万柳堂，而冯益都因之。后石仓场改为拈花寺。然予考朱竹垞《日下旧闻录》廉希宪万柳堂于存疑卷中，是已莫知其处。当日益都开阁延宾，最称好事，竹垞亲为坐客，使旧址可寻，不容不知，未悉文达何所据也。

(《越缦堂日记·第十九册》同治十二年九月十二日)

怡园

得星翁书，以前日怡园宴集七律一首见视。怡园者，太

---

① 朱鹤年（1760—1844），字野云，号野堂、野云山人等，泰州人。成名后与经学家阮元私交甚好，居住在阮元处，后阮元回到故里仪征，朱鹤年定居北京宣南上斜街，卒后葬于永定门外。

傅居第，本宛平王文贞宅也。陈其年①曾为《园记》，相传其山石犹出张南园手，今倾颓半矣。

（《越缦堂日记·甲集》光绪元年正月三十日）

嵩云草堂②

午诣乍子桥③嵩云草堂，偕敦夫、子莼、介唐等七人集池北精舍……堂于丙子岁河南士夫构为燕集之地，池北精舍在西偏，本接待寺后院，近又新辟之者。朱阑一带，外为曲池，池旁叠石，有洞有磴，可登陟，池上有亭，四周皆波黎窗，池北为堂三间，前后朱扉高敞……精舍之北有舞榭，其东为屋，自门至北厅凡四重，堂庑周回，北厅前有朱藤五六本。

（《越缦堂日记·丙上》光绪七年闰七月二十四日）

---

① 陈其年：陈维崧（1625—1682），字其年，号迦陵，江苏宜兴人。明末清初词人、骈文作家，阳羡词派领袖。

② 同为河南会馆，内建有精忠祠，供奉岳飞。曾为公车上书、保国会成立等场所，康有为、梁启超、袁世凯、张勋等人曾在此活动，后辟为河南公立旅京豫学堂、京兆私立河南中学、北平市私立嵩云中学等。

③ 也作鞑子桥，今为达智桥胡同。

岳云别业[①]

叶焕彬[②]送诗来，即和一首[③]。岳云别业为张野秋祠，因以为其故宅，频宴于此。其后为南横街，张孝达[④]所居也。（诗云："张侯昔寓南横街，我时布衣徒步来，风尘瀄洞四十载，又见新张门馆开，两公儒官耻儒术，南海先生相蹢踱，改更祖法师吕王，误道读书先读律，六臣骈首九夷来，李相乘时然死灰，倭人和议重兴学，明诏始征天下才，先从首善立模楷，不比燕昭延郭隗，二张并命定学制，谁料求才空费财，改院为堂一反手，独饬船山可仍旧，不知新旧何异同，但怪严梁效奔走，我时作奏欲言事，请言倭利非吾利，赵公笑我同蔡园，阻遏封章不邮递，二张同时得发舒，学费流沙取锱铢，舟车榷算无不有，骚然烦费如军需，学子翻然思革命，一时鼎沸皆枭獍，廿二名城枯朽摧，系组无由依晋郑，两臣先死不从亡，翻得嘉名谥达襄，共欲铸金思范蠡，居然鸣玉步文昌，前时庭榭皆依旧，今我重来醉杯酒，因君感慨一长吟，北江南海空回首，南洼芦荻更漫天，眷影

[①] 岳云别业：位于北京南城盆儿胡同，为纪念清末政治家、教育家张百熙（张野秋）而建，因张百熙有斋馆名岳云楼，故名岳云别业，为晚清民国时期京师士大夫雅集之处。
[②] 即叶德辉。
[③] 诗的题目为：《岳云别业宴集感时书事作，示叶吏部》。
[④] 即张之洞。

分明不再妍。对此沉吟感华屋,请公重读甲申编。")

(《湘绮楼日记·三一》民国三年四月二十二日)

诚园

赵价人邀游诚园,余与五兄及松筹两侄同往,在坐有蓉丈。诚园颓废久矣。

(《翁文恭日记·一》咸丰十年四月初三日)

冯氏花园

度卢沟过桥七八里至小屯庄冯氏花园,此园乃冯子立兄弟所创,子立宦成,其弟一亭善病,乃营僻地种花筑室,俨然世外矣。

(《翁文恭日记·二六》光绪十三年三月十五日)

出西便门……抵小屯村冯氏庄园,前广州府知府汴人冯子立(端本)所建也。子立被铁香劾罢后,年未五十,遂居京师,其弟一亭营此地以艺花卉。广二十余亩,外为土垣,遍植榆槐环之,门径曲折,全似山家。中有草亭覆井施桔槔,日以一骡旋之,行水灌园。芍药连畦,望之无际,牡丹两圳相望亦各亩许,作花尚盛,有大径七八寸者,诸色皆具,惜黄者已落耳。绯桃十余树秾艳如笑,蔷薇月季花大如碗，南中佳木如枇杷、月桂亦俱有之。屋仅十余楹，东偏有楼可挹西山，中为屋三间，主人居之，后即花窨为饮客地。……

（《越缦堂日记·壬集下》光绪十四年四月初五日）

午抵小屯村，园外榆柳成林，觉较去岁益增佳观。入门下车，芍药二十余亩，花开如锦，一望无际，可庄、旭庄兄弟及仲弢、叔容、子培俱已至，历览园中草木，循畦入篱，佳趣无尽。……主人冯一亭各赠芍药一束，风流好事，亦近日之胜流矣。园中新置竹柴数间，蓄二鹤、二锦鸡、二孔雀、二雁……

（《越缦堂日记·癸集下》光绪十五年四月三十日）

乐氏园

未初忽思访乐氏园，乘车沿玉泉，松树夹道，至青龙桥，有市，出北门入山腹，屡问讯始得之。乐氏同仁堂主人，此即其墓庐也①。松柏杂花上下掩映，有石有楼，有廊宇，登眺良久，后山如画，此地名董司墓②，产桃最有名。德

---

① 今尚存界桩。
② 即董四墓，是以东四墓西四墓，正当万寿山后，宝藏庵为中心，东面、西面各有四处明代妃嫔的墓地，后讹传为一个姓董行四的人之墓。

晓峰于其西筑室始兴工，北与宝藏寺①相近，寺在山腰，今中人②居之矣。适高阳亦来，不期而遇，长谈啜茗，策骑西行里许，得遗光寺③。寺有正德三年、康熙□年两碑，述内侍重修始末极陋（元时名龙泉庵，本朝达天和尚尝居此）。

（《翁文恭日记·三五》光绪二十二年三月十五日）

乘车访乐氏园，登楼看山，绝似鸽峰光景，怅惘久之，寻宝藏寺。寺距此三里，在山腰，可通车，今为中官汪姓所居，长廊抱山，窗以玻璃，两山挟门，空其一面，昆明如镜，步览一周，亟去之。到遗光寺，寺僧秀三（名德山）春间识之，习柳书，自云解吟咏，案头一册有余少年书。

（《翁文恭日记·三十五》光绪二十二年八月初七日）

饭罢游乐氏园，坐北楼，因入遗光寺，与僧秀山登寺后小亭，亭在山麓，俯瞰昆明湖，动荡树梢，亦云高矣。

（《翁文恭日记·三十五》光绪二十二年九月初九日）

---

① 宝藏寺，又称金山宝藏寺，原名苍雪庵，位于北京海淀区董四墓村西北的金山上，屡次修建。有乾隆三十一年和硕怡亲王撰《重修金山宝藏寺碑记》等。
② 中人、中官都是太监的意思。
③ 遗光寺初称龙泉庵，明代太监黄新创建，今仅存山门。

第五　第宅

醇亲王府第

邸钞皇太后懿旨：醇亲王奕譞奏，现居赐邸为皇帝发祥之所，敬稽成宪①，应否恭缴，请旨遵行等语。醇亲王府第为皇帝潜邸，应恪遵雍正二年成宪及乾隆五十九年谕旨，升为宫殿，准其恭缴；贝子毓棣府第赏给醇亲王居住，并赏银十万两，由王自行修理，俟修竣后再行移居。西直门内半壁街空闲府第一所，着赏给毓棣居住，并赏银一万两修理。

（《越缦堂日记·癸集上》光绪十四年九月初一日）

钱粮胡同耆钱春故宅

往钱粮胡同看屋，屋为故相耆钱春园亭甚完整，树石不甚疏秀，上房九楹最好。

（《翁文恭日记·十一》同治十年一月二十二日）

---

① 成宪：原有的法律、规章制度。

锡兰胡同王懿荣宅

至锡兰胡同访王廉生久坐,廉生移居后尚未造之也。室宇华奂,客次后有山石,具窈窕之致,磴洞甚设,上有乔木,碧廊四周。数年前为尚书广敏达公(广寿①)宅,廉生以万金得之。尚书嗣子仍居东邻,又东则故大学士官文恭公宅,昔年亦归广尚书,今为礼部续侍郎(续昌②)宅矣。

(《越缦堂日记·壬集下》光绪十四年二月初二日)

保安寺街季文敏宅

余以甲戌孟秋由铁门③移居保安寺街,故闽浙总督季文敏之旧宅也,有屋二十余楹,久废不治,屋多穿漏,院宇荒芜,地洼陷以钟水,墙土赭以蔓荆,狐魅所宫,相戒弗入。余课童仆,召匠役,以锄以畚,以圬以瓯,欹者直之,坳者平之,甓其中唐,周以廊庑,辟壤度隙,徙铁门所植海棠二,丁香三,梧桐一,垂柳一,朱藤一,扶疏而栽之,土瘠

---

① 广寿,字绍彭,满洲镶黄旗人,咸丰九年(1859)翻译科进士,曾任户部尚书、总管内务府大臣、理藩院尚书、国史馆总裁、协办大学士等。
② 续昌(?—1892),蒙古正白旗人,那拉氏,一说巴林氏。同治年间历任军机章京、员外郎、总理各国事务衙门章京等。
③ 铁门即铁门胡同。李慈铭同治十年(1871)第二次赴京,五月借住铁门寺胡同唐氏宅,两年后移居宣南保安寺街季邦桢宅。(据张桂丽《李慈铭年谱》,上海古籍出版社,2016年8月版)

以硗，惟丁香及藤得活。于是每岁中春，遍购佳树益补种之，而确壤恶疏，月日继萎，乃浇以清泉，易以肥土，僮力弗辍，岁事益勤。自是十年，东偏屋圮，圻以为圃，圃西室二间，通之为一，狭长如舫，三面启窗，玻黎洞明，一面为户，隔以疏帘，藏书满中，微风四来，牙签①响答，坿室为廊，外饰碧槛，朱阑护之。圃中有竹数十竿，有海棠、梨、柰、桃、李、红杏、枣、紫荆各一，梧桐、常棣各二，被薜荔于东墙，环芍药以短桵，名其廊曰花影廊，名其圃曰小东圃。室之北有栾枝二，櫺桃二，紫、白丁香各一，其西间以朱扉，别为小院，朱藤一架，覆无隙地，花时锦粲，朱霞满天，绿阴交加，不知伏日，墙侧有槐一，别有紫藤一本，附之而起，交花接叶相竞益高，名其室曰碧交馆，其旁小轩曰听花榭。室之南有垂柳二，种之三次乃活，今皆合抱高出屋山者丈余，柳南有文杏一、迎春一，又丁香三，即所移者也。余以此室既具舫形，树阴周合而缺其一面，取轩县之义，名之曰轩翠舫。亦以出于僦居，有牵船就岸意焉。每至春分以后，上巳以前，新绿渐生，杂花互发，巡檐绕树，把卷行吟，首夏清和，碧阴始满，惹箭萌而解箨，泽柳旎而下垂，往往粉染吟笺，丝萦研几，花雨沾幌，絮雪扑帘，拟清供于山家，穷幽居之胜事，迨至薰风入律，长日如年，新蝉

---

① 此处意思为用象牙制成的图书标签，古人用红、绿、碧、白颜色的牙签来分别标示经、史、子、集。

乍来，晴鹊时噪，万卷横席，一榻当窗，午倦欲眠，梦清乍醒，苍翠匝于枕畔，映薆比于壶中，茶香正浓，北风微动，辄洒然自喜，莞尔忘言，以为箕颍①不足夸，羲皇匪在远也。……况此街也，顺治时则成青坛相国居之，康熙时则王渔洋尚书及邵青门②、陆冰修③皆寓焉，乾隆时则梁侍郎敦书居之，尝移保安寺之奇僵石于其宅，而翁覃溪阁学之诗境轩即在余对门，今已分为二，一属歙县曹氏，比年张温和尚书家租居之，一为清江馆矣。而阮亭宅有老树，余门首有老桧大十余围，亦百余年物，或即王邵诸君所婆娑觞咏者也。……

（《越缦堂日记·壬集上》）

铁门宅

铁门有兵马司署及文昌歌院，向传居者不利。予门对司署，其邻宅自归安姚文僖居之后，数十易主。近年乔松年④河督修葺之，题门额曰"千年铁门限"，盖欲为久居谶也。然不两年河督由仓场侍郎外授，胡家玉左都继之，一年即贬

---

① 即箕山和颍水。相传尧帝时许由隐居箕山之下，颍水之阳。后以"箕颍"指隐居者或隐居之地。

② 邵青门：邵长蘅（1637—1704），字子湘，号青门山人，江苏武进人。康熙中曾应博学鸿词之召，因江南奏销案而革除功名，再后纵情山水。著有《青门集》等。

③ 陆冰修，生卒年不详，浙江海宁人，著有传奇戏曲若干。

④ 乔松年（1815—1875），字健侯，号鹤侪，山西徐沟县郝村人，清代文学家、书法家、藏书家。同治十年（1871）授河东河道总督，光绪元年（1875）病逝，追封太子太保，谥号勤恪。

官，同里如徐寿蘅侍郎、马恩溥阁学，皆居此甫逾年，徐丁忧，马出为江苏学政即卒。

(《越缦堂日记·癸集》)

第六　陵墓　附祠祀

明长陵

至昌平州出西门直北沙道八里许，明长陵牌楼，三里三座门，一里碑亭（长陵圣德神功碑也，阴刻乾隆御制《哀明陵诗》，旁刻乾隆丁未修复明陵诗，右侧刻嘉庆御论）。亭后石马、石人等连属三四里，再后为五孔、七孔桥，皆圮，遂入大壑，登高陂，始见石道，地益高，抵陵门，内为祾恩门，门三楹，内为飨殿，崇阁钜丽，目所未睹。殿后一门，门后石五供，后为明楼，迤逦三折而上，上立巨碑题曰"大明成祖文皇帝之陵"，石赤理，其后宝城如月形，松柏郁然、下即地宫矣。遥望黄瓦掩映山谷，可见十一处。坐良久，乘马由东道归，距陵十余为卡子门，城墙带山，气象甚壮，自昌平西门至陵二十五里，由新庄至波路亦如之。

(《翁文恭日记·四》同治三年七月十七日)

明景帝陵

自遗光寺乘马西行二里许,寻明景泰帝陵,隐隐有封,外有圈墙,墙内垦种,陈根遍地,距隐隐之封只数武耳。距封一亩许,有白石碑,前刻高宗题《明景帝陵诗》(己丑年)。并论一则,碑阴大字一行,曰"明恭仁康定景皇帝之陵"。

(《翁文恭日记·三十五》光绪二十二年九月初九日)

定南王①冢

出阜成门吊丰荷亭之父丧,谈良久,归过定南王冢,冢在屋中作两石屋奇甚,荒草断阡而已(谕祭碑尚完顺治十二年。乾隆一碑埋土中)。

(《翁文恭日记·三十》光绪十七年三月十三日)

伯哈智墓

晨,偕郑工头诣工次。……饭后乘车于后山周览,西北

---

① 定南王:孔有德(1602—1652),字瑞图,辽东盖州卫人,原籍山东,明末清初将领。原为毛文龙部将,后投降后金。顺治六年(1649),封定南王。顺治九年(1652)被南明将领李定国打败,被困桂林,自刎而亡,追谥为武壮。

村曰萧北哨，稍南曰和营，营后有古墓，有碑四通，曰伯哈智之墓，称为先贤，盖回教祖师，碑称洪武中献策云云，不可考也。至今回民春秋祭扫，车马阗喧。

（《翁文恭日记·四》同治二年十一月十八日）

翁覃溪①祖茔

策骑出永定门，沿城至南东门南，东行八里许，至十八里店，寻覃溪先生祖茔未得，因拜徐恭勤②墓，食于丙舍。询其守者蓝姓，尽得翁氏茔地四址及坟丁孟姓伐木耕种状，乃径赴北店观音庵对过大道西高坡上，隐隐见石桩字，下马访之，荒冢累累，无立足地，寻得孟姓小子一人，诡言其父已死，其两兄他出，因带至观音庵，厉声盘诘，始得其兄孟祥发砍树诸情形，并出其父跪求，再至茔地，出断碣于土中，则高孺人碣，覃溪翁所书也。

（《翁文恭日记·十》同治九年十月二十八日）

翁覃溪墓

令李林访覃溪先生墓，覆称在左安门外东南数里十八里

---

① 即翁方纲。
② 徐恭勤：徐泽醇（1787—1858），字梅桥，号乐天翁。汉军正蓝旗人，进士出身，曾任户部尚书，谥号恭勤。清末著名保守派大臣徐桐之父。

店北小店观音庙对过道沟路西，坐西向东，看坟人孟德兴、孟德顺等，十八里店按家乘知之，然访之数年矣。至是始得其详，为之一快也。

（《翁文恭日记·四》同治三年三月十三日）

十里庄义园

出永定门过安乐林小庙（明弘治碑）。赴十里庄苏太义园，过铁匠营观音庙（明成化碑万安碑文颂太监阮某）。入义园，至后空地寻吾家殇冢，仅见三口碑，乃小石，有讹字，嗟叹不已。尚有二殇未寻得，义园中竟有青苗一亩，斥主守者李姓，东行过徐家坟屋，……徐家者故河帅晴园先生（炘）也，今子孙凋零矣。食于磋磔门外茶馆，颇有酒意，乘兴东北行问肃王墓，三里许得之，入观架松，真天下之奇矣。庭凡六松，北二株最大，二株中东一株尤大，二株皆有架，……所荫几五七丈，皆虬龙飞舞，高不过一丈余耳。

（《翁文恭日记·二七》光绪十四年二月二十九日）

西便门外葬地

出西门五里许，有寺曰法云，其地沙水回抱，其东有地四十亩，龙气甚旺（旗地归上三旗，东有萧村、张村，御果园在其左相毗连)。又东曰核桃园二十亩,甚好,树南家所置,复经所谓钟茔者无地。未正抵东郭,住树南丙舍,于树南祖茔前相刘氏茔四十亩尚有气。

(《翁文恭日记·四》同治二年九月二十七日)

平明行,并山北东趋十四里曰马店,又十六里高丽营尖,遣带路者杨姓归。又三十里抵桥子①,桥子有地一区,朱楙堂师家所约看也。……自桥子西北入山偕一老僧至其地。陂陀数重,四山围绕,形势猛厉,来龙短而急,非佳壤也。

(《翁文恭日记·四》同治二年九月二十八日)

北诣延树南处。……树南言其核桃园地可以见让,为之感涕。夜彭芍亭②来馆,约明日往西直门外八里庄看地。

(《翁文恭日记·四》同治二年十月初三日)

天未明起回横街③,随五兄过芍亭于长春寺④,遂与同行,出西便门西趋寻尹姓者,引至枣林之石槽(二十四亩)。尚可用。北趋至八里庄恩济庄庙。庙僧领看数处,归食于僧舍(僧号觉品,其师弟号馨光,皆朴实)。西南趋又看数处,皆不佳,最后到真家坟,有地二十亩尚有圆神。……

(《翁文恭日记·四》同治二年十月初四日)

---

① 今北京怀柔区桥梓镇。
② 彭祖贤(1819—1885),字芍亭,江苏长洲(今苏州)人,曾任湖北巡抚兼署湖广总督,续修《湖北通志》,辑有《长洲彭氏家集》。
③ 即今南横街,北京古老街道之一,西起牛街,东至虎坊路,长四华里。翁同龢在京时住南横街。
④ 即今宣武区长椿寺。

至核桃园周围履度，来龙处有窑二座，然脉旺不足为害，四宇无云，诸山呈露，谛观定为吉壤矣（核桃园在昌平正东约十里，北有村曰官窑约半里，南有村曰北新庄，亦半里许，东南村曰东营，炊烟相望，不过数百步，种地人萧姓，东郭丙舍杨二格其子秋儿、喜儿，……皆树南家坟丁也）。

(《翁文恭日记·四》同治二年十月二十五日)

照公母出殡

昨日照公母夫人出殡，涂车刍灵之盛，盖自来所未有。倾城出观，几若狂矣。沿途篷座络绎，每座千金，廷臣往吊者皆有籍，李侍郎未往，颇忤意旨（往吊者易素衣摘缨）。

(《翁文恭日记·十》同治九年八月十七日)

浙绍乡祠

都中乡祠本曰稽山会馆，不知何时为酒客公所，遂杂塑神像，称浙绍乡祠，而祠旁有眼药庵，亦属焉。中有铜观音像，昔年罗家福掌祠，召一恶僧居之，遂设三教堂矣。阎王庙街亦有张相公庙，萧山人所建，康熙时邑人少詹事周之麟有碑记，而纪文达误以为祀唐节度使张仲武。

(《越缦堂日记·庚集上》光绪十一年四月初二日)

赵忠愍祠[①]

飚民言前日至悯忠寺西华陀庵访明御史赵忠愍公祠墓，其地为云南久客者所聚居，庵之东偏祠屋三楹，荒陋已甚，祠后皆云南人丛葬地，荆榛没胫，忠愍墓亦在焉。仅立一石识之，亦无碑碣。案赵昆明人，由举人知县官御史，甲申之变，巡视中城，死于贼，福王时赠谥恭节，乾隆四年御史云南人傅为詝疏陈其事，赐谥忠愍，建祠悯忠，祠右额曰景忠。今知之者少矣。宁州刘大绅《寄庵文钞》言忠愍死于白帽胡同，其长子从德亦死，盖即其地也。

（《越缦堂日记·乙集第二集》光绪元年七月二十六日）

顾亭林祠

初九日偕香涛、肯夫、逸山、廉生登毗卢阁，……是日于寺外西偏顾亭林祠前见有井，其干刻"开成四年十二月二十五日建造"十三字，又祠门内左壁嵌唐咸通九年幽州押衙使王君夫人张氏墓志铭，乡贡进士李玄中撰，夫人之子弘太书。

（《越缦堂日记·丙集》同治十年九月）

[①] 赵撰，字镇所，昆明人，明末于北京力战李自成而死，谥号忠愍。赵公祠位于北京法源寺西墙外，大门朝南，门左面有神道碑，祠堂供奉有关羽、华佗、观音，后为云南会馆，居京云南人春秋公祭。

松筠庵

上午诣教场胡同松筠庵。……庵即杨忠愍故宅,其前为忠愍祠。有桂未谷①分书赵味辛②所撰楹联云:"燕市宅依然,两疏共传公有胆;钤山堂在否,十年不出彼何心。"语意未能赅括。

(《越缦堂日记·丙集》同治十年四月初十日)

肯夫来因偕至松筠庵,以今日与肯夫、六舟、清卿同钱孙琴西并邀孝达、麐伯、潄兰共饮也。……遍览谏草堂中石刻。谏草堂者,道光中道州何绍基所题,堂为僧心泉所新辟,杭州布衣张受之刻杨忠愍疏草于石,因嵌之堂壁也。

(《越缦堂日记·庚集》同治十二年三月初八日)

---

① 桂馥(1736—1805),字未谷,一字东卉,号雩门,别号萧然山外史。山东曲阜人。清代书法家,训诂学家、篆刻家。
② 赵怀玉(1747—1823),字亿孙,号味辛,又字印川,晚号收庵,江苏武进人。清代藏书家、文学家。

第七　故事

庚申之变

闻圣驾出巡，廷臣有伏地力争者，麾之出。六宫先行，肃顺随扈，惠亲王等均扈跸行。

（《翁文恭日记·一》咸丰十年八月初八日）

顺天府探报：夷兵自十间房（距东直门十余里）东抵通州，连营不断，小船装火药炮位由津运通，通州四门均闭。夷兵不攻城，但札州牧速办牛羊犬马等物犒师。夷兵所到，市人从之者甚多。馎饦①数枚易银一饼，而我军饥不能堪，到处抢掠。游骑往来于沙河、齐化二门之间。

（《翁文恭日记·一》咸丰十年八月十三日）

据报云：十二日僧王出队，自午刻至子初始齐集。甫出队，遇贼大败。大营退扎安定门外八公主坟。瑞相国②营退扎黄寺。瑞营有文书知照顺天府备牛羊等物。周相国云，宜释

---

① 馎饦，"面片汤"的别名，唐代即传入日本。
② 瑞相国：即瑞常（？—1872），石尔德特氏，字芝生，号西樵，蒙古镶红旗人，晚清大臣。《清史稿》称其："历事三朝，端谨无过，累司文柄，时称耆硕。"

巴酋处之宾馆，娱以女乐，恳其议和。两相国之谋猷如是。

（《翁文恭日记·一》咸丰十年八月十四日）

传闻彰仪门闭，圆明园有警，刘升入城，中途折回。星伯至新店折回。张松坪来，始知昨日申刻夷人直扑淀园。恭邸以下仓猝出行。淀园想已被蹂躏，不知攻城否耳。闻僧王退至北顶扎营，瑞相退至新河。

（《翁文恭日记·一》咸丰十年八月二十三日）

拟到芦沟桥探听消息，路逢难民老弱妇女累累不绝。至吕村闻朱氏昆仲已移家入山（在坛子蒋地方），张三亦去矣。廿二日晚间，恭邸、桂相国、文金吾皆移驻长新店，恒制军亦到此。而长新店又有讹言，居民纷纷迁至吕村一带。过芦沟，遇逃兵甚多。申正抵彰仪门。门闭不得入，住和合客店。……遇蔡练江大令，假一被拥之，与练江谈彻夜。有山东勇陈胜（临清人），自言扎营土城内，廿二日奉调出队，甫出而本营火起，遂逃于此。

（《翁文恭日记·一》咸丰十年八月二十四日）

今日留京办事王大臣等赴华严寺与额勒锦、巴嘎哩讲和，昨日申刻已纵巴酋出城也。恒祺力保巴夷出城，并言愿捐银四十万。

（《翁文恭日记·一》咸丰十年八月二十五日）

午刻恒祺持令箭开德胜门，骑卒前导，夷酋额勒锦按部入。约三四百人，露刃徐驰，观者不禁，住国子监公馆。又有夷兵马队千余驻安定门外，于城楼上遍插旗帜，呼啸不已。

（《翁文恭日记·一》咸丰十年九月初一日）

是日英国换约，以礼部为公所，陈设华美。午刻恭邸至，留京大臣、内外城团防大臣咸集。巴嘎哩先到，恭邸立而迎之。与坐有顷，额勒锦来。设鼓吹，乘八人绿舆，带马步队若干。恭邸降阶迎，额酋见恭邸免冠鞠躬，宾主坐。额酋熟视良久，巴嘎哩与恒祺皆立侍，以和约彼此画押即登舆去，恭邸送之如初。巴嘎哩先以六骑周阅城楼，疑我设伏也。

（《翁文恭日记·一》咸丰十年九月十一日）

奉宸苑借款

同福相访醇邸商奉宸苑①借款事（三十二万）。因谈铁路改议事，邸意怏怏以为与香涛定议不应中变，语极长。

（《翁文恭日记·二十九》光绪十六年闰二月初八日）

庚寅夏之大雨

昨雨彻夜，今日忽作忽止，作则倾盆无屋不漏，外间倒墙败屋者所在皆是。余家马号墙皆塌矣。……子初二刻大雨如注，厅房漏，移住上房，梦中忽闻轰然一声，惊起始知后墙

---

① 清代内务府三院之一，掌管皇家各苑囿事务的机构。

塌，呼更夫，二刻始有人应，不敢再卧，惟闻各处倒墙耳。

（《翁文恭日记·二十九》光绪十六年六月初二日）

雨不止，卯正起与东邻之墙，往东院之墙，小客厅之墙，马号之墙，无不塌。大厅东屋花厅东厅新起西厢无不漏。西席住屋七保住屋顶蓬皆落，情形尤重。移置书箱，料量卧榻，极忙。庭院水深半尺外，孙兄来告伊后墙五间齐塌矣，饭而去。自卯至申正未住点，较癸未年更甚矣。正焦急无如何，西北风起，不及两刻，青天露夕阳一角在高树，如获更生也，盖为穷檐之民及耕氓言也。

（《翁文恭日记·二十九》光绪十六年六月初三日）

上谕着直隶总督、顺天府尹查有无被水处所及京城内民居倒塌者有无伤人。九衢水溢不能入值。西直门外水过高梁桥，南西门外桥被冲。……是日丑刻雨，天明时雷一声，竟日雨，较前日为小，然已淋漓矣。

（《翁文恭日记·二十九》光绪十六年六月初四日）

湿云如墨却不雨，未刻开霁，圣心昭假，不胜钦服。盖上无时无刻不瞻天叹息也。……入署先策马后步行，将至不能步，乃至中元钱店呼车，水过车轴，堂不漏而潮气触人，坐两时许，忙甚，各司皆漏，寒士趋衙可念也。

（《翁文恭日记·二十九》光绪十六年六月初八日）

昨夜雨，子正二刻大雨倾盆，梦中惊醒，西北角后墙亦塌，……六舟言北河开口三处，房山、良乡、涞水衙署皆塌，一片汪洋无可查也。……计一日中雨五六次，亦忽见日光，仍蒸溽。……夜分大雨，后墙隆隆又颓，不敢睡，乃移榻于里屋。

（《翁文恭日记·二十九》光绪十六年六月初九日）

卯正殷雷一声，雨翻天瓢。计其时引见犹未毕也。辰正到书斋，上心以秋禾为念，忧形于色。……退时雨止，午后露日，竟似开霁，而气仍郁。申酉间复雨一阵。……黄昏雷，亥初二刻大雨数阵如波涛在空，雷电往南去。

（《翁文恭日记·二十九》光绪十六年六月初十日）

雨过大雾，上祈晴大高殿、宣仁庙，巳、午间开霁，申正闻雷，小雨旋止。

（《翁文恭日记·二十九》光绪十六年六月十一日）

太后发节省银五万交顺天府赈济。设六门粥厂，拨米一万五千石，派京堂六员分驻孙河、采育、定福庄、庞各庄、黄村、芦沟桥。

（《翁文恭日记·二十九》光绪十六年六月十三日）

南下洼之异鸣

南城外下洼子苇蒲丛杂，这数日闻有若牛鸣者，声大而远，寻之不见。今日五城御史会议伐苇求之，疑其蛟也，余曰此鼍也。

（《翁文恭日记·三十三》光绪二十年三月二十六日）

坐车出城至南下洼，雨中人犹如蚁，登陶然亭高阁，闻如牛鸣盎中者三次，每鸣以三为节，听其声必胆短而鳞者，非鼍而何。

（《翁文恭日记·三十三》光绪二十年三月二十七日）

户部火

子正得当月官知会，本部颜料库不戒于火，急起询知颜料库司堂在二门内，疾趋赴之，司官郵桐、宝棻、鄂芳、李馨国等在彼，余入坐山西司，官人报火及大堂矣。各处水会陆续到，钲声、人声鼎沸，有司坚请至大门外，乃露立通衢，躬检各司司印廿二颗，令宝棻守之，饬北档房将紧要案卷令笔政某守之。三刻许敬君来，敬署提督，将弁来乃令先断火道，以钩杆曳屋，然未见一杆也。余曰，吾辈在此无益，当保后库，乃偕敬君叩库门而入，怀绍先一人将二机筒默守于庭，而库前门通大堂者因炙热已洞开，乃令鄂芳、文贵带武弁将广西司后墙拆通石路，以三水会机筒由墙缺入迎头浇之，火距钱库大墙不及寻丈矣，刚子良来，督众奋力，拆者拆，泼者泼，火道断，势遂杀矣。

（《翁文恭日记·三十五》光绪二十二年二月二十三日）

火药局火

本日酉初一刻，忽大声如霹雳发于西南，窗棂震落，玻璃皆裂。……因疑火药局之震也，出询果然，云拔去库房一所，其伤人多少未得其详也。

（《翁文恭日记·五》同治四年十二月二十六日）

到火药局视火所伤处，入自北栅栏，栅以西围墙皆坍，栅外兵房圮，入栅树或拔或披，枝干满地。西南行数十步，地坟起，有大坎，其右水盈焉。房十三间尽拔，此研药之屋非藏药之屋也。藏药处在其东数百步外，有垣，望之屋三十余间，无恙。其西则官所办事者也。问诸兵丁云，昨日酉初二刻火作，轰然一震，其时官役皆散，未毙一人，所闻如是而已。

（《翁文恭日记·五》同治四年十二月二十七日）

谕缉京城拐匪

上谕御史贾瑚奏请饬严缉匪徒一折，据称京城地面屡有匪徒迷拐幼孩，本月初九日崇文门外巾帽胡同有高姓之子二格被匪徒迷拐去至兴隆街，经旁人看出截住，匪徒当即逃逸等语。匪徒迷拐子女大为民害，着步军统领衙门顺天府五城一体严缉，务获究办，并随时派委员役认真访察，如有迷拐踪迹确实可据者，着立时拿获送部按律治罪，以靖闾阎①。

（《越缦堂日记·第十三册》同治九年六月十七日）

谕饬堂官

上谕御史许延桂奏请饬各部堂官常川进署等语，在京各衙门堂官职守攸关，自应常川进署，与司员等遇事讲求，若如该御史所奏各部堂官常川进署办事者甚少，司员每于该堂官听宣直日之便，携稿至朝房呈画，甚至赴私宅画行，此等情形实难保其必无，嗣后各部院堂官务须逐日到署，认真办理，力戒因循泄沓之风。

（《越缦堂日记·丙集》同治九年十二月十六日）

正阳门外盗劫

邸钞巡视北城御史奇臣等奏，初五日夜盗劫正阳门外延寿寺街刑部主事刘有科家，刃伤有科手及腕，外城向多穿窬而无劫盗，以民居稠密也。自去冬金井胡同兵部主事白某家被劫无获，今再见矣。

（《越缦堂日记·戊集》同治十一年四月十三日）

---

① 原指古代里巷内外的门，后泛指平民老百姓。

银价

连日银价日腾,九官号钱票日贱,银一两易钱票三十二吊,票一吊换当十钱五百,而贫民哗然矣。欲救其敝,其惟亟收制钱。制钱从何收,曰崇文门及捐铜局两处为始,若以两吊制钱准银一两,则制钱不胫自至,制钱至则私号票可开,私号票出而银价平,银价平而物价亦减矣。

(《翁文恭日记·二》咸丰十一年六月十六日)

前此户部劝谕民铺出钱票,至是每银一两易现行大钱票九千余(初出十三四千日减一日)。又户部奏准发银二十万收买九官号票,每两四十千,今以大事后热河提三十万工部支十万,库款支绌,遂停此款。

(《翁文恭日记·二》咸丰十一年七月二十五日)

米价

近日都中百物踊贵,米麦尤甚,余所食米去年春时每百斤京钱二十八千,今渐至四十七千,昨日且五十千矣。杂货面(以黑小米、菽米①和麦皮为之,都中极贫户所食)。一斤至四百余钱(旧止百余钱)。前日闻李合肥遣官来办平

---

① 菽米:大豆。

槑，设局于崇文门，又置分局二于内外城，未知何如也。阅昨邸钞山西曾中丞奏省城银一两易八三钱一千三四百，而斗米须钱二千四五百，省南（平阳、汾州、蒲州、绛、解、霍等州）。纹银一两易钱一千一百，元丝银则止易钱九百余，斗米须银二两有奇。今日邸钞李合肥奏据曾国荃函称小米市斗每石二百九十斤银十四两六钱，合官斗每石银七两三钱，高粱市斗每石二百四十斤银七两三钱，合官斗每石银四两一钱零，是曾疏所称者乃市斗白米也。合肥又言据河南委员称该省时价小米市斗每石一百九十斤制钱六千三四百合银四两二钱零，按官斗每石一百四十余斤约合银三两二钱零，高粱市斗每石一百八十斤制钱四千四五百约合银三两，按官斗每石一百三十余斤约合银二两二钱零，今都门纹银一两易京钱十七千，松江银一两易十六千五六百，而市斗每石一百五十斤，白米百斤至五十千，已合银三两一石，则合银四两五钱，小米百斤至四十余千，一石须六十余千，合银三两七钱有奇，高粱都人食之者少，白面每石一百三十斤须京钱六十千，小米面每斤京钱四百六十，然则京城米价贵于河南。……

（《越缦堂日记·庚集第二集》光绪三年十月初九日）

钱价

前日银价一两至钱二十二千,昨日忽减,今日仅十五六千矣。以人争取钱且不肯用小钱,钱铺有停闭者。钱法之乱几如咸丰末年,恐非佳兆也。

(《越缦堂日记·壬集第二集》光绪四年五月十五日)

是日市中钱法又大乱,钱铺停闭者十五六家,铺家不肯收银,民间不肯行票,银价减至十二千,不知何故也。

(《越缦堂日记·壬集第二集》光绪四年五月二十一日)

街道公署

献县戈芥舟[①]学士《坳堂诗文集·新建街道公署记》,言乾隆三十一年始命御史二人工部及步军统领衙门司员各二人,督理街道沟洫,时学士以御史膺其选,创建公署于三里河西,更定条规,皆见于所记也。

(《越缦堂日记·丁集第二集》光绪二年六月二十六日)

---

① 戈涛(1717—1768),字芥舟,号蘧园,直隶河间府献县(今河北献县)人,清代诗人、文学家。著有《坳堂诗集》《坳堂文集》,纂有《戈氏族谱》《献县志》,编次有《街道条例》等。

火药局

火药局买硝二十万,几成年例矣。顺天府办扣二成,门上扣一成,大宛扣二成,工部扣一成,实价不到一万也。曾有商人愿出二千金营此事于衡司,司官者故吝之。

(《翁文恭日记·二十二》光绪九年十一月初六日)

健锐营

是日偕麟芝庵①往健锐火器营查收第二次兵房工程。卯初起,卯正登车,到卧佛寺,午正矣。……未初二刻策马出寺,余偕宝湘士、陈鹿宾查有翼循峀南先正黄(五处)。北营,越一岭南营,再南曰正红(亦二处)。再南越涧而东曰厢蓝,折而西曰厢蓝,相望也。承修者广隆、祥茂两厂,广隆较胜,然未惬意。墙用黄石,木则梏松,且已有居者,不能入。但凭工匠等指画而已。申正二刻回寺。距寺三里有寺曰五华,中官李某为道士居之,甚横。

(《翁文恭日记·二七》光绪十四年十一月初十日)

---

① 麟芝庵(1829—1898),爱新觉罗氏,名麟书,字芝庵,豫亲王多铎八世孙,时任大学士、吏部尚书、翰林院掌院学士等。

火器营校场

晚饭后肩舆赴火器营校场,场深一百五十弓,广称之。稍北居中演武厅五楹(绿瓦)中设宝座,两梢间为御坐房,自厅至南头得一百三十弓。马道由东迤逦北趋,演铅丸处则在一百三十弓之半,距厅甚近也。东有马城,城有堞,西有短垣白色,云是避队处,厅两翼各有房三楹,王大臣看操处,厅后大院,院有办事房。

(《翁文恭日记·三十七》光绪二十四年三月二十六日)

皇上诣火器营校场阅神机营、火器营、健锐营武胜新队兵,有阵势,有炮队、枪队,校场内阅武厅新修整辟,校场向南展一百六十丈,恐枪炮声震也。

(《翁文恭日记·三十七》光绪二十四年闰三月二十日)

月河寺[①]附近之仓廒

午初二刻出东便门稍北至月河寺,黄、许两公及同人聚于此待福相,未初一刻始至。先查储济仓工程,凡四廒,多不实,回寺再过西岸,查太平仓凡十廒,仁字一廒系揭宽,

---

[①] 月河寺,旧名宝藏寺,也称月河梵院,出北京建国门外过了护城河即为月河寺,始建年代无考。寺内原有楼、台、亭、榭、石佛、石碑等,一度改为月河寺小学。1956年扩宽建国门外大街时拆除。

则后檐已坍矣。祥茂工也。

（《翁文恭日记·三十》光绪十七年三月二十三日）

宝匣

江槐廷来谈宝匣事，宝匣系内务府官会工部官安修，其匣狭而高（较旧式已小，摇之如无物者）。四角四钉，未能启视。安时内务府官捧上东华门，扁则用黄袱盖而来，安时正在黎明，未暇细审，似不致用木质，此皆江君云然。

（《翁文恭日记·二十二》光绪九年二月初一日）

到内务府公所查验铜字铜炼，璀璨溢目，又验金银锞及铜铁锡锞五香料五药五色丝五色绸合龙经皆可，即令司官会同内务府郎中等眼同入匣钉好，外加封皮，两衙门堂官各画一押，存银库，出至东华门，令匠役乘梯至扁额，用试金石磨其字角，确系红铜，以铜锤敲之，声渊然，其为铜质镀金无疑矣。

（《翁文恭日记·二十二》光绪九年二月初七日）

点景

出隆宗门、西华门至关防衙门会商分段点景事，礼邸议就六十段中二十七段归城内，除御河桥一段划归内务府，余二十六段十三人分办，款则尽王公大臣报效及外省所输之银（无定数，约八九十万）。断断良久，城外较城中为难，福相勉强应允。

（《翁文恭日记·三十二》光绪十九年十一月三十日）

赴西华门关防衙门商分段点景事，前日两邸告福公欲将所办之工难易匀配掣签定之，而福公未以语所事也。今日只议论工程与点景究竟是分是合，迄无成说，定二十六日再掣而成。

（《翁文恭日记·三十二》光绪十九年十二月二十日）

晨起略坐即赴西华门关防衙门，群公有先到者矣。待枢廷至，巳正一刻，先掣签定工程（每段约九千两）。余得第三段，又掣点景（不能计，惟一繁一简，每人两段）。余得第三十七、第五十五，一轻一繁重也。

（《翁文恭日记·三十二》光绪十九年十二月二十七日）

暖厂①

邸钞诏：南城清化寺街崇善堂、北城梁家园百善堂官绅捐设暖厂收养穷民，经费不敷，着自本年始每年赏给该二厂小米各三百石。

（《越缦堂日记·辛集》光绪三年十二月十九日）

---

① 暖厂为生有火炉的大房子，地上铺些干草，供乞丐或无家可归者过夜，以免冻死街头。

铁牌致雨之传说

自辰初三刻起至未初雨绵绵不已,未正大雨一阵,晚渐止,今年第一快雨也。闻总理衙门奏邯郸县井中铁牌向来致雨,遣官迎至都城隍庙命钟王三次上香,此前日事也。

(《翁文恭日记·七》同治六年六月二十六日)

宫中迓神

见有两白马、两黄牛,人牵之入乾清宫,穿后檐扇至坤宁宫,有司补褂执黄福盖金银定入供,谓之迓神,不知迓神者何语也。四季皆然,内侍云亦谓之进牛马。

(《翁文恭日记·八》同治七年四月十四日)

西直门闸楼

出神武门,由鸳鸯桥①诣西直门,登城验看闸楼工程,此余督率。甫开工旋倒塌,势须续估矣。楼两层,上层三间,其两间皆落架卸下,一间尚在柱脚亦陷,下层两大柱系闸十

---

① 鸳鸯桥位于今景山西街南口偏东,景山前街和西板桥的明渠交会处,系东西走向、南北并列的两座石桥,故名鸳鸯桥,早已埋入地下。

檩所以载楼板，亦微垂。拟以十二柱拄之。西望山色，忾然而叹。……

（《翁文恭日记·二十二》光绪九年七月十五日）

厂甸

下午复游厂市至窑甸中，观车马人物，有艳装少妇三四人登瞻云阁倚栏而望。此烧瓦公所也，向不许人登眺，盖是监督曹节眷属，无耻甚矣。地名厂甸，正月百肆所聚，大率妇人、小儿插戴玩弄之物及陈戏乐、虎豹、孔雀诸异状。旁有吕祖阁，妇女烧香者尤众，前有小石桥已陷土中，俗名厂桥，盖明嘉靖以前外城未筑时，此地有水，西流为清厂潭，又西南为章家桥[①]，又南为虎坊桥，又南为潘家河，而自厂桥南为梁家园，可引凉水河，处处经脉流通，今皆久成平陆，并凉水河亦迷其处矣。

（《越缦堂日记·第十六册》同治十一年正月十四日）

红录

下午偕子虞同至流黎厂[②]宝森堂阅书。……是日厂市探刺

---

① 亦称臧家桥，原为内城排向外城的水渠，水渠上有桥名叫章家桥，民国初期明渠改为暗沟，桥废毁，旧址在今宣武区臧家桥胡同。

② 即琉璃厂。

闱中填榜名氏，标门卖看，名曰红录，车马阗喧。

（《越缦堂日记·丙集》同治十年四月初十日）

今年无红录，两过琉璃厂，极无俚，不知窑厂庙中有松竹斋代办之红录也。

（《翁文恭日记·二十九》光绪十六年四月初十日）

廊房观灯

下午至廊房胡同看灯。都门岁华无可纪者，惟灯事犹有承平故态，雕饰百物，闲以波黎，较外间为精巧，而价甚贵，一对直皆数金，走马百华诸灯有至百金者，不止十户中人赋矣。

（《越缦堂日记·戊集》同治十一年正月初五日）

午后诣土地庙观花市，而货卖麇集，人拥道断，不可复行，遂反更诣东头廊房胡同观灯，技巧殊绝，其贵者有海山妙鬘诸景，一对须二十金。

（《越缦堂日记·庚集》同治十一年十二月二十三日）

帝城灯事

至工部观灯，仅大门至仪门缀连百余，中设波黎榜额，仪门之左为财神庙，以波黎制方灯为壁带，约二百余，颇为璀璨。其右设灯山一座，下为水转之形，中藏自鸣钟，亦隐隐可听。复观灯于兵部，则寂寥益甚，仪门之柱设蟠龙纸灯二，略为点缀，帝城灯事尽于此矣。

（《越缦堂日记·甲集下》光绪六年正月十三日）

花爆

下午诣厂市，……于九隆花爆店买得茶楼灯剧一坐，银四两五钱，铁树花一盆银二两，大八角灯爆三盘、大花筒八枚银二两五钱。茶楼灯剧者亦名乐春花火，用竹木编成屋宇，高大各五尺余，为屋两层，周以阑槛，上结果棚，果实累累垂数十枚，中藏烟火，四围篱落，秋花蔓藤，枝茎中皆含小爆，中为剧场人物，人物中皆藏爆仗，此今年新出者，都门惟此一家制成一对，其一前日入醇邸矣（闻初买须十金，今日以灯节过减半值）。铁树花者亦去年新出，剪彩绒为花，以纸布为干，烧壁作盆，高五六尺，花中各藏烟火，放之火花四散，流熛燊采，满照庭院，最后乃于茎干中花爆乱发，凡六七起，皆作灯月形，直薄霄汉。……

（《越缦堂日记·壬集下》光绪十四年正月十六日）

祀财神

今日市俗传为财神生日,亦以酒脯祀之。

(《越缦堂日记·癸集》同治十三年九月十七日)

太平歌

都中自去年十月坊市小儿忽歌云:"太平年,太平初,十八女儿想丈夫,妈妈你好糊涂。"音节凄促,至今年遍满内外城,不知其所来。

(《越缦堂日记·癸集第二集》光绪五年二月二十一日)

驱鬼送瘟

比日京师坊市相率祀神过年,延僧礼忏,驱鬼送瘟,灯烛爆仗昼夜不绝,多以纸为人,具铙鼓、楮钱送之城外。此汉制逐疫传火投洛水之意也。闻一月来都城内外死者已万余人。

(《越缦堂日记·戊集上》光绪九年七月二十八日)

京戏之递变

肯夫邀至安徽馆听灯戏,夜赴之。都中向有梆子腔,多市井鄙秽之剧,惟舆隶贾竖听之,一二年来诸邸有好之者,士大夫遂相率盛行,其价顿贵数倍,衣冠宴会,非此不欢,优人益变其音为促急繁乱以娱众耳,其声噍杀以悲,非祥征也。闻道光以前朝士宴集无不演昆腔者,后渐尚摊簧腔,谓之二黄,其音嚣俗,爨演亦恶,元明院本已成雅乐,今则二黄为立部伎矣。

(《越缦堂日记·庚集》同治十二年二月初一日)

旧例宫内戏皆用高腔①。高腔者尾声曳长,众人皆和,有古意,其法曲则在高腔、昆腔间,别有一调,曲文则张得天②等所拟,大概神仙之事居多,真雅音也。咸丰六七年始有杂剧,同治年间一用法曲,近年稍参杂剧,今年则有二簧,亦颇有民间优伶应差,如所设石头庄儿者,两日皆为二簧,语多扰杂不伦,盖三十年来所无也。

(《翁文恭日记·三十一》光绪十八年六月二十六日)

---

① 高腔:原称"弋阳腔"或"弋腔",起源于江西弋阳,明四大声腔之一。传入北京后又名京高腔、京腔。为锣鼓伴奏,调门较高,唱词通俗,有滚词和伴唱,文戏多武戏少,剧目有《打门吃醋》《油滑山》《敬德钓鱼》《打朝》《河梁会》《别古寄信》《张三借靴》等,已无职业剧团演出,会的人很少了。

② 即张照(1691—1745),字得天,号泾南,亦号天瓶居士,江南娄县(今上海松江)人。康熙四十八年(1709)进士,清代藏书家、书法家、戏曲家、书画目录整理者。书法早年摹习董其昌,后又兼参王羲之、米芾、赵孟𫖯等,双手都能挥毫;戏曲著作有《劝善金科》《升平宝筏》等。

谕禁太监开铺演戏

上谕：据御史袁承业奏，近闻太监在京城内外开列多铺，并蓄养胜春魁戏班，公然于园庄各处演戏等语，我朝纲纪严肃，从不准太监任意妄为。若如所奏各节，实属大干禁令，着总管内务府大臣严行查禁。

（《越缦堂日记·戊集》同治十一年五月初四日邸钞）

广德楼

陈庆峰来，同至广德楼听三庆部。

（《越缦堂日记·巳集》同治十一年七月十六日）

庆和园

诣仲彝偕至庆和园听四喜班所演，甚恶劣。

（《越缦堂日记·丙集》同治十年三月初四日）

万福居

得孝达书，言今晚偕翰林十余公饮万福居作梦局，请予为梦神。

(《越缦堂日记·庚集》同治十二年六月二十日)

久和新

久和新酒家在东安门外,有车厂,内直诸公解貂①待漏②多在此地。

(《越缦堂日记·癸集下》光绪十五年四月十六日)

庆和堂

赴燮臣③之招,在白米斜街庆和堂,有高楼,临十刹海,一片荷花,风景绝似江南。

(《翁文恭日记·二十三》光绪十年七月初七日)

阜康钱铺

昨日杭人胡光墉④所设阜康钱铺忽闭。光墉者东南大侠,与西洋诸夷交,国家所借夷银曰洋款,其息甚重,皆光墉主

---

① 解貂:解下金貂换酒,指代文人狂放纵酒。
② 待漏:指大臣等待漏刻报时上朝。
③ 即孙家鼐(1827—1909),字燮臣,号蛰生,安徽寿县人。咸丰朝状元,历任湖北学政、吏部尚书、礼部尚书、学务大臣、政务大臣。
④ 即胡雪岩。

之。左湘阴西征,军饷皆倚光墉以办。……阜康之号,杭州、上海、宁波皆有之,其出入皆千万计,……前日之晡,忽天津电报言其南中有亏折,都人闻之,竞往取所寄者,一时无以应,夜半遂溃,劫攘一空。……今日闻内城钱铺四大恒①者,京师货殖之总会也,以阜康故亦被挤危甚,此亦都市之变故矣。

(《越缦堂日记·戊集下》光绪九年十一月初七日)

京都阜康银号,大贾也,昨夜闭门矣,其票存不可胜计,而圆通观粥厂所捐公项六千两亦在内,奈何奈何。

(《翁文恭日记·二十二》光绪九年十一月初六日)

宝森书坊

宝森书坊来告,其主肆李雨亭于昨日死。此人知书籍源流精恶,为琉璃厂中第一,尤喜与士大夫交,亦近日之陶五柳、朱文游也。

(《越缦堂日记·乙集上》光绪六年七月初八日)

复兴花厂

出南西门路泞难行,至大桥西得一花厂曰复兴,即从

---

① "四大恒"指恒利、恒和、恒兴、恒源,是祖籍浙江慈溪的董姓人氏,于清乾隆年间在东四牌楼附近开设的四家钱庄。清末北京俗言云"腰缠四大恒",即腰缠四大恒的银票,有腰缠万贯之意。

前小有余芳旧址也。屋宇华美,花木以千计,登最西高阁饮茶,已而园主人来,则黑衣翩然,余急起微颔而已,盖曾充户部山东司书吏唐姓者也。折回西行半里入花之寺,值其盂兰会遂出。

(《翁文恭日记·二五》光绪十二年七月十五日)

京谚

都中向有"熊伯龙,狮子狗""林凤羽,草鸡毛"之对,皆取达官名人以对俗语或成句,近日以朱凤标对青龙棍,桑春荣对麦秋至。

(《越缦堂日记·庚集》同治十二年三月初八日)

太常仙蝶[①]

诣报国寺公祭顾亭林先生祠。……是日太常仙蝶见于藏云洞,翩然而去,诗翁祝之曰:"蝶如灵当来前轩,同人饮前轩,而蝶至,饮以酒不至,集花枝高处,蝶其卑视吾侪耶。"

(《翁文恭日记·二》咸丰十一年三月初三日)

---

① 清太常寺设在刑部街上,明清以来传说此处的蝴蝶有仙气呈祥瑞,乾隆皇帝曾御览后赐名"吉祥仙蝶",还作有《太常仙蝶诗》。

神签

神祠签诗始于五代,灵验之事多载稗官。京师正阳门右关帝祠签,自明以来历著奇验,而陶然亭文昌神签近世亦有灵应。

(《越缦堂日记·乙集第二集》光绪三年四月初九日)

北梦录[1]

序　言

余自民国甲子撰《北京建置谈荟》，刊于《星报》，次年编辑"北京历史风土丛书"，不数年售千余册。自此以后，燕都人士请求掌故，遂成风会。庚午为北平研究院创《北平志例》，写集材料，又复不少。偶思此事，忽忽已历十春；而赫赫名都，千年胜迹，遂有沦为榛莽之惧。箧中故纸，久不编次，亦恐将为尘蠹所湮。爰徇吾友之意，仿退谷、竹垞之例撰为兹录。

《春明梦余录》《日下旧闻考》《顺天府志》诸书，博矣精矣，然衡以近今情势，俱不相合。庚子以后，有震钧

---

[1] 本篇连载于《旅行杂志》1934年第6期到1935年第11期，署名：铢庵。各别零散篇章转载于《天风报》。《申报（上海版）》1934年5月16日第四版《旅行杂志》广告中载："《北梦录》由瞿铢庵先生撰述关于故都北平之掌故，极晓□趣。瞿先生为文亲切有味，百读不厌，此作极有价值。"

之《天咫偶闻》，近数年来，有陈宗蕃之《燕都丛考》。自余零篇断简，短卷小言，亦指不胜屈。独惜无汇为一编者。至于报纸杂说，非不洋洋，但驳而不纯，来历未敢遽信。兹编主旨，在于兼取众长，语必有本，庶几不乘著作体例。端居杜户，闻见未周，方闻君子正其谬而补其阙，固所祷祀以求也。

民国二十三年四月

京官况味

有清一代，京官俸薄，惟望京察外放道府，可以疗贫。明代京官则常受外官赠遗，清季司官则薪津优厚，情形皆不相侔。然惟其穷，始能安心读书，故此中多出学者。太平时代景象，思之亦足令人低回不置矣。

吴廷栋《拙修集》云："本朝京官之穷，由来已久，今日尤甚，……负债者轻则数千，重则逾万，竟有煤米无处赊而借印子钱度日者。一有外官进京，则闻风往拜，继以请酒，不至则送席送菜。其实所希图者不过数两别敬，多则十余金，亦有绝无因由而竟置之不理者。京官有吉凶事则必下帖请分，至于小女于归、小儿完姻、小儿弥月无不有帖，……—或丁忧，则又遍游各省，逢人干谒。"

戴璐《藤阴杂记》有曲二段①，一写京官之苦，一写京官之乐，致有深味。

韩春湖（朝衡），杭州人，丙戌翰林，改吏部。尝填曲述司官况味，穷形尽相，一时传诵。

其司嘲云：

【北醉太平】谩道司曹，地位清高，文章收拾簿书劳，上衙门走遭。笑当年指望京官好，到如今低心下气空愁恼，要解到个中辛苦耐人熬，声从头说晓。

【北黄钟醉花阴】几曾见伞扇旗锣红黑帽，叫名官从来不坐轿，只一辆破车儿代腿跑，胜有个跟班的夹垫驮包。傍天明将驴套，再休题游翰苑三载清标，只落得进司门一声短道。

【南画眉序】办事费推敲，手不停披目昏眊，那案情律意多用心操，还有滑经承弄笔蹊跷，与那疲贴写行文颠倒，细商量坐把精神耗，才得回堂说稿。

【北喜迁莺】大人的聪明洞照，中堂的度量容包，单只为一字宽严须计较，小司官费尽周旋敢挫挠，从今那复容高傲，免不得改稿时颠头簸恼，说堂时垂手

---

① 这两段曲为南北曲合套，原文没有曲牌名和分段，现参考刘咸炘《推十书（增补全本）壬癸合辑第3册》中的《札记杂钞·未刊稿》，将曲牌名和分段补上。

呵腰。

【南归朝歌】西苑路迢遥,候堂官偏难凑巧。东阁事更饶,抄案件常防欠早,受用些汗流浃背的秋阳照,沙飞扑面的冬风暴,那顾得股颤心摇肠枯舌燥。

【北四门子】百忙中错误真难保,暗地里只眼先瞧,敢只望乞面去捱些脸臊,那知到吃雷回唬得魂销,若是例难逃律不饶,忙检举也半边儿焦,只怕因公诖误几降调,幸得霹雳声高雨点小,赶办过平安暂报。

【南鲍老催】公堂事了,拜客去西头路须先到,约债去东头路须亲造,急归家栅闭沟开沿路绕,淡饭儿才一饱,破被儿将一觉,奈有个枕边人却把家常道。

【北水仙子】道只道,非絮叨,你清俸无多用度饶,房主的租银促早,家人的工钱怪少,这一只空锅儿等米淘,那一座冷炉儿待炭烧,且莫管小儿索食傍门号,眼看着哑巴牲口无麸草,况明朝几家分子,典当没分毫。

【南双生子】空烦扰,空烦扰,五旬外头颅老;休嗟悼,休嗟悼,千里外家山邈。无文貌没相巧,怪不得办事徒劳,升官尚早。

【尾声】回头顾影空堪笑,把平生壮气半向近年销,这便是那司官行乐图儿信手描。"

司慰云：

【北醉太平】薄官天涯，首善京华，公余随伴散司衙，任逍遥似咱。便无多钱钞供挥洒，较似他风尘俗吏殊高雅，再休为长安清况辄嗟呀，且衔杯细话。

【北黄钟醉花阴】有多少宦海茫茫吁可怕，那风波陡起天来大，单听得轿儿前喝道喧哗，可知那心儿里历乱如麻，到头来空倾轧，霎时间升美缺，锦上添花，蓦地里被严参，山头落马。

【南画眉序】你我赴官衙，坐道从容尽潇洒，只照常办事便不争差，可有急公文特地行查，与那紧差使横空派下，所言公案无多寡，将依样葫芦便画。

【北喜迁莺】特题的才能俊雅，推升的器识清华，便只要颈上朝珠将就挂，到其间科道挨班分定咱，何须一等夸京察，但盼个学政儿三年税驾，试差儿一榜通家。

【南归朝歌】频年俸渐加，添置些绵衣布袜，挨时米不差，够养个车夫奶妈，一任咱壶冰贮水消炎夏，炉煤聚火煨残腊，且落得酿酒栽花，题诗品画。

【北四门子】客何来，几句闲谈罢，忙捧上大叶清茶，他待要决胜负，一枰对下，我还与叶宫商，弦管同抓，不用果肴嘉，器皿华，野蔬菜便似山家，尽射覆藏阄倾巨斝，直到月落参横更鼓打，且莫去，和衣共榻。

【南鲍老催】回看家下，满壁的今和右书签挂，满院的开和落花枝亚，笑相迎子妇牵衣闲戏耍，奴婢儿多宽假，鸡犬儿无惊唬，但博得夜眠时一枕神清暇。

【北水仙子】虽则久别家，把圣水孤山梦想遐，蹟厂的香车宝马，赶庙的清歌杂耍，才看了殿春风红芍药，又开到傲秋霜黄菊花，你便道茶园戏馆太喧哗，试与我窑台揽胜多幽雅，况争夸燕山八景，风日倍清华。

【南双生子】真休暇，真休暇，暗移却春和夏；无牵挂，无牵挂，渐了却婚和嫁。忘机诈，绝虚假，受尽老健年华，清高声价。

【尾声】太平时节恩光大，或京堂几转，帽顶变山查，这便是老司官，头白为郎尽足夸。

甘露旅馆①之来历

游香山者，入宫门，循蹬道，始夷而渐峻，流汗喘息，行数百级，始得广庭，构席棚，列藤椅数十具，侍者先进以浣具，继进以苦茗，心神为之顿舒。遥望西山苍翠，近在眉

---

① 甘露旅馆：位于北京香山公园的香山寺遗址上，香山寺先后于1860年、1900年被英法联军、八国联军焚毁，民国时香山由熊希龄改建为香山慈幼院，此处改建为甘露旅馆，1990年拆除。现已将香山寺主体建筑恢复。

宇，庭中鸟语花香，槐阴匝地，真仙境也。是曰甘露旅馆，即甘露寺故址而为之，虽仿西式而不甚俗。甘露遗迹，仅乾隆御笔诗联石刻数事，已树为屏而列于庭中矣。按，寺为辽中丞阿勒弥舍宅所造，即金章宗之会景楼，金大定时赐名大永安寺，亦名甘露。见《祁隽藻诗集注》。

阜康钱店

光绪癸未十一月初六日，京师阜康钱店倒闭，浙人胡光墉所设也。光墉经理左军西征军饷，借洋款获重利，各省皆有分号，出入以千万计。李慈铭《越缦堂日记》记其事云："都中富者，自王公以下争寄重资，为奇赢。前日之晡，忽天津电报言其南中有亏折，都人闻之，竞往取所寄者，一时无以应，夜半遂溃，劫攘一空。恭邸、文协揆等折阅百余万，计亦有寒士得数百金，托权子母为生命者，同归于尽。今日闻内城钱铺曰'四大恒'者，京师货殖之总会也，以阜康故，亦被挤危甚，此亦都市之变故矣。"

堂 子

皇城东南角南河沿之堂子,据查氏《人海记》直谓为邓将军庙。《天咫偶闻》则谓非专为祀邓而设,满人请神杆者岁取于是,而补以稚木。按《宫史·典礼编》云:"每岁春秋二季,堂子恭立神杆,奉神位于堂子,所谓神位,即坤宁宫之神位也。"又云:"每岁十二月二十六日恭奉神位至堂子,四月八日佛诞祭祀,是日所司于堂子飨殿陈设如仪。"是堂子所祀即坤宁宫所祀,邓氏盖以私纵太祖之故而得配享欤?

金梁《清帝外纪》云:"堂子岁祀佛,立佛多鄂锡谟玛玛之神,遂讹传为万历妈妈。"近人笔记多云:"清太祖以围燕京之役被俘,明神宗母后主释太祖,故以此报之。"或即一种传说之演变也。

旧堂子本在崇文门内,今交民巷界内,庚子被毁,因移入皇城东南角而改建焉。规模狭小,远逊于前,民国十七年以后彻皇城,通车马,游人皆得往观。

最古之花木

北都土厚水深,风日清美,故宜种植。又以历朝名工匠所萃,于种艺之术亦持擅场,于是花事遂甲于南北矣。

《阅微草堂笔记》记:"京师花木最古者,首给孤寺吕氏藤花,次则余家之青桐,皆数百年物也。……吕氏宅后售与高太守兆煌,又转售程主事振甲,藤今犹在,其架用梁栋之材,始能支拄,其阴覆厅事一院,其蔓旁引,又覆西偏一院。"按,纪文达曾居珠巢街路东及虎坊桥,皆见《阅微草堂笔记》,又据《淡墨录》则文达有宅在正阳门外猪市口①,不知所指究为何处。

近郭曾炘《瓠庵集》有咏京师花木诗凡八种。曰"极乐寺海棠",曰"增寿寺柰花",曰"社稷坛胡桃树",曰"内阁楮树",曰"吏部藤花",曰"礼部寿草",曰"太学再生槐",曰"庶常馆老桑"。除极乐寺及吏部藤花故实最多,详别纪外,一一述之如次:

增寿寺柰花,见钱载《萚石斋集》,实即苹婆果之

---

① 即今珠市口。

花也。

社稷坛胡桃树，亦见《葑石斋集》，树在坛之巽隅，近太常斋宿处，坛今为公园，惟古柏数百株无恙，百他皆非旧植。

内阁楮树，陈廷敬有诗，禹之鼎为图。

礼部寿草，详见纪文达《笔记》。梁章钜《南省公余录》："曹文恪秀先长礼部时，改名长春草，并属陈约齐员外为图，天泽堂榜额及楹联亦文恪所书，礼都旧址今改设邮政局，一切文物扫地尽矣。"

太学再生槐，有刊壁图及高宗御制诗。

庶常馆老桑，见张穆①《月斋诗注》，相传洗眼最效。

按，《阅微草堂笔记》以国子监瑞柏、翰林院金槐、礼部寿草、礼部连理槐并举，其二更不知着落矣。

驿　道

清代定制翰林官出使，典试督学，行遵驿道，部给勘

---

① 张穆（1805—1849），字石洲，一字诵风，号月斋，山西平定人。通训诂、天文、历算、舆地之学，尤精于边疆史地。有《魏延昌地形志》《蒙古游牧记》《阎若璩年谱》《月斋文集》等。

合,州县供张,世俗荣而羡之,以为读书人之遭遇无过于此。然虽有供张,亦不能灭旅宿之苦;若州县竟置之不理,则更无可如何矣。先人①《使闽日记》云:"到青驼寺,宿店中,县役无人,略无供张,幸夫马均不换,无碍于行。"又云:"到渔沟店中,破屋数间,湫隘不堪,欲前进则炎威正烈,仆马不耐,连日疲乏,佗子亦不能到,勉强宿此,大难大难。"青驼寺属山东沂州,渔沟属江苏桃源县。青驼寺尤为大镇,从前南北往来必出之道,乾嘉中人吟咏及此者最多。

明人筹款之法

西山门头沟一带,煤藏丰积,其初皆土法挖取,近年集资用机器开采者亦不少,惟以山路艰难,驼运之费不赀,经理一不得法,辄耗蚀焉。《明史·田大益传》称,内使王朝尝言近京采煤岁可获银五千,其来旧矣。

旧京之有房捐,自近数年始,以房租之多少为差,警察薪饷全出于此。明人亦有筹及之者,《明史·程国祥传》云:"建议借都城赁舍一季租,可得五十万。"

---

① 即作者父亲瞿鸿禨。

风物品评

李慈铭《越缦堂日记》云：夜与莲舟数都中风物，戏录于此。"三恶"：臭虫，老鸹，土妓；"三苦多"：天苦多疾风，地苦多浮埃，人苦多贵官；"三绝无"：好茶绝无，好烟绝无，好诗绝无；"三尚可"：书尚可买，花尚可看，戏尚可听；"三便"：火炉，裱房，邸钞；"三可吃"：牛奶蒲陶，炒栗子，大白菜；"三可爱"：歌郎，冰桶，芦席棚，凡所区品，县于国门，当无能易一字者矣。

余按，其所谓"三恶"者，臭虫、老鸹、土妓，不惹之皆不为害；"三苦多"者，浮埃自马路改良后已渐少，贵官则自国都南移后亦不足患，惟春天尚有疾风，诚无如何也。所举诸条在当时虽甚确实，多以谐谑出之，不足深论。惟书尚可买、花尚可看、戏尚可听三事，至今犹颠扑不破。凡恋恋故都而不能去者皆为此三事也。

牛奶蒲陶、炒栗子、大白菜为食物中之翘楚，亦诚然。果中之苹果、梨、杏、柿亦皆美而且贱，蔬菜亦无物不备，历数之不能遍。然他物皆可致远。独冰糖葫芦以糖汁渍各种果实，串以竹签，汁冻作冰，齿啮之甘脆异常，非冬令不可得，此物非他处所能办。牛奶卷之微含酸味者亦绝美，非西洋式所能及，萨琪马以蜜和麦粉为之，软甜适口。此又满蒙食品中之杰出者也。

汉白玉

宫殿陛栏，定制皆以白石为之，真有玉砌瑶阶之观。若湖沼中亘白石长桥，玉栏蜿蜒，与碧波苍树相辉映，尤为绝胜。范石湖《揽辔录》称："燕山城外，过石玉桥，燕石色如玉。上分三道，皆以栏楯隔之，雕刻极工。"又考楼钥《北行日录》称："龙津桥雄壮特甚，中道及扶栏四行华表柱，皆以燕石为之，其色正白，而镌镂精巧如图画然。"是皆言燕京宫苑石栏之美，自金已为人贵重矣。

燕石产地，实在北平北山。《宸坦识略》载："京师北三山大石窝水中，产白石如玉，专以供大内及陵寝阶砌栏楯之用，柔而易琢。镂为龙凤芝草之形。采尽复生，昔人谓愚父所藏燕石，当即此耶。"云云。是此石产地，幸尚不远，采尽复生，则妄诞之言。北人俗呼为汉白玉石，今日亦颇不易致矣。

玉堂旧制

翰林院署旧在玉河桥，庚子变后改设西长安街路南。民国八九年后之经济调查局也。清季玉堂旧制不见于记载者，略述如次。

翰林初释褐谒座师前辈，均用白帖红毡，此固尽人所知矣。白帖之式，如寻常拜帖，而于其后幅黏寸许宽之红签。红毡之位置有横直二式，见座师则直铺，为其不答拜也。见前辈则横铺，为其须答拜也。作书用玫瑰色罗纹无格纸。名刺用大幅巨字，留馆则否。余则必俟开坊之日遍拜座师前辈，然后更换。后辈遇前辈虽不识，例不得叩姓字，宴会如无外客，必以科分先后为序。后辈对前辈七科前者自称晚生，七科后者称侍生，前辈称后辈曰同学弟。

此种称谓，盖昉于明时，即白帖必亦沿明制。盖古时名刺书东皆用素笺。赵瓯北引皇甫庸《近峰闻略》"刘瑾用事时，百官门状启礼悉用红纸"以证之，是也。

按明人冯梦祯《快雪堂漫录》有一条云："分宜当国时，有一检讨家居十九年，既至与分宜抗礼上坐，用侍生白单帖，分宜亦不以为异云。"又王弇州《觚不觚录》载故事投刺通书于东面,皆书一"正"字,其后书牍以指阔江纸贴其上,间书启字,皆可证也。

翰林名帖用大字,与白帖适相反,盖红笺所以为侈,而大字所以为尊,其制盖起于明中叶,《陔余丛考》考之甚详。

京师乐府

前人咏京城风物者,蒋士铨有京师新乐府十二首,见《忠雅堂集》,传诵最广,录其目于下:

《弄盆子》《堆子兵》《画眉扬》《摇铃卒》《象声》《唱估衣》《唱档子》《缝穷妇》《兔儿耶》《唱南词》《泼水卒》《鸡毛房》

梅曾亮《柏枧山房集》有下列各首:

《守岁烛》《腊八粥》《猢狲戏》《烟火盒子》《冰车》《酒车》《水车》

贾勋《望云草堂集》有下列各首:

《泥美人》《锦文马》《小儿车》《美女灯》《通草花》《矾珠虫》《翠鲤鱼》《纸蝴蝶》《镂金镯》《嵌花囊》《累丝顶》《镂空珠》《绣金钩》《平金袋》《烧料器》《炼铅梳》《软胎帽》《雕翎扇》《羊皮页》《墨斗》《墨匣》《界尺》《竖笔帽》《刮字刀》《潮烟管》《家伙筒》《火镰子》《拘尘帚》

郑开禧《知守斋集》有下列各首:

《凉篷》《虾须帘》《火锅》《热炕》《风门》《花窖》

又《玻璃纸》则见胡丞洪《求是堂集》,《冷布》则见李宗昉《闻妙香室集》。

城门额

明尹直《謇斋琐缀录》云:"南京成贤门,门字无钩。太祖怒詹孟举书门字有钩,即以粉涂钩划,至今粉迹宛然。"但一说门字无钩,自宋已然。

褚人获《坚瓠集》云："《马氏日钞》云：'门字两户相向，本无句踢，宋都临安，玉牒殿灾，延及殿门，宰臣以门字有钩，脚带火笔，故招火厄，遂撤额投火中，乃息。后书门额者多不勾脚，我朝南京宫城门额皆詹孟举所书，北京大明门等额皆朱孔阳所书，门字俱无勾脚。'"

至北都宫殿额书人有可考者：

《四友斋丛说》，成祖迁都北平，其宫殿牌额皆朱孔阳笔。孔阳，松江人。

今所存大高玄殿之石坊字与北上门额，皆严嵩笔，结体谨饬，自然雄秀。盖当时风尚使然，清代多因而不易，想朱孔阳之书体亦类似耳。

袁世凯称帝时，以各城门额有清字，磨去而易之。令仁和邵章①书焉。邵氏以榜书负盛名以此。闻其自言，并八仙桌四张，粘纸成巨幅，凡数四易稿乃成。乃刻石者误作下陷之文，既觉其非，复砻去改刻为隆起者，就原石凡磨治二次，今犹不嫌其薄，原石之雄厚可想。邵书温润匀秀，较之古人，已以姿媚取胜，然终非俗书所可及也。

---

① 邵章（1872—1953），字伯炯、伯絅，一作伯聚，号倬盦、倬安。浙江仁和（今杭州）人，邵懿辰长孙。近现代藏书家、版本目录学家、书法家。

乾清宫

乾清宫为明中叶诸帝寝宫，清代则以为召封臣工之内朝正殿，栋宇宏壮，不适于起居，故于殿中构木屋曰东、西暖阁，以设几榻。民国十一年，逊帝婚礼于此受贺。十三年，清室善后委员会入内点查物品，余犹及见其中所藏乾隆一朝字画古玩充韧无数也。

乾清宫建于顺治十二年，重建于康熙八年。殿中悬顺治帝御书正大光明扁额。自康、雍以后，不立太子，即以所欲传位之皇子名亲书密封，藏于匾后，其实亦掩耳盗铃之技耳。中楹前后，分悬康熙、乾隆御书联。康熙联曰："表正万邦慎厥身修思永，弘敷五典无轻民事惟难。"乾隆联曰："克宽克仁皇建其有极，惟精惟一道积于厥躬。"此联在北，前联在南。其宝座左右所列图史彝器之属以及康熙御书簌扆，皆二百余年垂为规制。民国二十二年以后，并无存矣。

消闲清景

人海一廛萧然无与,有闲房曲槛之安雅,有永日清风之畅适,而又有异书名卉之珍奇。此情此景,舍燕都外殊未易得。《越缦堂日记》最善写此。

晚晴,坐庭下作字,柳丝拂几,蕉荫照檐,竹桃弄花,明艳欲绝,此景不可多得也。又斸①新笋二枝入馔,味极佳。

夜雪大作,至二更,积寸许,银烛炯照,内外皎然,研朱细书,不觉其苦。三更雪霁月出,小庭靓深,竹木如绘,拨炉沦茗,徘徊久之,自喜清绝如在冰壶中也。

买红梅两盆,香色颇佳,庋于窗下书几之右。时几上水仙盛开,有一丛作花数十,嫩黄艳白,翠叶亭苕,与红梅相映发,交香扇馥,清而益幽。据几校《战国策》,烹碧螺春茗,时啜对之,亦人生之极乐矣。此等清福,受用不易,况贫士荒年享此,尤为非分。

案头置瓷盘二,中以清泉养小圆石数十枚,本以

---

① 斸:挖。

蓄水仙，水仙萎后，以落梅数朵浮之，香韵清绝，时时嗅之，尝欲赋一诗纪其事，以为胜于焚香嚼茗也。梅花既渍久，易以杏花，玉白霞红，别有富艳之色。昨自极乐寺折海棠丁香归，更取其短枝零药缀之满中，濯锦浮珠，晕脂滴粉，虽石崇、王济七宝床中，恐无此丽缛也。当更为一词写之，小窗幽寂，以此为清供，可以分告同人为穷愁消遣法矣。

燕京建置规模

燕京建置，自契丹以来，已甚宏壮。盖契丹入洛，实携唐代之声名文物以俱去，于是中原所存，不过糟粕，而契丹反得其精华也。

《三朝北盟会编》卷二十云："州宅用契丹旧内，壮丽双绝。城北有三市，陆海百货萃于其中，僧居佛寺，冠于北方，锦绣组绮，精绝天下，膏腴蔬蓏果实稻粱之类，靡不毕出，而桑柘麻麦羊豕雉兔不问可知，水甘土厚，人多技艺云云。"此宋人初复燕京时对于燕京建都之感想也。

范成大《揽辔录》云："循东西御廊北行，廊几二百间，廊分三节，每节一门，将至宫城，廊即东转，又百许间,其西亦然,亦有三门。(按,此即今中华门内之地,自昔有千步廊,东接长安左门,西接长安右门,至有清中叶尚存也)出门中驰道甚阔,两旁有沟上植柳,廊脊皆以青琉璃瓦覆,宫阙门皆用之。(按,今御道旁无沟亦无柳树,瓦不以青而以黄,此其异也)"又云:"使人由殿下东行上东阶却南转,由露台北行入殿阙,谓之栏子。(按,露台即丹陛,栏子即殿槛也)金主幞头红袍玉带,坐七实榻,背有龙水大屏风,四壁帘幕皆红绣龙,拱斗皆有绣衣,两槛间皆有焚香大金狮蛮,地铺礼佛毯,可一殿两旁玉带金鱼或金带者十四五人,相对引立,遥望前后殿屋崛起甚多。"云云。而《日下旧闻》引《海陵集》亦称:"宫阙壮丽,延亘阡陌,虽秦阿房、汉建章不过如是。"(按,宋朝殿制甚俭陋,东京内宫只用黑漆窗户,又只前四殿乃用琉璃瓦,南渡后规模更小,宜其见金宫室而震惊也)其他宋人使北诸书所记略同,此又宋人奉使入燕时对于燕京之感想也。

武英殿

武英殿在顺治初年宫禁未全修复,本为听政之所。其前殿曰武英,后殿曰敬思,东配殿曰凝道,西曰焕章,东北曰恒寿斋，西北曰浴德堂。自民国初年辇热河避暑山庄古物于此陈列，将武英、敬思二殿通而为一，以恒寿斋为办事所，而以浴德堂有土耳其式浴室，遂附会为香妃遗迹，齐东野语形诸笔墨，殊为笑柄。盖武英殿为外朝，非宫人足迹所能到，自乾隆以来，以之馆词臣，缮刻书籍。浴德堂即修书处，见于《日下旧闻考》，聚珍版①即贮藏于此。殿北为内务府公署，为造办处。殿西为尚衣监，意者工匠所萃，偶令回回工匠造此浴室以备皇帝斋浴耳。

浴室皆白瓷砖瓷，穹顶圆形，入门为更衣之所二，始逮浴池，墙外引井水，注大镬，熟引以铁管，以入浴室，工程坚致如新。

武英门南为南薰殿，乃藏历代帝后名臣图像之所。民国以来，取出随时陈列，近已悉数南迁，南薰殿遂为游人所不至。废院中尚有法帖残石，闻为康熙中浙抚王亶望家之物。

---

① 聚珍版：即清乾隆由武英殿修书处主持刊刻的大型活字印刷本丛书，雅称"活字"为"聚珍"，是为修《四库全书》而做的准备。每本书首页首行下有"武英殿聚珍版"字样，后在南方多地颁发雕印。武英殿版称"内聚珍"，外省版称"外聚珍"。

三贝子花园

西直门农事试验场建于清末设商部时,虽名农事,而广蓄珍禽奇兽,点缀亭台,以供游赏。民国十七年以后,改天然博物院,游人反零落矣。

李慈铭《越缦堂日记·同治壬申》云:"罢酒更游可园,都中呼三贝子花园,相传为诚隐亲王赐邸,道光间尝归宝文庄相国,今为卖花人居矣。绕园有墙如城,外为重门,老树参天,地广数十顷,昔时亭榭甚盛,今俱颓废,佳卉古木亦十九为薪,然曲径平芜,高柳疏错。堂宇之东有曲廊一带,下临清池,随土阜高下为方亭折阑,足令林客宅心,溪叟眷眺。同游诸子谓有水乡篱落之思。"

后数日又云:"罢酒复游三贝子园,有户部司官会饮于此,驺车喧杂。小坐东廊栏上,看水杨柳,偕竹赟至西边,历话云楼,登土山上一空亭,远见诸湖,湖外云树,直接西山,亭外松槐,蒙密不见日景,山下有花神庙,此地胜绝,前游所未经。"

邓之诚《骨董琐记》又举三贝子花园即环溪别墅,为傅恒从子明义之居,则别说也。

笺　纸

《履园丛话》云："书笺花样大约起于唐宋，所谓衍波笺、浣花笺，今皆不传。"每见明人书于中有印花、砑花，精妙绝伦者，亦有粗俗不堪者，其纸虽奋，花样总不如近今。自乾隆四十年间，苏杭嘉兴人始为之，愈出愈奇，争相角胜。"

乾隆中怡王府制角花笺，压花于纸之左下角，套板着色，雅淡精妍，得者宝之。光绪中怡府出数十箱归琉璃厂，一时京外士大夫争先分购，不久遂罄，余犹及藏数枚，其纸黯然有古色，而能食墨。近年纸店仿制不能佳，惟福建邵君幼实托清秘阁所制为佳也。

余生平所及见光绪初年京华老辈作函，除翰林对前辈用粉红色罗纹笺外，余皆以红黄紫绿各色纸更迭书之，尺寸甚小，花样则尚折枝花，间以山水人物，纸质则砑光。其后渐尚宽八行，白纸红格，画作回文竹简等式。其嗜好殊特者，张之洞喜用白地红花五云笺；梁鼎芬喜用小纸不印花，但刻某某斋阁，最精雅，每事写一纸，从不连幅。光宣之交，群尚洋纸，其实光滑不可用也。

凡售高等笺纸之店曰南纸店，萃于琉璃厂，而余处亦偶有之。

上方山[①]

上方山者属房山县境，而自北平往也。必道宝店琉璃河，今通汽车不过二三小时。自琉璃河预戒山舆，行约三十里，至孤山口，则上方之郛郭矣。此地为晋处士霍原讲学遗址，幽都附近最雄奥之区也。余以庚午九月往礼佛焉。甫近山麓，怪石峥嵘，各具色态，赤若丹砂、黑若鸦群、白若皑雪，黄若堆栗，伏者如虎，偃者如盖，挺者如菌，削者若斧之划，叠者若甓之积，不胜名状，秋树丹绿，点染其间，日色照遥峰，或向或背，斑驳不一，四野人静，天空气凉，肃肃然，苍苍然也。入接待庵，山势渐陡，经煤石堂及瀑布，悬峰峻崖，当面而起，石枯树古，逐步移形。夏日盛雨时，山泉暴注，悬水陡绝，必甚可观。旋过瓣香庵、红桥庵，山中以庵名者甚多，此其著者也。到兜率寺宿焉。

由兜率寺趋云水洞，山僧所诧为奇景者也。借寺僧衣袴以入，洞门高丈许，初入门时犹能挺立，而鞠躬，而屈膝，而蛇

[①] 作者写有《上方山纪》《记游上方山》两文，已收入本书。

行,至于仅容一身而止,忽地势隆起,穹窿如大厦,此为第一重。洞中略分为四重,深约三四里,以第三重为最险,须腾身攀援洞口,探身塞入,徐徐转身下落,俗称鹞子翻身者也。每重皆石钟乳凝结,触处皆是,暗中窥之似有各种人物形状,庵人秉炬导行,口讲指画,曰似某似某,姑妄听之而已。第二重高处石中空,叩之有作钟声者,鼓声者,磬声者,筝声者,木鱼声者,则皆宛然绝似,不若象形之惝恍也。惟第四重作罗汉堂,坐立欹正各尽其态,上则幢幡宝盖亭亭下垂,庄严逼似,此则大有可观,入至第四重后,渐觉沮洳阴湿,不可久留。庵人云,稍进水即没胫,再进深且莫测,且作种种骇人听闻之词。

北平附近岩穴之奇,此与戒坛之化阳洞相颉颃也。

山中果树饶柿与胡桃,柿尤为山中人户所倚以为生,柳筐驮负,不绝于路。以幽夐之故,兼蕃花木,牡丹有百年以上物,高至丈许,废宇荒台中,听其自生自落。广慈庵双松挺立参天,绝少其匹,庵门蜡梅一丛,尤北方所罕见。又产黄精甚多,其根为药饵,其苗为菜,山僧售以取利,闻近年产已稍杀,盖不知以人力培种也。

一斗泉仅一勺水,终古不涸,其上绝壁倚天,不似北方景物,翻类阳朔山水,摘星坨或曰斋星坨,尤为险动心魄,峰回路转,仅容一夫,其下巉岩俯临无地,山日荒荒,天风泠泠,令人憭然不敢留。相传晋王李克用自山后袭刘仁恭,为仁恭所败,即此处。观其险要,诚不容潜师之入也。

酒

昔人所述燕都酒事,汇述于下,以谂有曲生好者。

周辉《北辕录》云:"燕山酒颇佳,馆宴所饷极醇厚,名金澜,盖用金澜水以酿之者。"

葛庄《分体诗钞》云:"村居在京师西山,地名枣林,士人善酿酒,名竹叶青。"

周亮工《书影》云:"京师之甘露居拦液局、荷叶露,名色数变,究只一甘耳,余饮之辄作呕,二十年前京师酒全非此味。"

《燕京杂记》云:"大祀福酒,光禄寺堂官验尝,敬贮龙瓶,名曰灌酒,然后护以龙袱,抬赴祭所,灌后有余,许携以归,亦受福之遗意也。酒味甘色黑,小户尤宜,良酿三升,至今犹恋。"

蒋士铨《忠雅堂文集·先府君行状》云:"入都居虎坊桥黄三郎,三郎故江西人,挟妻子居京师,为长安酒侩,京师酒商不私易,必资侩,盖酒之贤圣,什伯其品,惟老侩能辨之,俗曰扯花。其法以长勺扬酒激注于缸,就缸面视溅沫而酒之等差毫厘无所溷。"云云。

《安雅堂集》有《黑小子诗序》云："酒器也，范砂为之，黝质瓶形，一枚值五六钱，此物今未见矣。"

前人记京师之良酝必称良乡酒，然良乡酒究何似，多不得其解。十五年四月二十日《晨报》有一段，摘述于下，颇可资今昔变迁之考据也。

  山东、山西、涿州、良乡皆有黄酒。山西黄酒名为干支，其味属甜，北京李铁拐斜街裕源及齐家胡同晋元、汾州营永茂所售者为醇。山东黄酒即名曰山东黄，东珠市口山东馆及各山东饭庄均代售，其味稍苦。而涿州黄及良乡黄则北京售卖者，仅前门大街都一处、煤市桥百景楼粮食店延年居为正宗也。今将现售价及半年前售价比较如下：山西黄酒原售铜元六十一枚，今增二十五枚；山东黄酒原售四十八枚，今增三十四枚；涿州、良乡黄酒原售四十枚；今增二十八枚。

白酒多产自京畿，以京南采育镇马驹桥潘格庄造者为佳，故京师多称南路烧酒。京东燕郊、西集、东坝、通县所造者亦极多，京北清河、高丽营、京西冀村、三家店所造亦同。

余按，北方之白酒燥烈尤甚，尽人皆知矣。良乡黄酒与山东、山西黄酒形色皆相类，大抵深黄而浑浊，饮之甜凝，终不似越酿之清醇隽永也。

史玄《旧京遗事》云："宋内库酒法自柴世宗破河中，李守贞得匠人至汴苑①，循用其法。今京师内库酒法不传于外，惟南和刁酒四远有名，而以酪浆为之者贵，易州酒如江南之三白，泉清味洌，旷代老老春，刑部街以江南造白酒法酝酿酒浆卖青蚨尤数倍，如玉兰、腊白之类，则京师之常品耳。"

二十年《北晨画报》有《偶斋馆录》云："京酒铺所货者，青酒、东酒、老酒，近亦有兼及南酒、烧酒者。又肆中设有酿具，则名曰糟房。其肆宽畅者多，几案亦整洁，主人皆齐鲁产，凡鱼肉果蔬客自市于他肆。南酒铺皆南人所设，所货者酒则绍兴苦露、木瓜、惠泉，食则火肉、糟鱼、腐乳、变蛋而已，其肆不甚修饰，亦任客自购食物。"

又云："东直门大街一旧酒肆曰清圣居，敷文坊侧一酒楼曰宗圣，灯市口北街西一小酒肆曰高阳楼，西直门新街口之南，有茶酒兼沽之所曰百花深处，安定门成贤街南有十万家春，今皆不可复寻矣。"

夏仁虎《旧京琐记》云："酒行在崇文门外，向来为二十家，皆领有商帖者，凡京东西烧锅所出之酒皆集于是，近日凋零不及十家矣。崇关酒税重，故私酒之贩亦夥，百出其技，至有以妇女行之，用猪脬灌满藏于私处者，其售绍兴酒者曰京庄，别有南酒铺，不在酒行之例。"

---

① 李守贞在河中节度使任内被后周太祖郭威所灭，与柴世宗无关。

闻京师每日所销私酒较官酒多至两三倍不止，京谚有"一天能卖十担假，十天不卖一担真"，又有"家家卖私酒，不犯是好手"之谚也。

西　涯

出地安门而北，垂柳覆堤，新稻插水，蝉声与桔槔声相和，大似江村景物，所谓十刹海也。联绵直抵德胜门内之积水潭，皆此一带水。令人联想两事：一为《红楼梦》本事，明珠旧第所在；一为明李相国东阳遗迹。《红楼梦》本属寓言，不必拘墟求之，若李氏遗迹，则数百年嘉话也。李本湖南茶陵人，以军籍戍燕居海子之西涯，年少以神童称，仕武宗时至宰相，盖虽为南人而从未归南者。其赐第在西城，至今称李阁老胡同，此则其少时居处也。其集中有《西涯杂咏》十二首，一《海子》，二《西山》，三《响闸》，四《慈恩寺》，五《饮马池》，六《杨柳湾》，七《钟鼓楼》，八《桔槔亭》，九《稻田》，十《莲池》，十一《菜园》，十二《广福观》。据纳兰容若《渌水亭杂识》考订，虽所称诸寺观名已不存，而犹约略可认。至嘉庆中法式善复寻其故处，绘图赋诗，以张其事，无锡秦瀛①诗最感慨，其词曰：

一潭积水问西涯，正德年间旧相家。
祸起中涓狂似狮，忧深元老泪如麻。
溪边有屋容休沐，门下无人不驻车。
国是调停赖公在，子规何事怨长沙。

其在李阁老胡同之赐第，明代亦已拆为民居，据《帝京景物略》云："嘉靖中麻城耿公赎还为公祠祀公像，有双履，履二寸许，绊系之，一粗纻小衫，公举奇童时着以见景帝者，箧藏于祠。"

李公墓在西直门外极乐寺附近，昔名畏吾村，今已失其名。往时湖南同乡每年祭墓，必饮福于极乐寺，改革以还，风流云散。余尝从村老访之，仅而得其处，致敬而还，惟有丰碑大书明李文正公之墓，矗立于野田蔓草中而已。

余姨丈黄再同②侍讲尝摹法梧门③《续西涯十二图咏》，并手录诸家题诗于册，丁卯春假诸其家，题一诗以志感云：

---

① 秦瀛（1744—1821），字凌沧，一字小岘，号遂庵，江苏无锡人，清朝大臣、散文家。

② 黄国瑾（1849—1890），字再同。清湖南醴陵人，后迁居贵州贵筑，系名宦黄辅辰之孙，湖北布政使黄彭年之子。名臣傅寿彤（1818—1887）有三女，长女傅梦琼嫁朱庆墉，其子为朱启钤；次女傅宝琼嫁黄国瑾；三女傅幼琼嫁瞿鸿禨，因此瞿宣颖呼黄国瑾为姨丈。

③ 即法式善。

承平清暇人如接，图书追摹首重回。

南望好吟怀麓集，东风已失国花台。

迷离坊曲荒烟里，萧瑟园林野水隈。

多恐昔贤名姓没，几人郊墓读碑来。

元代法物

元代法物有三，今惟存其一矣。一曰劈正斧，元人纪载甚多，王恽《秋涧集》纪之尤详。盖斫苍玉为之，长径九寸有奇，戚之刃满六寸，颊上略齟齬之，中坚厚二寸强，龙首鸱吻，刃啮于口，作两段吞答，骉与刃以柯贯之，上以双蟠螭冒其端，下以玉束琯承其窍，正衙朝会，命冕者执之中立。

一曰水晶宫漏，《元史》云："大明殿灯漏之制，高丈有七尺，架以金为之，其曲梁之上，中设云珠，左日右月，云珠之下，复悬一珠，梁之两端饰以龙首，张吻转目，可以审平水之缓急。中梁之上有戏珠龙二，随珠俯仰，又可察准水之均调，灯球杂以金宝为之，内分四层，上环布四神，旋当日月参辰之所在，左转日一周，次为龙虎鸟龟之象，各居其方，依刻跳跃，铙鸣以应于内，又次周分百刻，上列十二辰，各执时牌，至其时四门通报，又一人当门内，常以手指其刻数,下四隅钟鼓钲铙各一人,一刻鸣钟,二刻鼓,三钲四铙,初正皆如是,其机发隐于柜中,以水激之。"洪武中明祖饬毁之,于是此惟一之精美机械不复留于人世矣,据《元文类》,此灯漏盖郭守敬所作也。

其一曰玉瓮。据《辍耕录》云:"广寒殿前架黑玉酒瓮,玉有白章,随其形刻为鱼兽出没波涛之状,其大可贮酒三十余石。"元亡以后,沦落西华门外真武庙中,见《金鳌退食笔记》。乾隆十年移置承光殿,覆以石亭,刻诗其上,惟此一物至今完好无恙,盖其庞大,非人力所易取也。

丰　台

丰台为今北宁、平汉、平绥三路枢纽,轮车过此,必有唤卖时花蔬果者,为故都点缀生色不少。考其得名之由,乃金代丰宜门故址也。《畿辅通志》引《京城古迹序》云:"元人园亭皆在此,今每逢春时,为都人游观之地,自柳村、俞家村、乐吉桥一带,有水田,桥东有园,其南有荷花池,墙外俱水田,种稻,至蒋家街为故大学士王熙别业,向时亭台极盛,今亦荒芜矣。其季家庙张家路口樊家村之西北地亩半种花卉,半种瓜蔬,刘村西南为礼部官地种植禾黍豆麦，京师花贾比比，于此培养花木，四时不绝，而春时芍药尤甲天下。泉脉从水头庄来向西北流，约八九里，转东南入南苑北红门归张湾，水清土肥，故种植滋茂，春芳秋实，鲜秀如画……"按，丰台在右安门外八里，居民尚以艺花为业。

方望溪《游丰台记》云："丰台去京师十里而近，居民以莳花为业，芍药尤盛……其地最盛者称王氏园，扃闭不得入，周览旁舍，于篱落间见蓓蕾数畦，从者曰：'止此矣！'问之土人，初植时平原如掌，千亩相连，五色间厕，所以为异观也。其后居人渐多，各为垣墙篱落以限隔之，树木丛生，花虽繁，隐而不见，游者特艳其昔之所闻而纷然来集耳。"

王闿运《湘绮楼诗集》记丰台赏花之事云："无亭以资流连，艺花者利于剪卖，出十金乃为留一日。"故其诗曰："断香邀价重，回首掷春多。"今公园大种芍药，游人趋近而恶远，遂无此掷金买春之笨伯矣。毛西河侧室即丰台卖花翁女，今又谁向苇篱茅舍中讨艳者。

会　馆

京城之有会铺，由来甚久，即汉代郡国邸之遗意，率由同乡之显达富有者捐赀为经费，每年推值年经理其事，蓄长班以供伺应奔走。为长班者，于同乡之姓字居址无不了然于胸，有达官入京，则鸠众醵饮，外简者亦如之。岁首张筵鼓吹，名曰团拜。平居无事，则以之寓来京之谋事者，皆长班之所事也。康熙中有会馆之禁。

惠栋《松崖笔记》云田来《侧垫录》："每省于京师各有会馆，即郡县间亦有之。凡团拜以及同乡公事皆于此行礼，所以联桑梓之情，释羁旅之怀也。团拜于新正三日行之，分曹互拜列坐，三品以上序爵，以下序齿，每科新进士自他处行贺于此，拜礼如之，列坐则推之居上，乃前辈援引后辈之意。康熙中有满科以群会结党奏请拆毁，奉旨但行禁革，由是遂废。山东只一处在潘家河沿，名齐鲁会馆。"

其禁盖不久复弛。至今各省名郡几无不有会馆矣。广东、江西二省方志中多载各府县在京会馆之来历，此亦向来治日下掌故者所未及。

国子监

入国子监（即孔庙）大成门，古槐修柏，交柯浓荫，一种肃穆之气，警人神宇，心知其非宫殿，非祠观，非伽蓝，非生民师表之孔子无以当之也。其中槐树一株，相传为元许衡任祭酒时手植。按《元史·顺帝纪》亦有"甘露降于大成殿前柏木"语，知元代已然。又按《元史·王楫传》及《湛然居士集》，元初平燕京，楫实创建之也。清沿明制，惟乾隆二年易大成殿绿瓦为黄瓦（万历庚子始易绿琉璃瓦，见《日下旧闻》），及四十八年增建辟雍耳。

辟雍之制，门外设栅栏屏墙，左右坊座，内为集贤门，又北为太学门，门内左鼓亭右钟亭，北当甬道，建黄色琉璃坊，又北为御碑亭，又北为圜河，中叠石为方基，其上建辟雍殿七楹，周阿重檐，户牖洞达，翼以崇廊，四出陛六级，河四面皆建桥座，白石阑，其庑列于殿两旁者，左则率性、诚心、崇志三堂，右则修道、正义、广业三堂。圜河之北即彝伦堂，乾隆末年以蒋衡所书《十三经》嵌于两庑。

国子监门外进士题名立碑之例，自永乐二年始，元代三碑则清代始出土得之。今所存者自永乐十六年始至光绪三十年止，中缺万历八年、崇祯十年二科。凡考进士姓名里贯者，皆赖此为据。不可谓非典则之可矜式者也。

大成门下列石鼓十，亦自王楫始移置此，见楫本传。虽以玻璃覆之，日益漫漶，仅存鼓形矣。

光禄寺

民国十七年后,北平孔德学校[①]请于官,拨清室私产光禄寺旧署址为校址。自是新其门闱,犹略存官署规模。闻校内修理房舍,掘地得旧碑。按《春明梦余录》谓光禄寺署在皇城东华门内,《日下旧闻考》谓署在东安门内桥之右,《梦余录》谓在东华门内者,盖东安门俗亦称外东华门也。

据《日下旧闻》引《明光禄寺志》,署中仓库之属有茶叶库、银库、钱钞库、黄帐房仓、无锡米仓、盐库、尚膳库、内器皿库、鹅仓。房之属有鲊房、坐家房、熬冻房、鸡房、煮笋房、蒸作房、香薰房。署之属有良酿署、掌醢署、珍羞署,而糟房一种凡七层,其南为御酒房、长春房,采四时花酿酒处也,苦酒造贞一酒处也,白酒房嵌长春房内,盖占地甚不小,似清代之寺署无此宏阔,盖清宫饮膳不尽取给于此耳。

[①] 孔德学校:1917年由蔡元培、李石曾等人创办于北京东城方巾巷,以法国实证主义哲学家奥古斯特·孔德命名,今北京市第二十七中前身。

蚊

舒铁云[①]《京师寄内诗》云:"晏菲但有青蝇集,吆喝曾无白鸟羞。长日垂帘宵卷帐,怜蚿见蝎又防秋。"自注云:"都下多蝇而绝无蚊子,惟蝎与蜈蚣入秋甚夥。"证以钱泳《履园丛话》所记:"余于乾隆壬子始入京师,夏间蚊虫绝少,至嘉庆十三四年六七月内,每到垂晚则蚊声如雷矣。"可见嘉庆以前无蚊之说,确然有据。至今土著人夏间皆不用蚊帐,岂非即以其故邪?

近年不但多蚊,而且五六月间有微虫号白蛉者,颇啮人至肿溃,或反甚于蚊,盖即元微之所谓漠子邪?

天坛规制

天坛为永乐十八年建,周回九里十三步,初合祀天地,

---

① 舒位(1765—1816),字立人,号铁云,自号铁云山人,直隶大兴人。幼承家学,工诗、古文,著有《瓶水斋诗集》。

称天地坛，嘉靖九年，别建地坛于城北，更改建天坛而加崇闳。据《日下旧闻》所载，世宗亲定圜丘之制，第一层径五丈九尺，第二层径十丈五尺，第三层径二十二丈，各高九尺及八尺一寸有差。乾隆初年重加改定，其高稍杀而广大过之，上成石面九重，自一九环甃递加至九九，二成自九十递加至百六十有三，三成自百七十有一递加至二百四十有三，合一三五七九阳数，上成石栏七十有二，二成百有八，三成百八十，合三百六十周天之度。

坛之北在明代为大祀殿，仿古明堂之制，所谓宗祀文王于明堂以配上帝也。清改为皇穹宇，八柱圆檐，上安金顶，基高九尺，径五丈九尺九寸，石栏四十有九。

每岁冬至前一日，皇帝出宫诣圜丘视笾豆，还宫致斋，次日未明行礼，备卤簿、韶乐、牺牲、玉帛，为最隆巨之典，次则每岁四月行常雩，如不雨则行大雩。

祈年殿之制建于坛，上坛三成上成径二十一丈，二成径二十三丈二尺六寸，三成径二十五丈，面甃金砖，围以石栏四百二十，殿为圆形，内外柱各十二，中龙井柱四，檐三重，上安金顶，岁以正月上辛为民祈谷于此也。

导　从

　　史玄《旧京遗事》云："京朝官传呼之体，五品以下单导，四品以上双导，外郡县府道驻札衙门有队马单导，京师兵部大堂及左右堂马队亦双。然今所见总不如诸大珰簇拥之盛，司礼太监曹代淳督京营前后马队几及千人。"

　　又云："现外臣张盖，京朝官张扇，自一品至四品大小卿皆用贴金黑扇，次翰林、六科都黑扇，又次六科左右散十三道御史六部属及中行评博等黄油扇，扇之等三焉。外臣乘轿，京朝三品大臣乘轿，自四品卿寺翰林六科以至御史部属乘马，然四品京堂乘马，而祭酒班小九卿之列，自顺成街乾石桥以南，造朝堂乘马。以北进国学乘轿。"

　　又云："长安中九衢相通出入传呼，自有体数，如四品以上名卿，上街驺卒传呼诸人下马，而他卒传呼人下驴，至如外臣以觐贺入京，自藩臬以至郡县有司概无呼引，直素衣服罩引马避而已。"

　　清制京官仪从亦有扇棍，不知何时并此废而不用，虽宰相之尊只有顶马前导，从马数骑而已。惟阁部长官始乘绿舆，而二三品卿贰仅得以红帏车别于庶僚，路上相遇，官卑者停车供侯,亦无传呼之烦,清末重臣,始偶有携卫兵自随者。

民国军人以卫兵挟立汽车招摇过市,张作霖时代其风最甚。

夕照寺

明以前之壁尽,已绝不可复见,今惟夕照寺中尚有乾隆间陈松画一堵。

《越缦堂日记》云:"诣夕照寺由三里河而东,复数里,行旷野中,一二里方到寺,已将及左安门(今呼沙锅门)矣。庭芷、逸山、献之皆先至,寺僧仅一二人,皆杭僧也。寺创于明时,为西山浙僧分院,规制颇陕,而廊宇雅洁,窗槛明靓,有江南风。后殿右壁有北人陈松(寿山)画松,左壁有王安昆平圃所书沈约《高松赋》,后有跋,言京师左安门外弘善寺静观堂有陈香泉、禹之鼎两君画壁,观者云至,夕照寺恒吉师欣慕之,乾隆乙未夏六月因乞陈寿山画松,而平圃书此赋。今日寺僧言陈君画年已将八十,当暑盘薄,顷刻而成,其画雄深苍古,腕力绝人,王君谓其笔墨阴森,一堂风雨,洵不虚也,王书作行草,亦婉劲有米襄阳、董文敏之风。沈赋见其本集,有云叶拒禽踪,枝通猿路,又云飞蓬下卷,明月孤悬,为一篇之警策矣。东院有挹翠轩,为燕坐处,庭中有竹树小池,对轩有平台,上设栏槛,墙外环以杨柳,野景萧廖,女墙掩庭,南望荒亭一,一错峙榆槐,即冯益都万柳堂也。廖伯、六舟后来,清卿、金甫期而不至,蔡梅盦不期而来,是日行厨借庭芷庖人,肴馔精洁,晡后酒毕,夕阳淡然,初月已上,坐平台上,秋烟远生,疏柳微黄,归雅万点,为之徒倚不能去也。"

余亦曾屡游其地,壁画在殿中,扃镭不恒启,故免剥蚀之患。然陈君之画虽工而未超逸,徒以壁画仅传,不能不令人流连。至于寺东小园之胜,诚如越缦所述。尔日士大夫尚有载酒寻幽心情,一台一榭,亦无冷落之恨。今则左安门内为贫民窟,为枯骨丛,偶一过之,惟见寿木闲花清泉文石,流年已换,赏音遂殊,凭览之余,凄然掩袂矣。

今年春间,溥心畬在极乐寺,为寺僧画松一堵,缚帚累几,仓猝而成。溥心畬画法北宗,绝去恒蹊,他日流传,当不让陈君专美于前也。

路　政

庚子以后,始渐修马路,前乎此则衢路中间有甬道,宽约二丈高三四尺，即汉人所谓驰道，唐人所谓沙堤也。本为辇道，其初驾过必铺以黄土，原与地平，日久则居民炉灰亦均积焉，日久愈甚，至成高陇，阴雨泥滑，车马越之而过，往往颠覆，惟城外御道以石板横砌，较为整洁持久。

旧日虽有御史任街道厅，工部任沟渠，多属具文，行人便溺涂中，豪无顾忌，偶有风厉御史一惩治之，仍不足以挽颓风也，相传大栅栏之同仁堂门前即向为路人聚而便溺之所，主人惑于堪舆家言，谓其地为百鸟朝凤，生意兴隆，全系于此，竟不以为忤云。

《燕京杂记》云："京师溷藩入者必酬以一钱，故当道中人率便溺，妇女辈复倾溺器于当衢，加之牛溲马勃有增无减，以故重污叠秽，触处皆闻。"余初入都，颇觉气味参商，苦出门者累月，后亦安之，殊不觉矣，古人谓入鲍鱼之肆久而不闻其臭，具有至理。

便溺于通衢者，即妇女过之，了无怍容，煞是怪事，欲预养廉耻之源者当议论及此。

人家扫除之物悉倾于门外，灶烬炉灰，瓷碎瓦屑，堆如山积，街道高于屋者，至有丈余，入门则循级而下，如落坑谷。

渡河以北，渐有风沙，京中尤甚，每当风起，尘氛埃影，冲天蔽日，观面不相识，俗谓之刮黄沙，月必数次或十数次，或竟月皆然。裴说诗曰："日生方见树，风定始无沙。"马戴诗:"风折旗竿曲,沙埋树杪平。"黄滔诗:"野烧枯蓬旋,沙风匹马冲。"范镇诗:"边日照人如月色,野风吹草作泉声。"皆善状燕地风沙之景。

都人谓:"清明日风作则一月内无日不风,亦无日不沙矣。"戊寅清明日风作,余验之良然。

风沙之起,触处皆是,重帘叠幕,罩牖笼窗,然钻隙潜来,莫知其处,故几席间拂之旋积,古人谓京师软红尘土,不其然乎。

京城街道除正阳门外绝不砌石,故天晴时则沙深埋足,尘细扑面,阴雨则污泥满道,臭气蒸天,如游没底之堑,如行积秽之沟,偶一翻车,即三薰三沐莫蠲其臭。

此皆昔人苦京师软红尘者,今则遍修马路又成陈迹矣。

琉璃厂之今昔

琉璃厂以书肆所萃,名震海内,然夷考其来历,在明代尚未大盛,于今文献可征者,不过自乾隆始。乾隆三十四年,有益都李文藻字南涧者,来京谒选,居五月余,遍观厂肆诸书,爰于出京后追忆各书肆而为之记,其文今载潘氏"功顺堂丛书"①中。越百四十年而江阴缪筱山荃孙复为后记一篇，如李氏之体，再越五年，时为民国三年，又加附录，以明革命后之情状，观乎此则百余年来旧京文物集中之厂肆沿革，几如数家珍矣。据李氏之言，三里长街，中有厂桥，与琉璃窑相对，桥以东街多狭，参以卖眼镜、烟筒日用杂物者，桥西街阔，书肆外惟古董店及卖法帖、裱字画、雕印章、包写书、禀刻板镌碑耳，近桥左右则补牙、补唇、补眼及售房中药者。缪氏之记未语及此，今琉璃窑废，桥亦无存，辟桥址为新华街，街口有海王村公园，杂猥之状，与李氏之言无以大异，足见其为实录。纵方向次序稍有舛错，不足为病。今为参较之便，制表如下，以李记为第一栏，缪记为第二栏，缪附录为第三栏，俾读者易寻其今昔异同之故焉。

李记	缪记	缪附录
东门外路北	东门外路北	东门外路北
声堂	文光楼石氏	同
东门内路北	东门内路北	东门内路北
嵩口堂唐氏	宝光斋徐氏（主人徐苍崖，及见徐星伯、何子贞、张石舟、苗仙农诸君）	晋华书局孔氏（谭正文之戚）
名盛堂李氏		文益书局张氏

---

① 潘祖荫（1830—1890）选清代学者研究经学和小学的著作六种，史学、地理著作四种，笔记四种，诗文著作四种，共十八种，刻成"功顺堂丛书"。

（续表）

李记	缪记	缪附录
宗盛堂曾氏		
圣经堂李氏	宝名斋李氏（主人山西李衷山，曾装天禄琳琅之书。又曾入御史弹案）	
聚秀堂曾氏		
东门内路南	东门内路南	东门内路南
带草堂郑氏	善成堂饶氏	宏远堂赵氏（主人赵聘卿）
同升阁李氏	大文堂刘氏	
二西堂（始自前明）	同	二西斋傅氏
	文宝堂曹氏	
文锦堂	宝华堂张氏	同
文绘堂	修文堂张氏	修文堂黄氏
宝田堂	翰文斋韩氏（主人韩心源受徐苍崖之传）	同
京兆堂		
荣锦堂	正文斋谭氏（翰文之徒）	
经腴堂（以上皆李氏）		
宏文堂郑氏		文宝堂曹氏
英华堂徐氏		有益堂丁氏
文茂堂傅氏		松筠阁刘氏
聚星堂曾氏	同（不久即收）	槐荫山房马氏
瑞云堂周氏		文盛堂楼氏
		孔群社张氏

（续表）

李记	缪记	缪附录
		文友堂魏氏
		直隶书局
沙土园北口路西	沙土园口	沙土园口
文粹堂金氏（肆贾谢姓，苏州人）	勤有堂杨氏	
正街路南		
文华堂徐氏		
	正街路北	
	书业堂崔氏	
	肄雅堂丁氏（主人丁子固）	
以上厂桥以东		
桥西路南	桥西路南	桥西路南
先月楼李氏	萃文堂常氏	同
瑞锦堂周氏	文琳堂马氏	同
鉴古堂韦氏	益文堂魏氏	宏道堂程氏
焕文堂周氏	西山堂李氏	来薰阁陈氏
博古堂李氏	会经堂刘氏	同古堂张氏
	文贵堂魏氏	会文堂刘氏
	宝森堂李氏（主人李雨亭）	九经堂刘氏
		鸿宝阁崔氏
		鉴古堂郭氏

（续表）

李记	缪记	缪附录
		述古堂于氏
		文焕堂赵氏
桥西路北		
宝石堂周氏（本卖仕籍）	旧书李	修本堂岳氏
五柳居陶氏（每年购书苏州）	文华堂（曾得彭文勤之书）	文英阁丁氏
延庆堂刘氏（即鉴古堂之韦曾，得楝亭曹氏之书）	宝珍堂吴氏	玉生堂胡氏
	宝经堂魏氏	敬业堂丁氏
	同雅堂乔氏	
	同好堂阎氏	

李记又云："书肆主多江西金谷人，此亦绝少人知之掌故也。"又云："内城隆福诸寺遇会期多有卖书者，其后不知何时已改设摊为设肆。"缪记云："隆福寺街昔年有三槐堂王氏、同立堂乔氏、聚珍堂先名、天绘阁刘氏、宝书堂某氏，至庙会书摊，慈仁、护国、隆福均久无矣。"又云："打磨厂兴隆店为外来书贾所萃，五更开市，论堆估值，盛伯希尝襆被宿其中得书无数焉。"此皆书林雅故也。

往时朝士大夫退食余闲，欲怡情翰墨，则亦巾车野服，于此恣一日之游，至于绩学之士，欲读异书而力不能购，则坐书肆中亦得恣眼福焉。故肆主多工应对，通书史，以便与名人往还。其在光绪中有刘振卿者，山西太平人，佣于德宝斋古玩铺，书则应酬交易，夜则手一编，专攻金石之学，尝著《化度寺碑图考》，洋洋数千言，几使翁北平无从置喙。德宝主人李诚甫亦山西太平人，肆始于咸丰季年，资仅千金，后乃逾十万，诚甫能鉴别古彝器甚精，潘祖荫、王懿荣所蓄大半皆出其手，诚甫卒，其独子德宣继其业。书肆则光绪初有宝森堂之李雨亭、善成堂之饶某，雨亭卒于光绪六年，《越缦堂日记》记之云："此人知书籍源流精恶，为厂中第一。"其后又有李兰甫、谈笃生诸人言及各朝书板、书式、著者、刻者历历如数家珍。又有袁回子者，江宁人，亦精于鉴别碑帖，某拓本多字，某拓本少字背诵如流。又有古泉刘者，父子皆以售古泉为业，其考据钱之种类有出乎诸家著录以外者，惜文理不通，不能著述，以上皆见于无锡某君之《清代野记》。

胡思敬《国闻备乘》亦云："京师琉璃厂书贾凡三十余家，唯翰文斋韩氏席先世旧业，善结纳，资本尚充，收藏较他商为富，其能辨古书贵贱者，推正文斋谭笃生（已见前）、会文斋何厚甫，厚甫之甥韩在泉亦颇识书，唯贪欲重。予初至京，潘祖荫、盛昱、王懿荣皆好蓄书，其时钱唐许氏、寿阳祁氏之书已有鬻于市者，后数年祖荫之书归翰文，懿荣之书归正文云。"

中南海瞬记

南海最南一楼曰宝月楼,袁世凯居此时辟楼下为门,以通车马,曰新华门,至今仍之。盖楼俯皇城而濒太液,入楼即水,几无回旋余地。考《乾隆御制记》云:

是楼之经始也,拟以三层,既觉太侈,则减其一,延不过七间,袤不过二丈,据岸者十之四,据池者百之一……凭窗下视,回出皇城,三市五都,隐赈纵横。

又《御制诗注》云:

墙外西长安街内属回人,衡宇相望,人称回子营,新建礼拜寺,正与楼对。

又云:

楼临长安街,街南俾移来西域回部居之,室宇即肖其制。

然则俗云乾隆帝特构此楼以慰香妃思乡之念者，不为无因，但是楼实建于乾隆二十四年，见于《御制记》也。

宝月楼对岸，空明千顷中，有楼台崛起，曰瀛台，台为明趯台陂旧址。顺治间始稍加修葺，至乾隆中而益备。诸帝常于此避暑。其正门北向，入门曰翔鸾阁，阁南曰涵元殿，又南曰香扆殿，即光绪帝幽居之所。由翔鸾阁至勤政殿之间，有小木桥，可拆卸，断此桥则孤悬水中矣。香扆殿南之台即瀛台，斗入液池，可濯可钓，凡瀛台前后之殿宇，皆以黄紫青碧诸色瓦参错覆之，又殿旁皆有延楼，翼以石洞古木，为他处所不及，每当天宇澄清，水波万顷，临流纵目，真有琼楼玉宇之观。乾隆御制《瀛台记》写之最为出色。略云：

> 香扆殿南飞阁环拱，自殿至阁，如履平地，忽缘梯而降，方知为上下楼，楼前有亭临水曰迎薰亭，东西奇石古木森列如屏，自亭东行过石洞，奇峰峭壁，轇轕蓊蔚，有天然山林之致，盖瀛台惟北通一堤，其三面皆临太液，故自下视之，宫室殿宇杂于山林之间，如图画所谓海中蓬莱者。

香扆殿中，十年前尚有光绪间遗物，壁间悬光绪帝御书春条尚如新也。李慈铭于光绪初尝游焉，其《越缦堂日记》云："陈设华丽，有象牙文石雕镂人物屏风十二扇，极精工,外以玻璃隔之。"云云。

瀛台正北相对者曰仁曜门,门内为勤政殿,光绪中帝后多居西苑,即以此为政厅之所,盖苑中之正殿,犹颐和园中之仁寿殿矣。袁世凯于此改建大礼堂。

由勤政殿以东,有人字柳、流杯亭、韵古堂、淑清院、长春书屋诸胜,亭台高下,水石参差,境若甚幽,近多颓废矣。更循池岸而南,则为日知阁,阁建石梁上,其下为水闸,太液池水从此出达于织女桥。

由勤政殿以西曰丰泽园,旧有稻畦数亩,康熙帝于此课农,雍乾两朝每于耕藉之前于此演礼,嗣后幼主当宁,此事遂废,祖宗勤民之意莫之识矣。园内有敦叙殿,旧为锡宴宗亲之处,有颐年堂则后来所建,堂前花树最繁,又北则遐瞩楼,园西有门曰静谷,内为崇雅殿,后为纯一斋,引水环之,光绪中为内廷演小戏之所,袁世凯以此为客座。

纯一斋西有水殿曰春耦斋,其结构特异,环殿壁为小阁,户闼交通,猝不得其端倪,相传为宫中秘戏处,理或有之。按乾隆御制记,则当日命名固取阅耕之意也。甃地悉以文石,《翁文恭日记》所谓斋以紫缘石铺地如古锦面也。对岸为延楼五十七楹曰听鸿楼,楼前叠山奇峻,翁氏以为仿佛狮子林。斋后迁植牡丹,多异种,高大非外间所有,再北则为中海之居仁堂矣。民国八、九年间为国务总理办公厅,临鸿楼则院之电务处也,夏日入值,清凉如在天上。

春耦斋又西曰有凤来仪，植竹无数，苍翠茂密，京城内外除西山退谷及潭柘寺外，殊鲜此奇观。国务院在南海时，于此举行阁议，其前有水亭，回廊交赴，曰万字廊，廊前则袁氏所制之金匮石室也。

以上俗号南海，而以居仁堂至延庆楼为中海，由春耦斋后辟便门，可达居仁堂，即仿圆明园海晏堂式所建，犹是二百年前之西洋建筑也。楼前铜铸十二属像，亦圆明故物移此者。居仁堂迤北入景福门，曰怀仁堂，堂前覆以天篷，宏敞可容数千人，流苏宫灯，氍毹花罽，富丽过于大内，自袁世凯以来，为演戏款外宾之所。殿后曰福昌殿，又后曰延庆楼，冯玉祥幽曹锟于此凡年余，盖民国十三年曹氏固以中海为总统府也。

出怀仁堂外东向之宝光门，沿海岸北行，达紫光阁，按《金鳌退食笔记》，阁在明武宗时为平台，后废台为阁，清因之，于此校射，试武进士，乾隆二十五年平伊犁回部，四十一年平两金川，图功臣像并藏兵器于此，又常宴外藩诸使焉。

以上为中南海之概观，皆明代所谓金海也。明人得赐游者以为至荣，试观严嵩《诏赐金海乘凉诗序》云："上命中官导五臣，每以巳末申前于金海边乘凉，是日出迎和门登舟，泊水云榭，观临漪亭，入椒园，至崇智殿，画栋雕瓦，金碧辉焕，苍松翠柏，盘郁垂荫，不复知有暑气。明日由趯台坡陟昭和殿，又经乐成殿、观稼亭，又明日往观于太素、清馥二殿，历宝月、会景、秋辉、涵碧诸亭社。"云云。

所谓昭和殿云云，今已不识其处，盖嘉靖中大修西苑，世宗崩后旋复撤毁（见《野获编》）。据《日下旧闻考》所载多仍明旧，则其废而不修者必尚多也。今所谓中海居仁、怀仁二堂及福昌殿、延庆楼皆不见于旧籍，盖光绪中叶，慈禧万寿时所构也。丰泽园西诸殿宇亦多新葺，而迆东各处反多颓废。余簪笔①枢府将十年，履迹几遍，当时冠盖云集之地，今日惟见枯榛败柳，供游人之凭吊而已，泚笔怃然。

销暑谈

本年全国各处皆苦亢热，尤以江南为甚。北平固亦不得免焉。然惟入伏前三四日温度高逾百度②，伏中反较凉。立秋之夕，大雨达旦，飒然砭骨，卧覆絮衾，方得安枕，稍一不慎则中寒作嚏，此殆江南人所闻而歆羡不已者。

闻诸故老，北方冬暖夏燠，皆甚于昔年。然视他处犹为福地。盖每年最热不过三四日，夜卧可不覆衾；否则中宵以

---

① 中国古时近臣、书吏、士大夫把笔插在发冠或笏板上以方便记事，称为簪笔。

② 此处为华氏温度。

后必覆薄衾，从无热甚不能入寐之事。

家居远市，疏柳高槐，蝉鸣永画，北窗跂足，真可以傲南面，此境凡中等人家皆得有之。故居北平者随时随地皆无异于避暑。

北平出冷布，碧色如绨，以之糊窗，可以延风，以之覆食物，可以防蝇蚋。又天篷之制极精，高出屋脊，四周有窗，可随意舒卷，炎日所不能侵，凉风所不能隔，故为绝胜。然庭院中有嘉树者亦无须此物也。

每岁冬季取湖中冰块窖藏之，次年用之不竭，为方数尺，值才铜元十余耳。往日冰窖皆官营，以供上方之用，有余则颁诸群僚，民间交易又其次也。《七月》之诗曰"凿冰冲冲"，曰"纳于凌阴"，盖此俗相承数千年矣。通衢中火车相属，辘辘然者，皆运此物也。虽行烈日中，仅覆以芦席一片，比其运售一空，所溶化者不过点滴，地不爱宝，故不加珍惜乃尔。

《燕京杂记》云："旧卖冰者以二铜盏叠之作响，以为号，今卖果食亦用冰盏，失其旨矣。"其实北人夏日食果多杂冰中食之，旧式筵席中以此为第一味，今会贤堂、福全馆①之类犹如此，此卖果食用水盏之由来也。然水既不洁，食之

---

① 福全馆为旧京有名的山东馆，位在隆福寺街东口路北，是一座有戏楼的几进大院，拿手菜有水晶肘子、小鸡氽丸子等。1937年，张伯驹在此过四十岁生日唱《空城计》自扮孔明，众多名角儿甘为配角儿：余叔岩的王平、杨小楼的马谡、程继先的马岱、王凤卿的赵云，轰动一时。现已无存。

殊为有害,此俗终须渐除耳。

酸梅汤为销夏美味,入口甘洌而不腻,实胜于西式之水酪,琉璃厂信远斋所售最良,其价亦特高,明窗净几,入室翛然,亦非士大夫阶级不往也。有特制入饼者,可以致远,则色香味皆逊矣。

夏日珍果,杏李桃而外,莲藕芰菱皆近产。吾尤爱鲜胡桃,其味清腴。又有似苹婆果而微小者,曰火刺车①,盖元人移植之物,故名从主人,价廉而味甘芳,西瓜则自德州河间而来,若真西域之瓜则晚熟,彼中人非三冬不食瓜也。蒲陶亦必俟秋深始佳。

蔬瓜如王瓜茄苋,皆夏日绝美之品,以红苋菜作汤沦饭,色鲜若桃花,饭毕以荷叶煮粥,冷香沁鼻,得此真不觉肥酿之足嗜矣。

土著每逢夏季多喜集十刹海,往时十刹海环岸皆高柳,稻田与荷花各得其半。今柳虽依然而稻田失治,荷亦渐稀,徒供市井百戏麇集,挥汗如雨,不知其乐何在,而嗜痂者犹趋之如鹜。

荷花以北海及紫禁城河为最胜,翠盖朱华,缤纷无际,与琼楼碧瓦相映发,真画中妙境也。盖往时游踪所不易到,故不得已而以十刹海为胜赏耳。李慈铭《越缦堂日记》有

---

① 火刺车:也作虎拉车、虎拉槟,老北京话,是一种苹果与沙果杂交的水果,比苹果小且香甜,口感有的脆有的面。

云:"……沿十刹海而往,荷花盛开,红碧无际,登楼望隔岸人物屋宇,俱在画中,都中看荷花以此楼为第一处。堤岸周回,楼阁四映,景山琼岛,对峙东西,烟水园林,两擅其胜。若积水潭、钓鱼台丽瞩^①已减,可园亭槛虽胜,无可远眺,金鳌玉蝀桥无坐地,秦家花园、南河泡子则野趣多矣。……比邻一楼,晶窗华敞,钗光发影,满倚朱阑,尤觉池沼增妍,人花两胜,闻此宅近归都统荣禄,月以六十金赁之,安得俸过十万移家其间耶。"

名人书额

严嵩书"六必居"及"西鹤年堂"额,并大高殿石坊诸字^②,凡稍谙北都掌故者无不知之,此外名人手迹尚不止此。

继昌^③《左庵琐语》云:"西四牌楼南兵马司胡同有败残古庙门三楹横嵌石额,有'大德显灵宫'字径尺,楷法精浑,与'六必居'字相似。"

---

① 丽瞩:美丽、美观。
② 大高玄殿共东、西、南三座牌楼。东、西牌楼为明嘉靖二十一年始建,东牌楼匾额正面"孔绥皇祚",背面"先天明镜";西牌楼正面"弘佑天民",背面"太极仙林"均为严嵩所书。南牌楼正面"乾元资始",背面"大德日生"为乾隆所书。
③ 继昌:内务府正白汉军旗人,李佳氏,名继昌,号左庵。生活在同治、光绪年间,以诗词、掌故著称。

周寿昌《思益堂日札》云:"京师骡马市大街'西天香楼'四字相传为董文敏书,一云王梦楼所书。"

《野获编》云:"元朝宫殿扁额初出李雪庵[①]笔,元世祖大加赏爱,赵松雪因让之不复书。"此尤为异闻。

凶　宅

旧京向有凶宅之说,居者辄不利,且有所谓四大凶宅者,人亦不能尽举其名。其最著者,虎坊桥之湖广会馆也。《野获编》云:"京师全楚会馆,故江陵相第,壮丽不减王侯,特分宜旧第四之一。右一小房为京师富人徐性善所得,后两他事籍没,自严及张迄徐未三十年,三遭抄没,其为凶宅可知。"

此外诸家笔记所载,复得数事,并录如下。

俞樾《右台仙馆笔记》云:"萧山汤文端公官京师时,居东单牌楼,其屋相传为乾隆时大学士和珅旧第,素称凶宅,及文端居之,了无怪异。"

李慈铭《越缦堂日记》云:"铁门有兵马司署及文昌

[①] 雪庵,即释溥光,俗姓李,字玄晖,号雪庵,山西大同人。能诗文,精书善画。被赵孟頫推荐给朝廷,特封昭文馆大学士,赐号玄悟大师,著有《永字八法》、《雪庵字要》(又称《雪庵大字法》)等。

歌院,向传居者不利,予门对司署之邻宅,自归安姚文僖居之,后数十易主,近年乔松年河督修葺之,题门额曰'千年铁门限',盖欲为久居识也。然不两年河督由仓场侍郎外授,胡家玉左都继之,一年即贬官。同里如徐寿蘅侍郎,马恩溥阁学,皆居,此甫逾年,徐丁忧,马出为江苏学政,即卒。"

汤用中《翼駉稗编》云:"京师有四凶宅相传多怪异,人不敢居。南城外粉坊琉璃街一宅尤凶,终年扃闭无过问者。有山东贾利其值廉,僦之以开酒馆,初时车马填门无甚异。一日有贵官携两小伶来猜枚行令,饮兴极豪,忽闻后院清歌婉转,响遏行云,非精于音律者不能,徐起探之,遥望灯烛辉煌,似有十余客分二席坐,趋近逼视,客皆无首,大惊仆地,两伶继至亦仆,家人踵至,灌救移时始苏。从此酒肆收歇,宅仍封闭矣。又西河沿一宅亦四凶宅之一,京官某自诩胆气,辟居之,方就枕,壁厨忽开,有一骑跃下,人长三寸许,戎装腰弓矢,执戈环地而驰,须臾连跃下数十骑,装束皆同,末后一人红袍骑马出,状稍伟,似领队者,指挥众骑攒射某,矢长寸许,着股痛入心腑,急蒙被以枕投之,家人闻声奔集,诸骑皆杳,启视射处一箭洞入,拔之小铁针也。某遂移去。"

揆其所以,固由偶然之事附会以成。然北都经变乱将千年,死于兵革横尸墙壁者,何可纪极。街谈巷议,指点怪异,亦不尽无因也。

金元宫殿额

《日下旧闻》引《金图经》："宫殿额为故礼部尚书王兢所书。"《野获编》称元朝宫殿扁额初出李雪庵笔,元世祖大加赏爱,赵松雪因让之不复书,此二事皆足广异闻。

秋 佳

四时莫佳于秋日,而秋日尤莫佳于中秋前后以至重阳。此际多晴而少风雨,日色暄妍,空气燥洁,无论游息,皆得其宜。每于辰午之间把卷坐廊间,草树之芬,沁人心脾,俗尘五斗为之尽涤。一过重阳,则风高寒厉,将为御冬计矣。庚午寒候尤早,重阳已飞雪,亦罕遇之奇也。往时习俗以孟冬朔日升火,次年仲春朔日撤炉。近人习于奢靡,多自季秋下旬至次年仲春下旬,约五阅月,炽炭不息。隆冬家家有炉火,转不觉冷,虽不裘亦可。

钟鼓楼

元之中心阁以适当都城之中故名,盖即今鼓楼之地。《析津志》云:"其台方幅一亩,以墙缭绕。与今鼓楼亦相似。"鼓楼在元时名齐政,上置铜刻漏,相传为宋时故物,《日下旧闻考》已云不可考。今惟置大鼓一面。甲子以后,改为明耻楼。其北有钟楼,皆累朝伟大之建置,惜不能善利用之。

广和居

近百年来宣南士大夫宴集多喜在北半截胡同之广和居,闻肆中曾存何子贞所欠帐单,其上有贞翁亲笔数字。不知为何人谋去。询肆中最古之史料,仅出倒字一纸(北方所谓出倒[①]即今南方所谓招盘也),其字云:

---

① 出倒:旧时私营业主因亏损或其他原因,将企业的设备、商品、房屋、地基等全部出售,由别人继续经营。

道光十一年十月初二日，立倒字人盛连英，今在北半截胡同路东开设隆盛轩酒铺。门平房二间一处，因无力成作，情愿倒与申广泰开设广和居生理。言明出备，倒价京平足银四十六两正……

又据肆中人云，庖人孙姓自同治四年起，入股一成四厘五，自此营业渐盛，盖亦其经营得法之一端。道光中叶，正文恬武嬉之时，京朝士夫盛以饮食征逐为事，张之洞《食陶菜诗》云："都官留卿为嘉宾，作绘传方洗浴尘。今日街南询柳嫂，只缘曾识旧京人。"注云："陶凫香宗伯以西湖五柳居烹鱼之法授酒家，名曰'陶菜'。"此即广和居之典故也。其后又有所谓"总理"者，据《樊山续集诗注》云："当译署初设时，宣南广和酒肆以杂菜豕肉裔切为美名曰'总理'。"近有江豆腐一品，则余忘其出典矣。

肆颇风雅，至近年犹遍悬诗人墨客名迹，无一俗笔。卒以住宅多移入内城，无法以振其业，开肆正及百年，而戛然止矣。悲夫！

市　肆

《析津志》所记元时诸市有米、面、羊、马、牛、驼、驴以及鹅、鸭、鹁鸽、段子、皮帽等市，皆在鼓楼前后。菜市、珠子市、文籍市、纸札市等则在城南。其遗迹已不可寻。今街巷名称，犹有灯市、马市、猪市、米市、皮市、珠宝市、花市等，盖皆明以后之制。至今猪市犹卖猪，花市犹卖纸花，古昔遗风，分曹列肆，犹有存者。

至铺家专卖之物，《春明梦余录》尝列举之："如勾阑胡同何关门家布，前门桥陈内官家首饰，双塔寺李家冠帽，东江米巷党家鞋，大栅栏宋家靴，双塔寺赵家薏苡酒，顺承门大街刘家冷淘面，本司院刘鹤家香，帝王庙街刁家丸药。至抄手胡同华家专煮猪，内而宫禁，外而勋戚皆知其名，蓟镇将帅置走马传致……"想见当时风俗物力，亦如宋人小说所艳称之"旧京王楼梅花包子、曹婆婆肉饼"[①]等物矣。然无一在外城，可知明代外城实甚萧索也。

---

① 出自《东京梦华录》。

北海小记

团城之北,驾石梁,南北树坊二,南曰积翠,北曰堆云,桥作蜿蜒形,过桥即琼华岛矣。岛周二百七十四丈(《日下旧闻考》所载如是),旧有广寒殿,相传金章宗时李妃妆台遗址,元改名万寿山,又称万岁山者,盖金人迁汴京艮岳石,即累成此山。台榭点缀,林树隐映,象海上蓬壶。非数百年固不办也。

自顺治八年立塔建刹,始易椒兰之殿,为薝蔔①之寮。据乾隆《御制白塔山总记》,称:"塔后列刹竿五……其下为藏信炮之所,八旗军校轮流守之。盖国初始定燕京,设以防急变者。雍正年间,复申明其令,载在史策,其发信炮金牌则藏之大内。"是白塔为瞭望台之说信而有征。窃疑其下或尚有窖藏军器以备非常者。

寺之下曰悦心殿,为诸帝临幸之所。殿西为庆宵楼,据高临下,磴道蟠折,昔国立北平图书馆未成时,借用斯处藏书焉,楼西石岩旋曲,曰一房山,曰蟠青室。

---

① 薝蔔,也作薝卜,梵语Campaka音译,又译作瞻卜伽、旃波迦、瞻波等。一般认为对应现代植物为栀子花,在佛教中表示圣洁,常用来供佛。

由悦心殿循山西行，过桥，曰琳光殿、甘露殿、阅古楼，则藏法帖之所也。其后有古井一，《乾隆御制记》云："工人于山之西麓掘地得废井一，砖甃木盘，层累鳞瓞，寻丈以深，辘轳绠汲，可致山颠，乃知《辍耕录》所称引金水河于山后转机运斡至山顶者妄也。"然此井亦必金元时物，历数百年而如新，且山半凿地及泉，其工程之艰伟亦可惊矣。

阅古楼之北则漪澜堂，临湖一望，天光云影，豁然烂然，石栏数十丈，波声直拍槛底，盖仿金山之胜。近岁北海辟为公园公私画舫均于此放棹。

由白塔之东，过陟山门，循湖岸北行，入山径，曲折高下，有轩临池曰濠濮间。又北有别殿曰春雨林塘，更北曰画舫斋，更北曰古柯庭。画舫斋前，方塘一亩，荇藻浮香，波平若镜，加以门外花树隐映，曲径通幽，使人有悠然尘外之想。古柯庭中槐树一株，千年物也。垂荫满地，颇似古寺中别院。游北海者当以此处为最惬心，今为董事会所据云。

循湖岸北行，过蚕坛，转而西，则北海之北岸。有巨刹曰西天梵境，琉璃坊建于其南，五色交错，备极精严，其后有九龙壁，龙各一形，之而浮动，极意匠之能。凡欲观琉璃匠术者，于此叹观止矣。

更西曰浴兰轩，轩后曰快雪堂，回廊嵌石刻，今为松坡图书馆，以祀蔡公。

更西临湖有亭五，中曰龙泽，左曰澄祥、滋香，右曰涌瑞、浮翠，《金鳌退食笔记》云："后有锡殿，锡为之，不施砖甓，每岁盛夏，太皇太后避暑于此"，想其结构必有可观，今无存矣。

北海为辽金故苑，明代于此增置台榭，清代同光间犹偶供游幸。庚子之役，顿遭兵燹，回銮以后，即绝意于此地。民国六年有辟为公园之议，荏苒多时，至十三年始实行开放。以团城东首之承光左门为其正门，并于西石压桥之南辟一新门为其北门，其南面之桑园门暨东西之陟山，阳泽二门迄未开启。园中临流面山之处，多招商设茶坐，驵侩①喧阗，饮食狼藉，已失雅致。其实市政当局若稍具远识，宜洞辟北海南北东西各门，使市中车马得以通行驰道，既可疏通南北交通之阻隔，复可使市民得恣遨游，庶符与民同乐之旨。其亭馆坐落，别售入览券，仍可略增收入也。

金鱼池　白纸坊

燕都以所业名其地者且沿数百年不改者有二，曰金鱼池。

---

① 驵侩：亦称驵会、驵阛、驵狯。原指马匹交易的中间人，后泛指经纪人、市侩。驵：壮马，骏马。侩：中介。

《帝京景物略》云:"金故有鱼藻池,旧志云,池上有殿,榜以瑶池,殿之址今不可寻矣,居人界池为塘,植柳覆之,岁种金鱼,以为业。池阴一带园亭甚多,南抵天坛,一望空阔,每端午日走马于此。"

《燕都游览志》云:"鱼藻池在崇文门外西南,俗呼曰金鱼池,蓄养朱鱼以供市易,部人入夏至端午,结篷列肆,狂歌轰饮于秽流之上,以为愉快。"

白纸坊亦然。《日下旧闻》云:"元于此设税副使,今其地居民犹多以造纸为业。"财政部印刷局亦设于此,可谓得其地矣。

贫妇沿街收买废纸,以火柴相易,运往白纸坊,造为回龙纸①,亦惠贫之一道也。然居家者偶一不慎,要件易为仆妪盗卖。

佛 寺

朱竹垞云:"自辽金以至于元,靡岁不建佛寺,明则大珰无人不建佛寺。"成化中京城内外敕赐寺观已至六百三十九所。王廷湘诗云:"西山三百七十寺,正德年中内臣

---

① 用弃书废纸制作的纸叫回龙纸。

作。"则所建可类推矣。

明人建寺虽多,而古寺之毁亦莫甚于此时。《析津日记》云:"内官营建,欲侈己功,辄去故碣,既更新额,并毁旧碑,使考古者无足征,真可憾也。"

燕京杂记

无名氏《燕京杂记》云:"京城内外以及郊坰边地僧寺约千余所,半是前明太监所建,览其碑碣,或以为退后香火,或以为代君后资冥福,观此可知胜朝宠任宦官之过。今内城诸寺多改住喇嘛,而喇嘛之居,穷奢极侈,逾于汉僧之兰若。"

京师竹枝词

昔人诗中描写时世风俗之作,最为社会史料珍品,独惜散漫未经整理耳。有清一代诗人集中尤多此种作品,即以北京风俗而论,蒋士铨《忠雅堂集》中有《京师乐府十八首》，而杜濬《变雅堂集》中《竹枝词十八首》，写明季北京社会状态尤真实有味，惜于今已有不甚可解者，在当时固白话诗而且富于幽默者也。

其写纨绔子弟不识字者云：

马上谁家白面郎，如何衣锦不还乡。点金扇底乌纱帽，归去听人讲报章。（原注：时传濑水一锦衣不识朝报，特延一西席讲解，此盖记实事）

其写寡妇再醮者云：

谁家少妇一身新，着锦穿红嫁比邻。女伴不须相健羡，早间初是未亡人。

又云：

死却村郎就好婚，有缘嫁得四衙门。高烧银蜡从君看，脂粉能遮假哭痕。

其写北妓之着皮裤并嗜大蒜者云：

茅檐灰壁挂琵琶，皮裤高盘炕上挝。却说客来休见怪，竟无新蒜点香茶。

其写卖婢者云：

札花衣服着来多，打扮丫鬟付卖婆。急向街头呼太太，快同锅上烙波波①（波波，饼也）。

其嘲买帽者云：

老店驰名刘鹤家，三钱买得好乌纱。昨来误怪称呼别，乞丐相逢总呼爷。（刘鹤家盖京中著名帽店，犹后来之内联升也。戴上新帽则乞丐亦尊之为爷，嘲官派也。）

其嘲戏班云：

青红五色旧衣裳，唱价声高老弋阳。客子忍寒无不可，十分难忍这般腔。（极言其难听也）

---

① 波波：也作"饽饽"，源自满语，有饼、点心之意，饺子叫煮饽饽。

钓鱼台

近郊可游处最古且最雅者,无过阜成门外之钓鱼台。宫墙环翠,曲沼回漪,从深深苔径中行,颇似身入江南名园也。十余年前为闽县陈叟所得赐庄,近归北平大学农学院矣。余读《越缦堂日记》,最爱其写景自然,录于下:

钓鱼台地属玉河乡之池水村,亦曰花园村,去三里河西北里许相近有圆通观,为金主游幸处,金人王飞伯(郁)尝隐于此,见元遗山诗。乾隆三十八年濬治成湖,以受香山诸水,于湖之东口置闸以蓄泄之,其下流由三里河达阜城门之护城河,至东便门入通惠河矣。湖中有泉,涌出堤岸,周围约二里,中悉种莲,较十刹海多几倍。近水为稻田,堤外积土,隆然成山,迤逦相属,西山修黛,横翠可接。湖中有船,方篷施幔,仿佛吴制。偕云门敦夫招棹人,携茗具,缓泛其中,山水清晖,怡然心旷。惜花时已过,荷叶亦大半摘去,枯筒万柄,偶见田田,一二晚花,红鲜艳绝而已。买莲子食之,甘脆殊绝。夕景衔崦,遂尔回舟,榜人采菱角一包以献。循堤至钓鱼台行宫，列圣诣西陵驻跸进茶处也。宫墙周里许，下有水栅，以通湖流，宫门面南，入门过桥为养元斋，东向正厅五间，回廊四匝。又西为潇碧斋，中为"品"字形，窗格玲珑，波黎四照。又西过桥，登石山为澄漪亭。亭中悬高宗御制诗云："墙外为湖墙内池，一般凭槛有澄漪，剔疏意在修渠政，何必瓶罍细较斯。"亭后下山过桥，以桥已断，仍由来径，曲磴逶迤，老树夹峙，水泉潆潆，略约相望。宫后为堵墙如城，下临湖焉。由后门出观湖闸，渐已断裂，尚可行人，时夕阳适开，循湖再过桥登车而回。

庚辰八月初七日

小南城 ①

明之南内，为景泰时锢英宗处，所谓小南城也。《日下旧闻考》云："沿河尚有城墙旧址。"盖自天顺复辟以后，乃大增离宫别殿。《涌幢小品》云："每殿后一小池，跨以桥，池之前后为石坛者四，补以桧松，最后一殿供佛甚奇

---

① 此处南城的意思是北京城内城的南部，并非指明嘉靖以来建造的崇文区、宣武区所在的南城。

古，左右回廊，与后殿相接。"盖仿大内式为之。又景帝建隆福寺，曾取其中翔凤殿之石阑干。今寺虽已颓毁，而石陛甚壮丽，当犹是南内故物也。

《可斋笔记》云："天顺三年七月赐游南城，中有宫殿楼阁十余所，桥皆白石，雕水族于其上。南北有飞云、戴鳌两牌坊，东西有天光、云影二亭。又北叠石为山曰秀岩，最后有圆亭，引流水绕之曰环碧，移植花木，青翠蔚然；如夙艺者。"观此则宫馆之丽可想。今南池子西南俗名飞龙桥，盖即飞虹二字之讹耳。

南内包地甚广，今南北池子皆是。北池子北头之骑河楼，相传当日以有楼跨玉河得名。《日下旧闻考》因以所谓桥上有亭曰涵碧者当之。此外尤有可记者，明南内有洪庆宫，为供番佛之所，疑即今之玛噶喇庙。庙在康熙间即睿府改建，然仍沿旧称。乾隆间改锡普度寺名，中仍供黑护法佛，有睿亲王所遗铠甲弓矢。《天咫偶闻》云："普度寺殿宇极宏，佛像极奇，皆西天变像，手执戈戟，骑狮象，陈设多宝物，沉香长及丈，雕镂花纹，明成化中番僧板的达所供七宝佛坐，即仿其规式造。"五塔寺者，今尚供寺中，完好无恙，乃木雕加漆者。疑《涌幢小品》记所云"南内最后一殿供佛甚奇古"者或即指此而言。

南池子之门神库，在明代为玉芝宫，即嘉靖中所建，世庙以祀兴献帝者。四十四年庙柱产芝，故名。清代用为门神库，实贮内用木器，今屋宇渐倾颓，有大铁锅数口仆于地，不知何用也。其旁有门通太庙，今改为政治学会会所。

普胜寺今名石达子庙，顺治八年敕建，有内翰林国史院大学士宁完我碑，乾隆九年修。有工部侍郎励宗万碑，四十一年复修。即《日下旧闻考》所谓有城墙旧址之处，今为欧美同学会会址。

袁中郎游记

近人忽喜公安袁氏宏道之文，此乃三百年来学士所鄙弃，以为野狐禅者，文章之显晦，亦有命存焉耶！袁氏有《满井游记》，此处为谈燕京掌故者素所不道，赖袁氏之文，以存佚闻。亟录于下：

燕地寒，花朝节后，余寒犹厉，冻风时作。作则飞沙走砾，局促一室之内，欲出不得。每冒风驰行，未百步辄返。二十二日，天稍和，偕数友出东直，至满井，高柳夹堤，土膏微润，一望空阔，若脱笼之鹄。于时冰皮始解，波色乍明，鳞浪层层，清澈见底，晶晶然如镜之新开，而冷光之乍出于匣也。山峦为晴雪所洗，娟然如拭,鲜妍明媚,如倩女之靧面而髻鬟之始掠也。柳条将舒未舒,柔梢披风,麦田浅鬣寸许,游人虽未胜,泉而茗者,罍而歌者,红装而蹇者,亦时时有。风力虽尚劲,然徒步则汗出浃背,凡曝沙之鸟,呷浪之鳞,悠然自得,毛羽鳞鬣之间,皆有喜气。始知郊田之外未始无春,而城居者未之知也。夫能不以游堕事而潇然于山石草木之间,惟此官也。而此地适与余近,余之游将自此始,恶能无纪?己亥之二月也。

明人文集中记京师游踪者殊不多,盖尔时出郊非易易也。袁氏又有《游极乐寺记》一篇云:

高梁桥在西直门外,京师最盛地也。两水夹堤,垂杨十余里。流急而清,鱼之沉水底者,鳞鬣皆见。精蓝棋置,丹楼珠塔,窈窕绿树中,而西山之在凡席者,朝夕设色以娱游人。当春盛时,城中士女云集,缙绅士大夫非甚不暇,未有不一至其地者也。

三月一日,偕王生章甫、僧寂子出游。时柳梢新翠,山色微岚,水与堤平,丝竹夹岸。跌坐古根上,茗饮以为酒,浪纹树影以为侑,鱼鸟之飞沉,人物之往来以为戏具。堤上游人,见三人枯坐树下若痴禅者,皆相视以为笑。而予等亦窃谓彼筵中人,喧嚣怒诟,山情水意，了不相属，于乐何有也？少顷，遇同年黄昭质拜客出，呼而下，与之语，步至极乐寺，观梅花而返。

高梁桥为燕郊之具有烟波景物者，慈禧置倚虹堂于岸侧，每幸颐和园于此登御舟焉。袁氏写景诚工，试取《越缦堂日记》与之对照。

同治壬申记云："进正阳门出西直门，至极乐寺。道中见河流清抱，平野绿缛，西山映带，垂阳夹畦，大有江南春意。河即高梁河，水经所谓高梁水也。发原玉泉山，山亦以泉名也。寺明成化时建，与崇教坊元时所建之极乐寺同名，彼寺在内城东北隅，近国子监。寺中海棠红萼未放，杂花乱开，伯寅、香涛，及逸山、秦宜亭、吴清卿编修（大澂）、许鹤巢（赓扬）、顾辑廷（肇熙）舍两人已俱至。偏游寺院，海棠梨花雀梅尤盛。设饮于国花堂。堂本以牡丹名，明时甚盛，今连畦皆杂卉矣。堂后广亭有池，叠石为山，渡以小桥。桥南为台，屋三间，颜曰雨花庭。庭当为亭，见方应祥《青来阁集》。后轩老杏一树，当窗敷雪，以外皆寺圃也。"

又记云："早起再诣极乐寺……旋坐于西院国花堂，堂有一树以海棠合接之，红白相半，弥可爱玩。山门之西有偏院，杂莳树石，中累石数级，覆以方亭一间，颜曰勺亭，四眺野绿，高下如缋。西有五塔寺，喇嘛寺也（即真觉寺建于明永乐时），五塔寺攒簇殊有光气，前后多王公家冢墓。……如明之茶陵李文正（文正墓在畏吾村，去极乐寺里许，今湖南人岁以三月祭之，其父墓亦在此间）。国朝之宛平王文靖，皆葬于此。"

北方极少梅，野梅尤不能活。不知袁氏所谓极乐寺看梅者何也？果尔，则又是春明掌故中一重公案矣。

澄怀园

雍正三年驻跸畅春园，以戚畹旧园赐诸臣之侍直者，张文和廷玉与焉。廷玉纪之曰："园在御苑之东半里许，奇石如林，清溪若带，兰桡桂楫，宛转皆通，而曲榭长廊，凉台燠馆，位置结构，极天然之趣，苍藤嘉木皆种植于数十年前，轮囷扶疏饶有古致，尤负郭诸名园所未有也。"廷玉以曾蒙康熙御笔"澄怀"二字之赐，爰以澄怀名园。其《澄怀园纪事诗注》有云："京师梅花皆藏暖屋中，惟此地缘萼一株植庭院，每岁开花与桃李同时乃仅见也，园中景物，宛然如画。"

北地绝少箮筜①，亦惟澄怀园富有之，钱塘沈文忠兆霖

---

① 一种皮薄、节长而竿高的竹子。

有《题鲍花潭太史补竹图诗》云："咒笋莫成竹，出自涪翁诗。涪翁有苗裔，斋以食笋题（澄怀园食笋斋为黄左田先生所题）。我欲进一解，无竹安得笋。孙登拟补栽，一麾遽远引（孙琴西寓此时拟补种竹嗣以出守安庆，未果）。绿玉无一竿，虚此鸣窗秋。君来憩此斋，闻望乡邦续（君为左田先生乡人）。同抱渭川馋，未睹连昌束。制图肖己像，布袜兼蕉衫。玲珑万个动，锄锸身亲监。愿君勤溉盥，色味储两用。讵必赦箨龙，终须养雏凤。"

《沈文忠公文集》又有《叶亭记》亦状澄怀园之胜景云："澄怀园当圆明园之东南，自乾隆迄今为直内廷翰林止宿之所。昆明湖水穴园西南隅入，注上下池，其支流环东北折而西出。叶棣如宫詹所居池南馆直水入之口，西卓小阜，大可十数弓。宫詹陟其顶，曰是宜为亭。揆厥形胜，适扼园之上游，且四无障碍。园以外山容水色雨皆可揽而有也。乃伐材鸠工①，不一旬而亭成，牖宇四敞，洞来八风，缭以阑槛，可坐可倚，西山之仅见其髻者，踊跃奋迅而出，夕阳绘空，岚气在楯，宫詹退值之暇，则单衫角巾，镜清流，览新竹，煮茶于铛，爇香于鼎，帘影荡翠，吟声拂云，由亭下过者望之以为仙也。"

---

① 鸠工：聚集工匠。

白　塔

北京有两白塔。其一为北海之白塔，即明以前俗称辽后梳妆楼故址也（见《西河诗话》）。辽后妆楼之说，常见明人诗词，其实金章宗李宸妃之妆台说较可信。清初仿西番式建塔，盖禁中祈福之所。宝瓶璎珞，白垩粲然，游北海者可遥见之。

其一为妙应寺之白塔，年代反在北海白塔之前。《日下旧闻考》云："盖辽寿昌二年所创（应作寿隆），内储舍利戒珠二十粒，香泥小塔二千，《无垢净光等陀罗尼经》五部，每于静夜现光焉。元至元八年世祖发视，果有香泥小塔，石函铜瓶，香水满储，色如玉浆，舍利坚圆，烂若金粟，前二龙王跪守之，案上五经，宛然无损，金珠七宝异果十种，列为供养，瓶底获一铜钱，上铸'至元通宝'四字，帝后以此惊异之，益崇饰其塔。碱玞①下盘，琼瑶上扣，角垂玉杵，阶布石栏，檐拖华鬘②，身络珠网，珍铎鸣风，金顶曜日，仪制之巧，极人工矣。明天顺元年赐今额，成化元年

---

① 碱玞：亦作"珷玞""碔玞"，像玉一样的石头。
② 即花鬘，佛教用语。古印度人用作首饰的花串，也有用珠宝、宝物做成花形连缀成串戴在身上的，是璎珞的另一种称呼。

于塔周遭砖造灯笼一百八座，燃油其中，金彩四射，遥映紫宫，夜景称绝胜云，事见《白茅堂集》。"

游 冶

明时游冶之地在今东城本司、演乐各胡同，内务部街旧名勾阑胡同，即其名而可知也。日本人所刊《唐土名胜图荟》有青楼图，在灯市之东，正即其地。绣帘红烛，粉面翠翘，犹想见中古风俗，其书刊于嘉庆中也。

同光以来，内城妓院在口袋底，而外城尤盛，盖以列肆之区宴游之所皆在外城也。

夏仁虎《旧京琐记》云："西城砖塔胡同之口袋底，昔为内城藏娇之所。一家不过二三人，门无杂宾，王公贵人不能出城作狎邪游者趋焉。此中养女必教以贵家伺应之节，豪门妾媵，多取材于此，向无留髦之例。屋中多有密室，镜槛迷春，刘阮①不易入也。光绪辛卯间，澜公管步军，奏令驱除，多辍业者。庚子后多移而树帜城外，曰一善堂，曰云香班，皆其变象。"

---

① 东汉刘晨、阮肇的并称。相传永平年间，刘、阮至天台山采药迷路，遇二仙女，蹉跎半年始归。回来后发现时光已经到了晋朝，子孙已过七代。后复入天台山寻访，旧踪渺然。

又云:"外城曲院多集于石头胡同、王广福斜街、小李纱帽胡同,分大、中、小三级,其上者月有大鼓书、影戏二次,客例须设宴,曰摆酒,其实仅果四盘、瓜子二碟、酒一壶,而价二金,犒十千,飞笺召妓曰叫条子,妓应招曰应条子。来但默坐,取盘中瓜子剥之,抛于棹子而已。少顷即去,曰告假。客有所欢,虽日数往不予以赀,惟至有大鼓或影戏时,须举行摆酒之典礼耳。"

"院中备纸灯,客去必畀以一枚,客之至而命酒也,则高呼曰拿纸片,为写条子也,其去也则呼灯笼。故自昔有'得意一声拿纸片,伤心三字点灯笼'①之语。"

"庚子后游客流品渐杂,院中规制亦变,用天津例,废卖酒而曰上盘,客每至必掷银一圆,曰盘子钱。"

又云:"南妓昔不多见,戊戌前惟口袋底有一人曰素兰,广陵产也,颇负时名,贵游子弟趋之若鹜。厥后赛金花北来,寓刑部后某街,暗招游客,陆凤石相国恶之,命逐去。然庚子乱时又复大张艳帜,为南妓班头,于是谢珊、凌桂荪辈相踵而至。"

---

① 有后两句:"资格深时钞渐短,年光逼处兴偏浓。"

严氏父子之传说

严嵩父子遗迹甚多,见于纪载者,有西长安街、石大人胡同、虎坊桥、绳匠胡同、南半截胡同等数处。而灯市口之佟府夹道亦传为严氏赐第。兹汇录于下:

严嵩《钤山堂集》有《新治长安街西屋诗》,注云:"谢公木斋,费公鹅湖,毛公砺庵皆居此。"此宅盖其所自置者,非赐第也。按其文集中《翔鹤记》云"予寓居都城西四里许,使者宣召旁午,每与隶弗及,则单骑疾驰,因始贯居西长安之衢,方营构之初"云云,明二自建屋而云贯居,亦欺人之甚矣。"

《野获编》云:"分宜旧第已三度籍没,其在东城大街者如石大人相同,亦阛阓①闹处,英宗时为忠国公石亨赐第,亨败后无人敢居,后咸宁侯仇鸾得之,仇势张甚,不下石氏,其身后正法枭斩见籍,惨祸更甚于亨。此第今为铸冶开炉之所,其旁一大宅,即石氏偏旁厅事,亦宏敞过他第数倍,今为宁远伯李成梁赐第,成梁罢镇还京居之,父子六人俱为大帅,成梁老病死牖下,长子如松战没,松胄子名世忠,

---

① 阛阓:街道,街市。

当袭爵而顽嚣无赖,赀产荡尽,今惟正寝停乃祖灵柩(万历中叶),十年不葬,他屋悉质于人,信乎形家之说不诬。"

王玮庆①《藕唐诗集》卷二七:"间楼在横街南半截胡同,相传为严嵩别墅,其北半截胡同有听雨楼,则世蕃别业,今归查氏。"

吴清鹏②《笏庵诗钞》卷二:"严氏有墓在京师永定门外,明嘉靖间葬。"

《骨董琐记》卷四云:"严介溪听五楼别墅在神匠(今名绳匠亦曰丞相)胡同,清初徐健庵尚书居之,继归溧阳史文靖。其后分为数处,毕秋帆官翰林时得之,为燕会觞咏之地。后归嶍峨周立崖于礼,立崖好法书,藏弆颇富,泐褚颜蔡苏黄米六家书于壁,后辇归于家庙,今楼不可考,或曰听雨楼在北半截,其南即吴兴会馆楼之余屋也。健庵所居碧山堂即休宁会馆。"

《藤阴杂记》云:"北半截胡同有听雨楼,相传为严分宜东楼,前后即其故第。汪荇洲侍郎曾寓,见《王楼村集》。近韦约轩中丞自四松亭移居,有醉经堂、古藤书屋、得石轩、松石间精舍、槐荫馆、绿天小舫、桐华书塾,九日同人送吴白华司空使楚,分体赋诗,今归查氏。其南为吴

---

① 王玮庆(1778—1842),字袭王,一说为袭玉,号藕唐,一说藕塘,山东诸城人,嘉庆十九年(1814)进士,历官至户部侍郎,著有《藕唐诗集》。

② 吴清鹏,生卒年不详,字程九,浙江钱塘人,吴清皋弟。嘉庆二十二年(1817)进士,由翰林院编修累官至顺天府丞,有《笏庵稿》。

兴会馆,自是楼旁余屋纪太仆复亨以清远名其堂,公车赖以栖止。先是吴少司马应棻寓顺承门街东井书屋,舍宅为馆,不遂。孙宫允人龙另觅地,工未及完,假归。诗:'转为枌榆筹未了,草堂花径几时新?'嗣又辟地扩馆,吴比部严植藤,今已满院。王观察銮植槐,余题句云:'初白槐廯问有无?槐街更忆小长芦。风流二老前型续,消夏聊将种树娱。'馆近不戒于火,癸丑修整复完。"

"东井书屋,吴眉庵①司马宴客,示《岭北集》。杭大宗②诗:'官因右部论兵伟,诗比东坡过海奇。'常以秋日召客,名曰秋盘,酒具曰犀槎。徐观察以升诗:'每羡秋盘嘉,醇醪泛犀槎。'张太史映斗③有《犀槎歌》,又得墨纱蕉幅,张之斋牖,因名蕉窗,赋诗亦极一时觥咏。后归纪太仆、费学士南英,今屋已成墟,东井亦枯。"

《骨董琐记》:"分宜故第,相传在绳匠胡同,以为丞相之讹,又以为在灯市,按《野获编》云:'京师全楚会馆,故江陵相第,壮丽不减王侯,特分宜旧第四分之一,右一小房为京师富人徐性善所得,后坐他事籍没。自严及张迄徐,未三十年,三遭抄没,其为凶宅可知。'嘉、万相去不远,景倩且曾

---

① 即吴应棻(?—1738),原名应正,应禛,避世宗讳,改名,字小眉,号眉庵,又号青灵山谷,青灵山人,归安(今湖州)人。清康熙五十四年(1715)进士,博通诗、词、古文。工书法,著有《青瑶草堂诗集》。
② 即杭世骏。
③ 张映斗(?—1748),字雪子,浙江乌程人,官翰林院编修,著有《秋水斋诗集》十五卷。

亲见，亲居之，则分宜旧第，不在灯市明矣。听雨乃东楼之居，或因此讹为绳匠耳，今湖广会馆犹为四大凶宅之一。"

竹

北方不宜竹，惟有泉水处可种。洪北江《为法式善题移竹图》云："虽然竹性北不宜，干叶纵具青葱稀。先生爱竹识竹性，先引活水周阶畦。"是也。故西山潭柘寺及孙承泽之退谷皆以竹胜，虽无干霄蔽日之观，而置之长松怪石之间，甚具潇洒嫚娟①之致。至若人家庭院，但须有墙可蔽北风之处，亦可种数丛也。

笔

《野棠轩撷言》②云："乾隆时一笔，南书房视如珍

---

① 嫚娟：样貌美丽。
② 作者奭良（1851—1930），字召南，满州镶红旗人，裕瑚鲁氏。颇负诗文，有"八旗才子"之称。历任数省道员，辛亥革命后去官，参与修《清史稿》。著有《野棠轩文集》《史亭识小录》等。

宝，吴县陆相国言其笔已无锋。岁终写福寿字时，先浸水中七八日，便挥洒如意，顷刻可书百余幅，故宝之也。"

《竹叶亭杂记》①云："御用笔向皆选取紫豪之最硬者，方得奏进，上以其不合用，令英协揆②以外间习用者进试之，取纯羊豪兼豪二种。"可见道光以后用羊豪之风始盛。

余所见前朝进御之笔，进自湖州，皆极窳劣，不能作一字。每岁颁赐近臣，皆此物也。惟近见故宫博物院尚有万历笔若干管，其颖作枣形，以其状卜之，必圆健耐用，虽不能取而试之，然此间有笔工李福寿者，能得古法，可以仿制，近来制笔反有胜于昔者。

北都昔日所用之笔，衙署办公则有所谓稿笔，商店记账则有谓水笔，皆非兔非羊，使转如意，价廉工省，甚可提倡也。

---

① 作者姚元之（1776—1852），曾长期为官京城，并出任过河南学政、浙江学政，博览群书，善为文章，能诗会画，工于书法，著有《竹叶亭杂记》。

② 英和（1771—1840），初名石桐，字树琴，一字定圃，号煦斋，索绰络氏，满洲正白旗人。书法家、藏书家，礼部尚书德保之子。著有《恩福堂笔记》《恩庆堂集》《春秋左传读本》等。

满人衣服

邵懿辰《半岩庐日记》云："前闻宗涤楼①言，今时衣裘侈费，若明时官员，无冬夏戴漆纱帽，着绯蓝诸色袍，冬时裘在袍内，毛不向外，故可不论皮毛之佳恶，或中被絮袄而外以袍罩之即可莅官入朝，纱帽遇冬时，或中实以絮，或骆毛护项领，如今高丽人所服，无绒毡种羊貂鼠诸沿及凉冠竹胎、罗胎之分也。"考《明史·舆服志》序言，明兴车服尚质，而《志》中言冠服极悉，无一言及于裘饰，则滁翁之说信然。今官衣有小毛、中毛、大毛之分，色状高下，穷极工巧，无虑数十种，即如三品以上及侍从许服貂裘，而翰詹②诸臣中有极寒者，一貂裘值数十金，品制所关，不能不极力购而服之云云。此言有清服制之奢靡为历代所无，论极允当。盖满人起自东陲，珍裘明珠之饰皆所自有，故不觉其费也。洎其后裔，养尊处优，习于奢纵，彼此相尚，益无纪极，当其季年，一人之身，合貂狐、珊珠、翠管及玉佩之属，可值万

---

① 即宗稷辰（1792—1867），字迪甫，一作涤甫，号涤楼，浙江会稽（今绍兴）九曲弄人。道光元年（1821）举人，官至山东运河道，著有《躬耻集》《四书体味录》等。

② 翰詹：清代对翰林和詹事的合称。

金，相传荣禄每年冬裘日易一貂褂，立山①每年三百六十日所佩朝珠无一相同者。至于衣饰质料色地随时令而转移者，更无论。大臣章服同于闺阁之争奇斗丽，真古今罕有之奇闻矣。

正阳门关帝庙

正阳门月城中之右侧，有关帝庙，由来已久，疑亦明代诸阉人所为。开国之初，当阳之地，似不宜有此。相传天启时宫中塑关像二尊，一大一小，有术士推算谓小者福寿绵长，香火百倍，大者不及。熹宗遂以小者弃置正阳门小庙，而供大像于后宫，增其祭品，以穷日者之言。未几李自成入宫毁像，而其言始验。说见《藤阴杂记》。民国初年改造正阳门楼，而众议坚持不得毁此庙，反葺而新之，至今愚民香火不绝。

《王渔洋年谱》已云正阳门关庙祈签灵验，有清一代文人学士称道者极众焉。

---

① 立山：（1843?—1900年），本名杨立山，字豫甫，土默特氏，蒙古正黄旗人，晚清官员，笔帖式出身，官至户部尚书，庚子年被祸五大臣之一。庚子年间因同情光绪、反对任用义和团，与兵部尚书徐用仪、吏部侍郎许景澄、内阁学士联元、太常寺卿袁昶一起被杀。

民居侵占官街

正阳门为当阳之地,观瞻所系,而正阳牌楼以外廛肆喧嚣骈阗,道为之塞,近始有拆让之举。然亦止能疏通街口而已,其显然侵占官街之处,固未能一一毁去也。考其积弊相沿,盖始于明末。

《日下旧闻》已云:"正阳门前搭盖棚房,居之为肆,其来久矣。崇祯七年,成国公朱纯臣①家灯棚被火,于是司城毁民居之侵占官街,搭造棚房,拥塞衢路者,金侍御光辰②虑其扰民,上言京师穷民僦舍无资,藉片席以栖身,假贸易以糊口,其业甚薄,其情可哀,皇城原因火变,恐延烧以伤民。今所司奉行之过,概行拆卸,是未罹焚烈之惨而先受离析之苦也,且棚房半设中途,非尽接栋连楹,若以火延棚房即毁棚房,则火延内室亦将并毁内室乎?疏入,有旨停止。"此君所言可谓不务其大。明季言官之识不过如是也。

又尝考诸台规,乾隆十九年谕旨:京师为万方辐辏之

---

① 朱纯臣(?—1644),明末贵族,祖上为大将军朱能,世袭成国公。李自成攻入北京时,朱纯臣献齐化门(即朝阳门),后被李自成处死。
② 金光辰,生卒年不详,字居垣,号双岩,滁州府全椒人,曾任御史,明亡后家居二十余年而卒,著有《金都御史全集》。

地，街衢庐舍理应整齐周密，以肃观瞻。乃近来京城内外多有拆售房屋者，行户等亦藉以居奇射利，此陋习也。着工部步军统领顺天府尹五城御史出示严行禁止。阅此可见建国之始街衢庐舍必皆官力经营，整齐画一，一成之后不容复改，故拆卖房屋著于禁令。虽似不近人情，然以国家权力定久远规模，于势亦不得不尔。此又清制之差强人意者也。

雕　漆

故都手工业之精雅者，景泰蓝而外，则雕漆也。雕漆以剔红为上，细入豪芒，艳如火齐。今其术未亡，而艺终逊于曩日①矣。高士奇《金鳌退食笔记》记之最详。云："果园厂在棂星门之西，明永乐年制漆器，以金银锡木为胎，有剔红、填漆二种。剔红合有蔗段、蒸饼、河西、三撞、两撞等式，蔗段人物为上，蒸饼花草为次。盘有圆、方、八角、绦环、四角、牡丹瓣等式，匣有长、方、二撞、三撞四式。其法朱漆三十六次，镂以细锦，底漆黑光，针刻'大明永乐年制'，比元时张成、杨茂剑环香草之式似为过之。填漆刻成花鸟，填彩稠漆，磨平如画，久而愈新，其合制贵小，深

---

① 曩日：往日，以前。

者五色灵芝边，浅者回文戗金边，价数倍于剔红二种，皆厂制也。"

藤　花

吏部藤花为明中叶吴文定宽所手植，王渔洋、宋牧仲、汤西崖诸公迭相唱和及刘文定纶作冢宰，更与同官倡和成一集。都门卉木近在禁城，流传盛事最广者，无如此藤矣。吏部旧址今为公安局，植藤之处号曰藤花厅，繁茂依然，老年吏役犹能道其故典，余尝过而凭吊焉，花而有知，其感慨当何如矣。

工部亦有藤花，康熙中陈文简元龙[①]为司空，曾有诗云："不知移植自何年，蔓曲根蟠百丈牵。曾向铨曹嗟树老，又来水部结花缘。"是也。见《藤阴杂记》，今不能指实其处。

杨梅竹斜街梁文庄公第清勤堂前藤花，汪文端有诗，戴蕺塘[②]云，今久改旅店，藤花尚茂。

---

① 陈元龙（1652—1736），字广陵，号乾斋，浙江海宁人。康熙二十四年（1685）一甲二名进士，官至太子太傅，著有《爱日堂文集》《爱日堂诗集》等。即海宁陈家的陈阁老，野史载乾隆皇帝出自海宁陈家。

② 即戴璐（1739—1806），字敏天，号蕺塘，一号吟梅居士。归安（今浙江省湖州市）人。《藤阴杂记》的作者，对典章制度、科举情况、文坛掌故等所知甚多。

朱竹垞之古藤书屋在海波寺街,金文通之俊第亦有古藤书屋,亦在海波寺街。未知是一是二,《藤阴杂记》未详言之。

又屠倬有双藤书屋,在米市胡同,见是《程斋集》中。

北方紫藤不假培壅①,自易长大。春深先花而后叶,色既秾艳,香尤馥郁,紫云垂垂,一院皆成仙境矣。然以其易长,年老反致枯瘦,又花叶太繁,则架不胜重,常致倾圮,皆足以损之。

药　铺

京师药铺之著名者为同仁堂,堂主乐姓,明代已开设,逾三百年矣。外省之入都者无不购其卤砂膏、万应锭以为归里之赠品。东安门内有卖灵宝如意丹者,定价不一,先与银乃付丹,每以纹银之重量若干易丹,如其数钱,则每百易丹一钱,治病神效,故人争市之,屋仅一廛,悬额为"青囊②一卷",其人以此起家,传数代矣。由是争相仿效,或书"清囊一卷",或"诚囊一

---

① 培壅:在植物根基部堆土,以促进生长。
② 青囊:本意为黑色袋子,后指代风水先生或中医。据说,华佗死前将所用医书装入一个黑色袋子赠给狱卒,后人称中医为青囊。

卷"，或"菁囊一卷"，或"精囊一卷"，以此相混攘利，而不知其意义不通也。一巷之中，殆有数十家，门面宏敞，点缀鲜明，客至殷勤延坐，奉茶奉烟，先与丹而后付银，银不必纹，钱不必足，而丹不甚佳，青囊之门客仍满焉。其对客也亦落落不为礼，惟关东猪贩至，主人出柜迎揖如不及，其人皆履关东履，俗所谓踢杀虎者，不袜而缠邪幅，泥渍没胫，衣蓝布大袖之衫，首戴鸭尾毡帽，腰缠整幅大布袋，面深黑，声如牛如鹅，手指如木鱼槌，握烟筒长不盈尺而粗如棍，斗大如酒杯，迎入柜延上座，主人执礼甚恭，手捧茶，自吸烟，一一遍已，客乃各解其腰缠，顷之，则皆累累大白镪，内外柜皆布满，目为之眩，盖猪服丹而不病，故争购之也。

上为《清稗类钞》所记，甚诡异。东安门之药肆曰东安堂以百效膏得名，每年限以四月二十八日售此膏，他日来者则谢绝焉，其业反盛。他肆则不限日，反不及也。

至乐氏所设之同仁堂，近已分设数处，皆以仁为号，营业遍于海内。积赀之雄可敌国矣。

崇文门

史玄《旧京遗事》云:"京师九门皆有税课,而统于崇文一司。原额岁九万余两,今加至十万余两,例加也。各门课钱俱有小内使经营收纳。凡男子囊襆①骑驴,例须有课,轮车则计囊襆多少以为算榷。至于菜茄入城,乡民亦须于鬓边插钱二文以凭经税,小内使径行摘之,彼此不须相问,甚可粲也。鸡豚必察,不知何年经始厉阶,今遂为司农②正赋耳。又长安大城内宰猪,例于诸门外屠割入城,每猪税钱二十五文。终朝之入,坊巷间民暗计用猪多少,以占市事。垄断之用术,不在商而在朝也。"

《燕京杂记》云:"京师税厂设于崇文门外,载货入都者,到此输之,谓之上务。监督者虑有漏税,设门役于各门以检之。遇有货者则道之上务,无者则纵之使入,法甚善也。今之门役,不论货之有无,需索甚奢,谓之讨饭食钱。羁留竟日,必饱其囊橐然后纵去。其在数入都门者,或不敢稽迟。若初至者,土音是操,不谙规制,其勒索更不可言

---

① 囊襆:也作"囊幞""幞囊",装被子、衣服的行李袋。
② 司农:指户部。

矣。甚有阴窃明夺，滋扰生端，朝廷重惩亦复不悛，故入都者亲友候问，必先问入门易否，甚矣都门之难入也。"

此明清两代崇文门税关之秕政也。清制税差用内务府旗官，所属胥役，狐假虎威，无恶不作，尤为明代所无。入觐官吏及会试士子，受其害者不可胜言，而负贩小民更无论矣。试检《东华录》，自雍正、乾隆以来，言官抗疏及朝旨申饬，几无虚岁。然城狐社鼠，盘踞甚深，空言整顿，曾有何补。其实岁入不过数十万，不解何以留此秕政终不肯去。民国以来诸总统且仍留此以充私囊。惟火车四通，此辈之伎俩，亦稍戢矣。直至民国十七年以后，始得摧陷廓清[1]焉。

天春园

旧家中之最饶史意者，无过铁狮子胡同之天春园。《天咫偶闻》云："吴梅村有《田家铁狮歌》，疑即铁狮子胡同。双狮在一狭巷中，已破碎，巷口另有二石卧狮制作极工，梅村歌有'铸就铭词镌日月'语，今狮半埋土中，铭词有无不可见。"今其地名麒麟碑胡同，委巷颓垣，星移物换，盖已析为民居。

---

[1] 摧陷廓清：形容彻底肃清。

惟麒麟碑胡同之东尚有大宅一区，为田宅旧址之一部，此宅昔属宜兴任公振采，继归嘉定顾公少川，孙中山先生最后入京，假馆于是，旋易箦焉。余初客于任，继客于顾，于是宅尤有缘焉。其客坐中有旧主满洲某君所作《增旧园记》，曾录入笔记，其略曰：

增旧园旧名天春园，在安定门街东铁狮子胡同，乃康熙间靖逆侯张勇之故宅也。当明季之世宅为田贵妃母家，名姬陈圆圆者曾歌舞于此。道光末年，先考竹溪公由鸭儿胡同析居后，购以万金，因其基而修葺之，故更名增旧园云。园有八景，其正厅东向者曰停琴馆。取停琴伫月之意，对面有亭曰山色四园亭。亭之北有台曰舒啸台，盖尝登东皋以舒啸焉。台之西有厅南向者曰松岫庐。庐之南有修垣焉，长三十余丈，苍苔掩映，薜荔缠之，曰古莓堞。垣之曲折处有石洞，上镌有凌云志，可以暗通前宅者，曰凌云洞。停琴馆之西有曲房曰井梧秋月轩。轩之北由长廊而斜度者曰妙香阁。乃昔年拜佛处也，此增旧园之八景也。

铁狮子胡同巨宅最多，其最东者为乾隆中之和亲王府，清末为陆海军部，袁世凯于此设临时总统府，而段祺瑞于此设执政府，枪杀学生多人于门首焉，今为卫戍司令部。

《天咫偶闻》又云："明嘉定伯周奎第,国朝三等伯穆赫林居之,子孙不能守,惟门堂仅存,听事后杂树扶疏,乱石簇拥,中间似有亭址,自此以后皆别售之于人矣。"而其门前宏敞如故,石狮二尚存,今称博家大门。

酒　事

前记故都酒事,兹又得数则以慰酒人馋吻。

《宋诗记事》四七引《海陵集》："予憩燕京会同馆,有梁大使者,先朝内侍官也。入馆传旨赐金澜酒二瓶,古乐府云:'月穆穆以金波。'金澜之名,其取诸此乎?又燕中暑月于冰窖造御酒甚清洌,使至,常被赐,女真人多酿糜为酒,醉则杀人。"

逊园居士《客坐赘语》云："余性不善饮,乃见酒则喜。计生平所尝如大内之满殿香,大官之内法酒,京师之黄米酒,蓟州之薏苡酒,永平之桑落酒,易州之易酒,沧州之沧酒,大名之刁酒、焦酒。"

《藤阴杂记》云："大祀福酒,光禄寺堂官验尝,敬贮龙瓶,名曰灌酒,然后护以龙袱,抬赴祭所,灌后有余,许携以归,亦受福之遗意也。酒味甘色黑,小户尤宜,良酿三升,至今犹恋。"

《毛西河诗话》:"御酒坊后墙有街曰长连,又一街曰短连,总曰廊下家,长随答应多住此卖酒,京师称廊下内酒家。故查嗣瑮诗:'长连遥接短连墙,紫禁沧洲列两厢。催取四时花酿酒,七层吹过竹风香。'其时或尚存数竿耳。"

黄左田《壹斋集》有《米窝儿》诗云:"京师市中白酒铺,每岁冬初以白布长丈余为帘,大书徽州米窝儿酒,其实他郡皆善酿,不必徽州也。近亦只书江米窝儿酒。"

《毛西河诗话》:"宣武门竹林寺傍有酒家名顶泉居,酒名蓟酒。尝骑马诣益都相公第必造饮,同官张文鸿烈往酤,诗云:'竹林寺畔顶泉居,井洌香甘新酌余。'今寺已无存,何问酒肆。西河又谓长安宴会方小彻,长班即燃提灯满前除以促之,今无此习。"

《顺天府志》引《帝京岁时纪胜》:"至于酒品之多,京师为最,煮东煮雪,醋出江元,竹叶飞清,梨花湛白,窝儿米酿,瓮底春浓。药酒则史国公、状元红、黄连液、莲花白、茵陈绿、橘豆青,保元固本,益寿延龄。外制则外乡贩南路烧酒,张家湾之湾酒,涞水县之涞酒,易州之易酒,沧州之沧酒,更有清河干榨,潞水思源,南来之木瓜惠泉,绍兴苦露、桂酒、橘酒,一包四瓶,三白五加皮,虽品味各殊,然皆不及内府之玉泉醴酒醇且厚也。"

八大处

　　流俗有所谓西山八大处者，乃西山八寺，八寺皆聚于一处，殊不足以概西山全景也。然八寺之名，多为人所忽，兹略述其概以为好游者导。所谓八大处者，一曰宝珠洞，二曰香界寺，三曰龙王堂，四曰大悲寺，五曰三山庵，六曰秘魔崖，七曰重兴寺即灵光寺，八曰长安寺。自狮子窝至翠微山登宝珠洞，洞甚黝暗，旋至香界寺，前后越数山岭，无往不陂，无陂不斜，或临壁而进。寺在翠微山麓，旧为平坡寺，创于唐，明仁宗赐名圆通，康熙戊午葺之，赐名圣感寺，乾隆己巳改名。入门老松一，荫全院，西侧有钟亭。更进为天王殿，为佛殿，后进为高楼，凡七楹，两旁皆有屋，丹朱剥落矣。

　　自香界寺至虎头山麓之龙王堂甚近，龙王堂一名海泉庵，又名慧云禅林，康熙辛丑重建，入门即至听泉小榭，下有二泉，一在石阶下，凿龙口出水，潴为方池，深约四五尺，中蓄金鱼，此处之泉名龙泉。锄月老人有《龙泉甜水歌》，书一小方悬于小榭，窗悬一联云："当户老松生夕籁，满山红叶入新诗。"小榭之左为丹枫染翠轩，殆以院落多植松枫两木故也。

自龙王堂至大悲寺甚近,亦称大悲庵,至此已在翠微山左麓矣。雍正甲辰,慧澄禅师重修,入门有竹林,苍翠庇墙,前为药师殿,殿前有银杏二株,姿态奇古,后进历十余级而登,为大悲殿,明嘉靖丁未所建。

自大悲寺至重兴寺亦近,入门可憩于归来庵,端方尝卜居于此,有屋五楹,四壁悬联额,端方自书一联云:"箧有三山记,心藏五岳图。"是其罢官时所居也。门临小池,左倚峭壁,壁上有二洞,院颇荒落,惟树木葱郁,山色湖光兼而有之。池右有石磴数十级,曲折而上,至韬光庵,更上有八角亭,无题名,前有菩萨殿三间。

自灵光寺至秘魔崖约里许,崖上证果禅寺,明成化间建,相传秘魔祖师居之。崖在卢师山半,大石嵌空,几二丈,色黟,是名秘魔崖。洞内有石磴一,相传为卢师晏坐[①]处,其后复有真武洞,甚小。洞旁有轩三间,面对翠微高峰,树木颇多,东行百余步,有大石侧立道旁,一池潴焉,即大小青龙所蛰处。在秘魔崖右,望平田一片,浑河在其前,浑河即桑乾河下流,自此向张家口而去焉。旧屋甚多大半倾圮,山门内钟鼓楼遗址尚存。

此八大处者以高者为佳,而秘魔崖每值秋冬之间红树如张锦屏,尤为胜观也。

---

① 晏坐:是指安坐,闲坐。

棚　匠

　　北都糊匠之艺，特以精致见长；犹未为大观也。若夫瑰玮壮丽，则无逾棚匠。凡宫廷邸第，院落恒广至盈亩，夏日求阴，则必搭天棚，高出檐上，四面平正，朝舒暮卷，疏不漏日，密不妨风，永昼闲庭，能增幽静之致者，皆天棚之为力也。棚以席为之，其曳棚之索，在宫廷则为黄色，在邸第则为紫色，常人之家则不染色。今既无等威之辨，则尽人可用黄紫色。惟价奇昂，近人已渐罕用，独家有婚丧之事，则不得不搭棚，以便于中庭肆筵席款宾客，终较别赁礼堂为廉也。豪富之家，结玻璃彩棚，可以胜风雨，至累月不坏。其脊纯仿殿宇之制，遥望之，榱桷①鸱吻俨然悉具，不知其为赝也。《天咫偶闻》记光绪庚寅大婚，适值太和门灾，不及修建，乃以札彩为之，高卑广狭无少差，至榱桷之花纹，鸱吻之雕镂，瓦沟之广狭，无不克肖，虽久执事内廷者，不能辨其真伪，而且高逾十丈，栗冽之风不少动摇，此非身至北都，目睹太和门之宏丽，且熟知棚匠之艺能者，不能深会此语也。民国以来，屡行庆典，天安门、新华门及东、西

---

①　榱桷：屋椽。

单牌楼各处必结彩棚，岁糜巨费，迁都以后，远逊于前矣。棚之为物，可咄嗟立办。议价既定，以大车一二辆捆载用具而来，其头目一再审量，指挥数语，但见各司其事，趋走无紊，而鹰架已立矣。匠人升屋布席而缝之，唯须一针，其针粗巨而曲若镰，别无长物也。《天咫偶闻》述其状云："搭棚之工虽高至十丈，宽至十丈，无不平地立起，而且中间绝无一柱，令入者只见洞然一宇，无支木寸椽之见，而尤奇于大工之脚手架。光绪二十年重修鼓楼，其架自地至楼脊高三十丈，宽十余丈，层层皮木，凡数十层百许根，高可入云，数丈之材，渺如钗股，自下望之目眩。竟不知其何从结构也。"

冷　摊

往日京师士大夫，常于冷摊中得珍物，冷摊多在慈仁寺。王渔洋《池北偶谈》云："于慈仁市上见'客氏拜'三字敝刺，朱克生①以三钱得之，赋《客氏行》。又买正德钱二枚背有螭虎形。"《古夫于亭杂录》云："昔有士欲谒余

---

①　朱克生（1631—1679），字国桢，一字念义，号秋崖，江南宝应人，平生足迹遍天下。著有《毛诗考证》《雪夜丛谈》《环溪秋崖诗集》等。

不见,以告昆山徐司寇,司寇教以每月三五于慈仁书摊候之,已而果然。"《宋牧仲集》有《上元过慈仁寺买得崔鸿〈十六国春秋〉〈天下名山记〉诗》。

今惟头发胡同小书肆中尚偶可搜得冷僻而价廉之物。否则俟新正厂肆设摊时亦可,然价必稍昂矣。

又姜学在于慈仁市上买得宣德窑青花脂粉箱,陈迦陵为赋《满庭芳》词,所谓"今日天家故物,门摊卖冷市间坊,摩挲怯,内人红袖,恸哭话昭阳"是也。

往时可于冷摊上得珍物,然亦极易受欺,若黑市尤甚。黑市者,夜未尽数刻,乘暗为交易,多鼠窃辈为之,今崇文门外尚有之,亦不如往时之盛矣。兹汇录前人所记佚闻数则于下:

> 隆福寺逢九、十日有庙会,有王翁抱幼孙,年方十岁,往游。见一紫檀界尺,甚爱之,王翁买归玩弄。偶击几上,豁然一小抽屉脱出,中藏东珠十枚。翁狂喜,骤获珠售价,加以营殖,遂成巨室,人呼为珠子王家。

> 又一士人偶游东华门,见骨董肆中悬小皮箄,时夏月,思衬腕作书颇凉爽,以二百余钱得之。数日皮缝裂,中藏东坡行楷十幅,倪迂山水十幅,皆真迹也。售之得二十金。

> 黑市大抵皆鼠窃辈,诈伪百出,贪钱购觅,往往

被给，亦间有获厚利者。桐城方某乘夜往市，一人以袄里一裘求售，扪之袄颇光滑，裘亦轻软，以贱值得之。迨晓起视，则锦袄里貂裘一袭，不觉狂喜，展裘坠地有声，又得珊瑚数珠一串，鬻之陡获千金。

杭州张某游京师数年无所遇，困极欲归，苦难就道；闻多棋竿庙神甚灵，凡人命注财禄皆可预借，验后酬以棋竿或二或四，久而成林。张因往祷，夜梦神教其往神武门以俟；醒而异之，如言往，竟日杳然，如是月余，寝倦矣。一日候至日中，饥甚，姑向饼师谋果腹。见壁间荒货店有铁象棋一盒，漆光黝然。张素嗜此，出数百文买之，持合回寓；进门蹉跌，盒碎子抛满地。有一二子略致堕损，微露黄质，细视皆浑金而外涂火漆者，秤之得百四十余两，遂拥赀归。①

半亩园

世家大族，拥园林钟鼓之盛者，何代蔑有。然不旋踵而易主至不可踪迹者，往往而是。庾子山所谓"月榭风台，池平树古"，古今有同慨焉。旧京名园历史最长者，莫如牛

---

① 以上四则故事同见于作者《枻庐所闻记》中《古董》一篇。

排子胡同之半亩园，自清初至今无恙，然亦数四易主矣。考《天咫偶闻》及《鸿雪因缘》，园本贾中丞汉复宅，李笠翁客贾幕时，为葺新园，垒石成山，引水作沼。后改为会馆，又改为戏园。乾隆初杨韩庵员外得之，又归春馥园观察，道光辛丑始归于麟见亭河督庆（会馆戏园之说据《天咫偶闻》）。麟庆之子即崇厚，光绪初以伊犁交涉误国，几至伏诛者也。乾嘉官两河者，皆席膏腴，宜其力能穷园林之胜事。然园实不大，纯以结构曲折铺陈古雅见长，富丽而有书气，故不易得，每处专陈一物，如永保尊彝之室专藏鼎彝，琅环妙境专藏书，退思斋专收古琴，拜石轩专陈怪石，供大理石屏有极精者，端研印章累累，甚至楹联亦磨石为之，佛寮所供亦唐铜魏石。正室为云荫堂，中设流云槎，为康对山物，乃木根天然卧榻，宽长皆及丈，俨然一朵紫云垂地，左方有赵寒山草篆"流云"二字，思翁、眉公皆有题字。云荫堂南大池盈亩，池中水亭双桥通之，是名流波华馆，又有近光楼、曝画廊、先月榭、知止轩、水木清华之馆、伽蓝瓶室诸名，此皆《天咫偶闻》所记，今其古物已散斥殆尽矣。

据麟庆自记则云："正堂曰云荫，其旁轩曰拜石廊，曰曝画阁，曰近光斋，曰退思亭，曰赏春室，曰凝香，此外有娜嬛妙境、海棠吟社、玲珑池馆、潇湘小影、云容石态庵、秀山房诸额。"其云荫堂楹帖云："源溯白山幸相承七叶金貂那敢问清风明月，居邻紫禁好位置廿年琴鹤愿常依舜日尧天。"近人著《故都秘录》小说即取是联为装点,盖麟庆姓完颜氏,为金源后裔,而地近东华门,为内城诸园之杰出者,宜其语气之自豪也。

半亩园限于地势,结构实无甚可称,徒以麟氏《鸿雪因缘》一书善于夸叙,近数十年遍传南北,几于家有其书,又震于李笠翁之名,故恒为人所称道。余居邻是园,前后几二十年,履綦①偶过,则见夫蔓草平池,颓檐倚树,云荫堂之水既枯,康对山之榻亦破,近年且为后裔折而鬻之,七叶金貂之联亦不复悬矣。

小秀野堂

康熙中顾侠君嗣立②葺秀野草堂于苏州,时年甫二十三,越十年入都,寓宣武门外上斜街,因署其居曰小秀野。禹之鼎为作图,查嗣瑮③为书额,自作四绝。其后入都修书,则移寓双井书屋,其诗云:"赁得茅斋八九椽,辘轳双井在门

---

① 履綦:足迹。
② 顾嗣立(1665—1722),字侠君,号闾丘,江苏长洲(今常熟)人。康熙五十一年(1712)进士,博学有才名,喜藏书,尤工诗,性豪于饮,有酒帝之称。著有《秀野集》《闾丘集》等。
③ 查嗣瑮(1652—1733),字德尹,号查浦,海宁袁花(今浙江省嘉兴市)人。查慎行之弟。

边。"是也。未几又移宣武门外，庭中有枣树一株，因名其诗曰《枣下集》。其第三次入都，则寓米市胡同，旋移北半截胡同，颜其居曰宣南一廛。又移南半截胡同。入翰林后，又移教场四条胡同。侠君风流文采照映一时，惟上斜街之小秀野脍炙人口，余多不甚著。

书　院

今西华门外有胡同，榜曰灵境，灵境乃灵清宫之讹，而灵清宫又灵济宫之讹也。灵济宫乃永乐中建以祀南唐徐知证、知谔兄弟，本为闽人所祀。宋高宗赐祠额曰"灵济"，不知何以感梦于成祖为之立庙京师，号曰"玉阙、金阙二真人"。《帝京景物略》云："其像机胎木体，撼之欲动，福州原像也。"明代朝臣于此习仪，屡有议其非祀典者，不能革也。然嘉靖间此地讲学之会盛极一时，则虽淫祀而极有关史乘焉。《日下旧闻》引《世庙识余录》云：

京师灵济宫讲学莫盛于癸丑、甲寅间，是时大学士徐阶、礼部尚书欧阳德、兵部尚书聂豹、吏部侍郎程文德皆有气势，缙绅可扳附得显官，故学徒云集至千人。

丙辰而后，诸公或殁或去，惟阶尚在，而讲坛为一空矣。戊午岁太仆少卿何迁自南京来，复推阶为主盟，仍为灵济宫之会，然迁名位未可恃，号召诸少年多无应者。

后来东林之讲学，移于首善书院，即今宣武门外之天主堂也。《帝京景物略》述之甚详。其言曰：

> 都御史吉水邹元标、副都御史三原冯从吾万历初各以建言予杖去，里居讲学四十年。泰昌初征入掌宪，公暇辄会讲城隍庙，佥议建书院宣武门内城下，御史周宗建董之。讲堂三楹，后堂三楹，供先圣，陈经史典律，以天启二年十一月开讲，至四年六月罢讲。御史倪文焕等讥为伪学，疏曰："聚不三不四之人，说不痛不痒之话，作不深不浅之揖，啖不冷不热之饼。"

又据《春明梦余录》云："书院之设莫盛于元，其在京师者有太极书院，明初各省俱有书院，至张江陵当国始行严禁。"

又叶名澧《桥西杂记》云：

> 自首善废七八十年，京师无复立有书院。康熙庚辰，大京兆钱公晋锡设大兴、宛平二义学教士。宛平

寄宣武门外长椿寺，而大兴僦屋于洪庄。洪庄者，文襄公承畴赐园也，在崇文门外金鱼池上。嗣是，宛平之学并归大兴，延王昆绳源主其事，从游日众。京兆欲市庄内隙地构堂，文襄孙奕沔不可乃止，疏托言奕沔欲割其地以建学。圣祖嘉其请，书"广育群材"额以赐奕沔。奕沔闻之大惊而无如何，王昆绳为之记，备述其经营之始，乾隆十五年庚午改名曰金台书院，至今肄业生徒甚众，而籍他省者亦附焉。

兔儿山

明西苑有兔园山（或作兔儿山），据《金鳌退食笔记》云："在瀛台之西，由大光明殿南行，叠石为山，穴山为洞。东西分径，纡折至顶，殿曰清虚，砌下暗设铜瓮，灌水注池。池前玉盆内作盘龙，昂首而起，激水从盆底一窍转出龙吻，分入小洞，由殿侧九曲注池中。……架石通东西两池南北二梁之间，曰旋磨台，相传世宗礼斗于此。台下周以深堑，梁上玉石阑柱，御道凿团龙，至今坚完如故。"观此则康熙中尚有遗迹可寻，至乾隆时修《日下旧闻考》则已云俱毁矣。近日东莞张江裁君云："今有图样山，适当光明殿右,乃司所谓兔儿山者不知何时划去,今所谓图样山即此山也。周览近地,无他寺观,无二百年以上之古树,而废地甚多,有巨石,若杵、若甑、若象鼻、若龙之半身、皆委置榛莽间。"盖当时山上物无可疑。

妇女风俗

史玄《旧京遗事》云:"京都妇人不治女红中馈,家家御夫严整,夫出,妇人坐火坑上,煤炉边,弓足盘盘,便可竟日。炉边置牛肉馍馍等诸食馔,助以果物,依食下餐,兴阑梢弄脂粉针线,或料理行缠,以此成俗,兵民之家内无甑石①之储而出有绫绮之服。"

《燕京杂记》云:"京中妇人不知织纴,日事调脂裹足,多买肉面生果等物,随意饕餮,家徒四壁,一出门珠翠满头,时装衣服长短合宜,居然大家风范。"《旧京遗事》云:"内无担石之储,出有绮绫之服。"于此可见,女子十三辄嫁,三十则形容枯槁,蕣花②艳发,易开易落。

古称燕赵多佳人,故今宦游京师者辄以娶京妾为美谈,然

---

① 甑石:少量的粮食。
② 蕣花:木槿花,短时间开放的花。

其奢淫成性，已为结习，稍不如意，变出意外。黄陶庵[①]有《燕姬叹》，结云："北邙萧瑟白杨风，一半春宵酬秘戏。"

上两则一述明代妇女风俗，一述清代妇女风俗，直至于今犹有存者。满洲妇女尤甚，盖习于优纵故也。若辈口齿皆极伶俐，礼数皆极精娴，应对进退，秩然彬然，无不曲当人意。而究其实则不能操作，且极奸诈之能事，居家而雇土著之仆妇，则私窃主家物以济其家者，视为故常，且绝无忠贞之意，鲜肯事一主者。

凡庙会及下等游戏场，若天桥，十刹海之类，多若辈踪迹。涂脂抹粉，哗笑于人丛中者，虽非必有招蜂惹蝶之意，固足厌矣。

许周生之配梁德绳[②]著《古春轩诗草》中有《北地佳人行》云："北地佳人少小时，养成性格含娇痴，闺中行乐随年挽，世上闲愁百不知……无限豪华虽具陈，酣眠薄醉过青春，寒门不少倾城色，翠袖空悲薄命人。"是亦描摹嘉道中风俗者。

旗俗尤重未嫁之女，宴居会食，翁姑上坐，小姑侧坐，儿妇则侍立于旁，进盘匜[③]奉巾栉惟谨，故能不受拘检，行动

[①] 黄淳耀（1605—1645），初名金耀，字蕴生，一字松厓，号陶庵，又号水镜居士，南直隶苏州府嘉定（今属上海）人。南明弘光元年（1645），与侯峒曾领导抗清起义。城破后与弟黄渊耀自缢于馆舍。著有《陶庵集》。

[②] 梁德绳（1771—1847），字楚生，晚号古春老人，浙江钱塘（今杭州）人。弹词女作家，《再生缘》续作者。梁诗正之孙女，侍郎梁敦书之女，兵部主事许宗彦之妻。

[③] 盘匜：古代盥洗用具，注水用匜，承水用盘。

自恣。谚曰:"鸡不啼,狗不咬,十八岁大姑娘满街跑。"旗族旧风俗如此。

帝王树

潭柘寺殿庭之左有银杏一株,参天合抱,以坊表其前。相传出一皇帝则茁一枝,号曰帝王树。自光绪以后,其语遂无灵。端木国瑚[①]《太鹤山人集诗》有云:"殿侧鸭脚树,通天垂华鬘,应真列图箓,叶叶状青鸾。"注云:"此树生长无穷,设石坊香灯供养,大木应圣人,生一代长一株,有石记。"

水角子

北人好食麦,通于古今,闻于中外矣,中下人家常馔,止是烙饼里葱酱食之,饼既枯硬,葱复辛烈,南人殆所不堪。若岁时令节则具水角。北音读角若交,故字误为饺。试

---

① 端木国瑚(1773—1837),字子彝、鹤田、井伯,晚号太鹤山人,浙江省青田县城太鹤山麓人,清代学者。博通经史及阴阳术数,精研《易经》。

读宋人笔记，方知其字元为角也。揆其初意，殆以其形似角而有此称。每岁正月元日以至五日，人家多不举火，唯于隔年预制水角子储之，北人呼为煮饽饽，自巨室以至闾阎无不如此。其中所实亦止韭菜之属，非必珍品也。民国十年以后，北都穷困日甚，闻有一妪以元日不能具韭菜水角子，自痛暮年遘①此苦境，竟悬梁而绝。习俗缚人，一至如此，故都沦败之惨，亦从可想矣。

岁尾年头别有一物足资谈助，则祀神所用之蜜供也。其法以油面作荚，砌作浮图式，中空玲珑，高二三尺，五具为一堂，元日神前必用之，甘芳可口。

满洲食品中有一种曰萨奇马者，炒米脂麻和蜜为之，点以有各色山楂、青梅之类，入口酥化，不独悦目也，牵连记之。近日南中亦有仿制者矣。

太液秋风

秋风起兮，木叶黄落，是故都九月以后之景矣。宜此景者莫如万善殿前之水亭，亭突入水中，四面虚明，玄石穹然，大书深刻"太液秋风"四字，乾隆御笔也。太液秋风为

---

① 遘：相遇，遇到。

燕山八景之一,此处久为禁地,民国以来游人足迹所未至,今年甫修葺而启开之。每当秋月临空,衰杨弄影,近听游鱼之瀺灂①,远闻芦叶之萧疏,使人忘其身在城市。若夫初秋久晴,陌尘不起,于此负暄,直如挟纩,亦佳境也。

灯　市

明代灯市集于东华门外,即今之灯市口也,不独张灯且为百货麇集之地,盖教坊勾阑相去甚近,故侈靡繁华冠于全城,《谈往》一书已少传本,录其一段以证遗闻。

  明朝京师灯市庙市,即西北中原等处俗说"赶集",东南闽粤等处"趁墟"是也。灯市向设于五凤楼前,后徙东华门外。庙市则起自刑部街之东弼教坊下,绕北延至都城隍庙,绵亘十里。其期灯市则每月之初五、初十与廿,庙市则月之朔望与二十五。灯市先为灯设也。正月起于初八至十八,再过晚始散。灯贾大小以几千计,灯本多寡以几万计。自大内两宫与东西二宫及秉刑、司礼、世勋、显戚、文武百僚莫不挟重赀往以买

---

① 瀺灂:微小的水声。

之。多寡角胜负，百两一架，廿两一对者比比。灯之贵重华美，人工天致，必极尘世所未有，时年所未经目者。大抵闽、粤技巧，苏、杭锦绣，洋海物料，选集而成。若稍稍随俗无奇不敢出也。玉、珠宝、古玩、香绸、磁锦等货贸易售市，动经千百，豪华局面，富贵气象，人钦帝都如此。自世道变古，将三厘银置一盏梅花纸灯，堂前清供，家无优宴，夜不设席，自以为道心不乱，冰操可掬，灯贾由是解体，灯本逢此亏折。皇店酒楼气索神冷，止舞大头和尚以闹街遣兴。此非朴茂，乃衰薄也。所谓金吾不禁，彻夜游行之事无有矣。灯市穷，京师遂愀然无色。

庙市乃为天下人备器用御繁华而设也。珊瑚树、走盘珠、祖母碌、猫儿眼盈架悬陈，盈箱叠贮。紫金脂玉，犀角伽倆，商彝周鼎，秦镜汉匜，晋书唐画，宋元以下物不足贵。又外国奇珍，内府秘藏，扇墨笺香，幢盆钊剑，柴汝官哥，猥狃①氍毹，洋缎蜀锦，宫妆禁绣，世不常有，目不易见，诸物件应接不暇。维彼碧眼胡商，漂洋番客，腰缠百万，列肆高谈。日至无期，官为给假，使为留车，行行观看，列列指陈，后必随之以扶手，舁之以箱匣，率之以纪纲戚友，新到之物必买，适用之物必买，奇异之物必买，布帛之物必买，可以奉

---

① 猥：乱麻；狃：缝补。

上之物必买，可贻后人为镇必买，妾媵燕婉之好必买，仙佛供奉之用必买，儿女婚嫁之备必买，公姑寿诞之需必买，冬夏着身之要必买，南北异宜之具必买，职官之所宜有必买，衙门之所宜备必买。朱提称兑，不避人见，置办山积，无人敢议。

然灯市口清初已无灯，而灯市移于灵佑宫，查慎行《新年词》所谓"才了歌场来买灯，三条五剧一层层。东华旧市名空在，灵佑宫前又结棚"也。

《日下旧闻考》引《燕都游览志》云："灯市在东华门王府街东，崇文街西，亘二里许，南北两廛，凡珠玉宝器以逮日用微物，无不悉具，衢中列市棋置，数行相对，俱高楼，楼设毹㲮帘幕，为宴饮地，一楼每日赁直至有数百缗者，夜则燃灯于上，望如星衢。市自正月初八日起至十八日始罢，鳌灯在市西南，有冰灯，细剪百彩，浇水成之。"按宋时灯市乃从九月菊灯始，今止正月内数日耳。

此与《谈往》所载大致相同。今灯市口尚有德昌洋行一屋，为庚子后洋货集中地，略如百货商店，兼营旅馆酒店，趋时士女，咸乐就之，与二百年前之高楼毹㲮相映成趣。

再记酒事

《天咫偶闻》云：

京师酒肆有三种，酒品亦最繁。一种为南酒店，所售者女贞、花雕、绍兴、竹叶青之属，肴品则火腿、糟鱼、蟹、松花蛋、蜜糕之属。一种为京酒店，则山左人所设，所售则雪酒、冬酒、涞酒、木瓜、干榨之属，而又各分清浊。清者，郑康成所谓一夕酒也。又有良乡酒，出良乡县，都中亦能造，止冬月有之，入春则酸，即煮为干榨矣。其肴品则煮咸栗肉、干落花生、核桃、榛仁、蜜枣、山楂、鸭蛋、酥鱼、兔脯之属，夏则鲜莲、藕、榛、菱、杏仁、核桃，佐以冰，谓之冰碗。别有一种药酒店，则为烧酒，以花蒸成，其名极繁，如玫瑰露、茵陈露、苹果露、山楂露、葡萄露、五加皮、莲花白之属，凡有花果皆可名露，售此者并无肴核，又须自买于肆，而诸市向不卖菜，饮毕，亦须向他食肆另买也。

凡京酒店饮酒以半碗为程，而实四两，若一碗则半斤矣，疑宋人所谓一角者即此。又宋酒库四月造酒，九月出卖，谓之开清，今犹沿此称，盖此等酒店其初必是金人由汴迁至者。余尝曰于京酒店饮酒，自谓置身唐宋以上，以其伺应规例仿佛《梦华录》所云也。此一段记载当为酒人所艳说者。

又昔酒为今所无者又有薏酒。《五杂俎》："京师有薏酒，用薏苡实酿之，淡而有风致，然不足快酒人之吸也。易州酒胜之，而淡愈甚。"又《凤洲笔记》："蓟州薏苡仁酒，周氏第一，成氏次之，三屯莹所造更胜。清洌秀美，有出色香味之表者。"

太常仙蝶

往时士大夫好风雅者，莫不喜谈太常仙蝶事。太常仙蝶者，一种关于蝶之传说也，莫知其所自始。昔人记其来历者，有满洲斌良[①]《抱冲斋诗集》注云："乾隆戊甲冬，有黄蝶飞于太常寺中乐工，工以帚扑之，顷刻化黄蝶数百，飞绕

[①] 斌良（1771—1847），字吉甫，又字笠耕、备卿，号梅舫、雪渔，晚号随葊，瓜尔佳氏，满洲正红旗人。官至驻藏大臣，擅诗，著有《抱冲斋全集》。

庭宇，时大宗伯德明管太常寺事，后一日召对，奏之高庙，命取蝶进呈，宗伯虔心致祷，倏有蝶降于寺，因以黄袱藉盘，进呈御览，时值隆冬，忽睹肖翘①仙质，上大悦，赐名吉祥仙蝶，并御制五律一首，刊诸寺壁，遍赐诸臣，命送蝶至方泽静室，作香龛供奉，每逢上祀坛日，仙蝶辄至。"其说最详而未及其形状也。揆凯功②《光隙亭杂识》云："太常寺公署垂花门之上有蛱蝶子二枚，黄质而黑章，须之末有如珠者二，常以夏至来集，每祭方泽，各官斋戒，蝶辄先至其所，祭毕则翩翩而逝，或以帛及扇承之，呼曰老道，便飞而下集，似有知者。"若吴振棫③以为始见嘉靖间（见《养吉斋丛录》），他书或傅会为某某之神，似尤夸诞。清末长沙徐树铭绘图征诗，铺张尤盛，自是以后，阒无嗣响矣。其实黄质黑章，冬暖偶出，不过蝶之一种，余即曾见之。承平士大夫悠游无事，弄此狡狯耳。今日追纪之，亦《梦华录》中一节也。

---

① 肖翘：细小而能飞的生物。
② 即纳兰揆叙（1674—1717），叶赫那拉氏，字容德，又字凯功，纳喇氏，满洲正黄旗人。明珠之次子，纳兰性德之弟。著有《隙光亭杂识》。
③ 吴振棫（1790—1870），字仲云，号毅甫，晚年自号再翁，清钱塘（今浙江杭州）人。著有《国朝杭郡诗续辑》、《无腔村笛》、《黔语》、《花宜馆诗钞》、《续钞》、《养吉斋丛录》及《余录》等。

城隍庙市

明代都城中市集犹缘古制，非若今之多在破庙中也。大要凡五。一曰朝前市，在大明门之左右。二曰灯市，在东华门外，岁灯前十日市，皆见《帝京景物略》。其三曰内市。

《野获编》云：

> 内市在禁城之左，过光禄寺入内门，自御马监至西海子一带皆是，每月初四、十四、二十四等日设场贸易，闻之内使云，此三日例令内中赃役辇秽出宫弃之，以故各门皆启，因之陈列器物，借以博易焉。

但《帝京景物略》云："内市者，东华门内月三日市，今移灯市张矣。"则内市与灯市仍二而一者。其四曰穷汉市。《景物略》云"穷汉市"者，正阳桥日昃市，古贩夫贩妇之夕市是也。至今正阳门大街两旁犹恒有夜市，燃灯于地，售零星日用物，真伪杂陈，谓之穷汉市，其名良不诬。其五曰城隍庙市，始为全城中心市集。

城隍庙建于元至元四年，永乐、宣德、正统皆曾兴修。

据《燕都游览志》，其市西至庙东至刑部街亘三里许，每月初一、十五、二十五日开市，明人小说《拍案惊奇》中"权学士权认远乡姑"一段中有云：

> 京师有个风俗，每遇初十、十五、二十五日谓之庙市，凡百般货物俱赶在城隍庙前，直摆到刑部街上卖来，挤不开的人山人海做生意。

《景物略》云：

> 列市三里，图集之日古今，彝鼎之日商周，匜镜之日秦汉，书画之日唐宋，珠宝象玉珍错绫锦之日滇粤闽楚吴越者集。

《野获编》云：

> 城隍庙市陈设甚夥，人生日用所需精粗毕备，羁旅之客，但持阿堵入市，顷刻富有完美，以至书画古董真伪错陈，剔红雕漆，旧物自内廷阑出者尤精好。

不独珍宝百货也，即书籍亦偶陈于此焉。《少室山房笔丛》云：

> 凡燕中书肆多在大明门之右及礼部门外拱辰门西，每会试举子，则书肆列于厂前，每岁朝后三日则移于灯市，朔望并下浣五日则徙于城隍庙中，灯市极东，城隍庙极西，皆月中贸易所也。灯市岁三日，城隍庙月三日，至期百货萃焉，书其一也。

城隍庙市之没落，不知自何年。今惟每年新正之厂甸，尚存旧日胜概。隆福、护国两庙市，仅供居家日用之物，经济制度逐渐变更，恐亦难于久存矣。傅芸子君有《明代北京两大市集考》，概括之如下：

> 古代百物交易多于市集行之，故设肆不能遍备，常以一种店肆兼售他种货品。例如砖瓦店中兼售冥镪，茶叶店兼售钓鱼钩及花爆焰火，烟店兼售槟榔砂仁豆蔻，干果店兼售雨伞雨鞋，麻刀店兼售地席，馒头店兼租唱本，磁器店兼售铁器，必皆有其来历。今苦不可考矣。
> 又一类之店肆多相从而居。例如军器店多在打磨厂，木箱店多在磁器口，木器店多在头发胡同，军衣庄多在门框胡同，屠肆多在大豆腐巷，他若皮店多在西皮市，烟袋店多在烟袋斜街，又可顾名思义而得者。

梦余拾补（二篇）[1]

之 一

燕都自辽太宗以会同元年，定鼎建国，于今九百九十八载。盖有唐之声明文物，犹有存者，至是悉入于燕。嗣是迭经金海陵、元世祖、明成祖、清圣祖、高宗诸主之经营恢拓，遂为禹域名都之冠。而人事靡常，废兴有数；茫茫城阙，处处荒芜。铜驼陌上，惊蓟子之童颜；通天台前，感初明之一梦。齿发渐凋，流难何托。浏览所及，故实可传，有为竹垞进谷及近修官书甄录所未备者；辄复缀辑，以遣幽忧，兼贻好事云尔。

丙子新春兑之自记

长沙试馆[2]墙隅有槐一株，湘潭陈鹏年罢苏州知府入直武英殿修书时所植。见《陶文毅集》。文毅云："相约购石为

---

[1] 本篇发表于《越风半月刊》1936年第9、10期，署名：瞿兑之。
[2] 又称长郡会馆、长沙会馆，位于崇文区草厂十条19号，创建于明崇祯年间，发起人有长沙赵开心、廖国遴和湘潭人李腾芳等。

阑护之；且植碑焉。"未知果否。

滇南远在天末，宦迹寥寥。旧有会馆一区，转售他手，先生赎而还之，加工修整，寓居其内，筑金碧园，以寄故土之思。待桑梓极有思意。从滇南至都下者，崎岖万里，先生每振瞻其所不足。城南悯忠寺傍故为云南义冢，明季御史赵公撰以骂贼不屈死，滇人葬之冢内。先生春秋二季，洁治牲牷，率同乡绅士肃拜冢下。又别为设祭，总奠旅魂，见《碑传集卷十九·徐文驹吏部左侍郎赵先生士麟行状》。

铨署有藤花二本，为先朝文定吴公宽手植。贤人凋谢，则必先损一巨枝。或本曹有降黜之事，则花叶先萎。征应甚验。先生因作《铨署藤花记》，为道贤不肖之消长与大儒君子进退屈伸之故，庶物有先召其机者。览《碑传集卷十九·徐文驹吏部左侍郎赵先生士麟行状》。

汪琬《湘乡知县汪君观墓志铭云》："顺治十有五年冬，予待罪户曹，而君亦来谒选吏部，数相遇从甚乐也。是时予僦居正阳门东。所居后有小阁，俛鱼藻池而面郊坛。阁外灌木幽深，水凫沙雁，游泳上下，为都人士游观之所。君暇即登予阁，裴回眺望，把酒赋诗以为常。"

听雨楼①初归昆山徐健庵②尚书，后归溧阳史文靖③。其后分为数处，毕秋帆在枢曹时得之，为燕会觞咏之地。迨出

---

① 听雨楼在宣南绳匠胡同，为明相严嵩故第。
② 即徐乾学。
③ 即史贻直。

为观察,遂归嶍峨周立崖①理卿。见黄体芳《醉乡琐志》。

钱塘倪承宽,字敬堂,乾隆中叶以翰林侍皇子读廿余年,洊至②乡贰。直庐③在澄怀园④之近光楼,楼前方沼有芰荷芦苇槐柳之胜。退直⑤辄吟咏其间,夜篝灯读书仿古帖,每至夜半,周庐环卫之士望见树阴灯火,率指目为倪翰林书灯。见邵晋涵所撰墓志铭。

山东按察使仁和沈廷芳,以乾隆三十六年考终于京师之椿树三条胡同,公子礼部主事世炜之邸。见《汪中所为行状》(《碑传集》八十四)。

之 二

刘士铭字鼎彝,宛平之长新店人。长新店距京师之广宁门三十余里,先生年十七,行游京师,慨然曰:"盛哉乎人文!"乃移家入都门,到白纸坊东,购屋数楹于初张之

---

① 即周于礼,生卒年不详,约乾隆中期在世,字绥远,一字立崖,号亦园,云南嶍峨人。工诗文,精鉴赏,富收藏。
② 洊至:再至,相继而至。
③ 直庐:指旧时侍臣值班住宿的地方。
④ 澄怀园是圆明园的后花园,俗称翰林花园,是南书房和上书房翰林学士值班治学的地方,园内近光楼六间、值房八间、上骊院、武备院值房等,毁于英法联军火烧圆明园之时。
⑤ 亦作"退值",当值完毕,多指退朝。

街（今讹醋张胡同①），以为读书之所。事见朱筠所作行状。

汤西崖②接叶亭故址，雍正时张南华鹏翀③居之。乾隆丙辰，鸿博征士，若杭堇浦④、周兰坡、申笏珊恒集于此，厉樊榭、沈东甫、沈幼牧、迮耕石、汪槐塘同寓于亭。《朱笥河集》⑤有《书祝芷塘接叶亭图卷后》，历举前后寓公，足补《藤阴杂记》之遗。见黄体芳《醉乡琐志》。

潘文恭世恩之伯父畏堂，以翰林改官刑部主事，文恭入京会试，止宿果子巷四眼井寓。畏堂曰："此地王梦楼得探花吉宅也。"见《思补堂笔记》。

《养吉斋丛录》二十五："京师八旗满洲官员兵丁旧制不得在南城外居住。而乾隆十八年在外城居住者已四百家，奉旨严饬禁止。至道光间以生齿日繁，移居逾众，遂弛此禁。"

阮元《揅经室四集》有诗题云："己未借寓京师衍圣公邸，曾栽竹三丛，藤花两本。庚午再寓，添栽槐、柳、桃、海棠、栾枝、丁香并旧有古槐、榆、椿、枣共三十余株，记

---

① 今作醋章胡同，建于乾隆五十年（1758）二月，位于北京市宣武区中部，东起烂缦胡同，西至教子胡同，有醋业作坊而得名。
② 即汤右曾（1656—1722），字西崖，仁和（今杭州）人，官吏部侍郎，诗与朱彝尊齐名，有《怀清堂集》。接叶亭在烂缦胡同，为士人集中之地，汤西崖旧居于此。
③ 张鹏翀（1688—1745），字天扉，一作天飞，号抑斋、南华山人、南华散仙，人谓之漆园散仙。崇明（今属上海市）人，居嘉定（今属上海）。幼年多病，十七岁时开悟，遍读经史，精通诗文绘画。
④ 堇浦即杭世骏。
⑤ 《朱笥河集》作者朱筠（1729—1781），字竹君，又字美叔，号笥河，人称"竹君先生"，清代著名学者，现存《笥河文集》四卷。其弟为大学士朱珪，两人并称"二朱"。

以一律，授之馆人。又有辛未初秋移寓阜成门内上冈新居有小园树石之趣，题壁四首。"

《养吉斋余录》卷六："元耶律文正墓在瓮山好山园①之东，造园时以墓逼近园门，遂培土为山以匿其迹。高宗谓日久无知者，墓遂湮灭，非取以褒忠劝贤也。命所司仍其封域之制，复建祠三楹。有御制七律一章，碑记则汪由敦作。"

阮元《揅经室四集·重修扬州会馆碑铭》云："京师宣武门外扬州会馆，始建于乾隆初年，汪君从晋出白金四千，金诒君益而成之者也。""其事详于旧碑。六十年来，颓坏日甚；虽屡有修葺，而莫能新之。和会堂、联星堂地势甚卑，邻水来侵夏不能居，墙圮柱倾，公车罕至。嘉庆元年，郑君宗彝官吏部郎，请其叔郑君鉴元得白金四千，鲍君志道、张君绪增、黄君楫又各出白金一千，乃合赀重修之。"

道光《兴国县志》："京师赣宁会馆旧名赣郡会馆，相传国初时为他人所踞，王眉长宗伯极力清理，始得复还旧观，故馆中立宗伯神主以酬其功。"顾余疑宗伯系康熙二十一年进士，郡人官京师者固自京师始。然考顺治十一年以后郡中科目颇不乏人，会馆系公车税驾之所，岂前此竟无一人议及邪？逮余过兴国，得宗伯裔孙所藏当时合约一纸，乃知顺治十二年郡人曾鸠赀三百金，向赎尚少五百金。康熙

---

① 好山园是一座皇室赐园，史料很少，始建年代无定论。主人推测为康熙皇子之一，乾隆十四年冬为营建清漪园、扩展瓮山泊时拆除。

二十二年宗伯官翰林捐银三百两,再赎仍少二百金。会馆谱叙作于康熙三十六年,泛言醵赀①收赎,据此纸则宗伯捐银三百两,外郡人曾前后两次醵金也。按:王名思轼。

乾隆《浮梁县志》:"京都会馆二所,在北京正阳门外东河沿街,背南面北;其一在右,明永乐间邑人吏员金宗舜鼎建,曰浮梁会馆。自门至后堂凡三层,东西皆有厢房,谓地深七丈一尺,北阔三丈二尺,南阔五丈二强;其一在左,嘉靖时国子司业②金达增建。至今设之新会馆,其地深五丈六尺,阔四丈一,顺治八年恩贡生郑彩捐赀倡修。"

新城陈侍郎用光父守诒曾官陈州知府,有先宅在京师。陈州曰:"子孙为京官者居之,无居者以为会馆。"侍郎补官,遂舍为新城西馆,后为记文,索旧契征其始末,或疑公悔。面祗曰:"奈何改先人成命?"侍郎愕然,徐知其误。揖谢曰:"深感教诲。"次日复往谢之,其人深自愧。事见梅柏言所作行状。

章学诚所撰《任大椿传》云:"乙巳之冬,余自保定暂至京师,馆同年生潘编修庭筠家。时潘居兴化寺街,与君居衡宇相望。谈晏流连,互为主客。余留旬日出都。先一夕,君挈壶酒就潘君书室酌且言别,至街拆四严,霜月凛烈,砭人肌理。从仆多欠伸思卧,四顾无声,三人犹露立中途,谈

---

① 亦作"醵资",筹集资金。
② 即国子监司业的省称,为国子监副长官,从隋代开始设立。

款久不忍释。"

八里庄摩可诃庵，王文靖熙少从其父文贞公崇简读书处也。岁至一再至，于寺僧有加礼。西山之香山碧云退谷法海，春秋佳日，世交旧游，招邀过从，徘徊欢赏。新进寒素，亦乐与忘年，常同嘉会。栽芍药数百畦于丰台，小筑其旁。花开时任游者往来，如无主人，示不独乐也。见韩菼所撰行状。

熊赐履之卒，圣祖悯其家贫子幼，谕诸大臣饬公故旧门生各助金买屋京城以居，余交江宁织造生息，岁廪其家。见《碑传集》十一。

《碑传集》八十四："陈宏谋《太仆寺少卿介先生锡周墓志铭》云：'余官吏部玉潮为验封司郎中，属朝廷发帑金二十万筑室宣武门隙地，以为士大夫邸寓，命余董其役。余素知郎中质直可信，以其名上闻，俾任监督。初不知其为冏卿①公子。'"

---

① 冏卿：官名，即太仆寺卿。《尚书·冏命·序》："穆王命伯冏为周太仆正。"后世以冏卿为太仆的别称。

枯庐所闻录（十篇）①

渔家傲（元代燕京风俗）

元欧阳玄②《圭斋集》有《渔家傲》南词十二首。其序略云：

> 余读欧公李太尉席上作十二月《渔家傲》鼓子词。王荆公丞称赏之。近年窃官于朝。久客辇下，欲仿此以道京师两城人物之富、四时节令之华。至顺壬申二月，属春雪连日，无事出门，晚寒附火，私念及此，夜漏数刻，腹稿俱成，枕上不寐，明日笔之于简，至于国家之

---

① 《枯庐所闻录》1934年至1937年连载于《申报月刊》第3卷第1号至第4卷第12号，《申报月刊》或《申报每周增刊》第1卷第1期至第2卷第32期，计158则，并于1935年由《申报月刊》辑为单行本发行，其中合并、增补数则，并增入《故都闻见录》中12则，计98则。署名：铢庵。参考田吉《瞿宣颖年谱》，复旦大学2012年博士论文。

② 欧阳玄（1283—1358），字原功，号圭斋，又号霜华山人、平心老人。原籍居庐陵，至曾祖辈迁潭州之浏阳（今属湖南省），元代史学家、文学家、书法家。

典故，乘舆之兴居，与夫盛代之服食器用，神京之风俗方言，以及四方宾容宦游之况味。山林之士未尝至京师老欲有所考焉，此亦可见其大略。

其词仅有《四月》一首见于诸书所引，余颇罕见。兹录之于左，读之如亲见六百年前景物也。

正月都城寒料峭，除非上苑春光到。元日班行①相见了。朝回早，阙前裩帕欢相抱。　汉女姝娥金搭脑，国人姬侍金貂帽。绣毂雕鞍来往闹。闲驰骤，拜年直过烧灯后。

按：此言都城气候至正月仍寒冽也。裩帕未详。相抱为蒙古相见礼。"金搭脑"二句见汉蒙妇女妆饰之异。都中妇女元旦后五日不出门，故灯节后数日尚拜年，今厂肆庙会尚至十六日闭会，可见其来旧矣。"骤后"韵与"峭到"不合，盖欧阳氏以其乡音入词。

二月都城春动野，引龙灰向银床画。士女城西争买架。看驰马，官家迎佛喧兰若②。　水暖天鹅纷欲

---

① 班行：朝班的行列。
② 兰若：即寺庙，梵语"阿兰若"的简称。

下，鹰房奏猎催车驾。却道海青逢燕怕。才过社，柳林飞放相将罢。

银床画灰未详。元代以南苑为飞放泊、育凫雁，为射猎之所。海青、鹰名也。社后罢猎，所以顺天时育生物也。

三月都城游赏竞，宫墙官柳青相映。十一门头车马并。清明近，豪家寒具金盘饤。　墦祭流连芳草径，归来风送梨花信。向晚轻寒添酒病。春烟暝，深深院落秋千径。

十一门者，每面三门，北面独二门，与今制相同。惟齐化、平则二门，居人尚用旧称。

四月都城冰碗冻，含桃初荐瑛盘贡。南寺新开罗汉洞。伊蒲供，杨花满院莺声弄。　岁幸上京车驾动，近臣准备銮舆从。建德门前飞玉鞚。争持送，蒲桃马乳归银瓮。

四月始卖冰，以碗相击作声，至今如此。建德门即今德胜门[①]。

[①] 原文有误，建德门（今作健德门）并非德胜门，在德胜门北，现在有健德门地铁站在其旧址附近。

五月都城犹衣夹,端阳蒲酒新开腊。月傍西山青一掐。荷花夹,西湖近岁过苕霅①。　血色金罗轻汗夹,宫中画扇传油法。雪腕采丝红玉甲。添香鸭,凉糕时侯秋生榻。

五月衣夹,正是北都气候,凉糕亦肆中应时食品也。

　　六月都城偏昼永,辘轳声动浮瓜井。海上红楼倚扇影。河朔饮,碧莲花肺槐芽沉。　绿鬓②亲王初守省,乘舆去后严巡警。太液池心波万顷。闲芳景,扫宫人户捞渔艇。

元制:都城有警巡院。至饮食之俗,今已不可得考矣。

　　七月都城争乞巧,荷花旖旎新棚笊。笼袖娇民③儿女狡。偏相搅,穿针月下浓妆佼。　碧玉莲房和柄拗,晡时饮酒醒时卯。淋罢麻秸秋雨饱。新凉稍,夜灯叫卖鸡头炒。

---

① 苕溪、霅溪二水的并称,为唐代张志和隐居之地,在今浙江省湖州市境内。
② 绿鬓:乌黑而有光泽的鬓发,意在形容年轻美貌。
③ 笼袖娇民:或作"笼袖娇民",意思是皇帝喜爱的人。元张国宾《合汗衫》第一折:"俺本是凤城中黎庶,端的做龙袖里娇民。"

笊为竹器，其用未详，娇民亦未详。淋麻秸为制灰也。炒鸡头今犹有卖者，但不多。

八月都城新过雁，西风偏解惊游宦。十载辞家衣线绽。清宵半，家家捣练砧声乱。　　等待中秋明月圆，客中只作家中看。秋草墙头萤火烂。疏钟断，中心台畔流河汉。

中心台即鼓楼，在元时当都城之中心也。

九月都城秋日冗，马头白露迎朝爽。曾向西山观苍莽。川原广，千林红叶同春赏。　　一本黄花金十锭，富家菊谱签银榜。龙虎台前鼍鼓①响。擎仙掌，千官瓜果迎銮仗。

龙虎台在德胜门外，迎銮处也。西山观红叶至今为胜事。

十月都人家百蓄，霜菘②雪韭冰芦菔③。暖炕煤炉香豆熟。燔獐鹿，高昌家赛羊头福。　　貂袖豹祆银鼠褥，美人来往毡车续。花户油窗通晓旭。回寒燠，梅花

---

① 鼍鼓：用鼍皮蒙的鼓，据说其声亦如鼍鸣。鼍即扬子鳄。
② 霜菘：经了霜的白菜。菘：古时对白菜类作物的统称。
③ 芦菔：即萝卜。

一夜开金屋。

菘韭、炕炉,均冬日景物,"高昌家赛羊头福"未详。纸窗加油以取明,今小户犹然。都城梅花甚珍贵,置暖屋中可促开。

十一月都人居暖阁,吴中雪纸明如垩。锦帐豪家深夜酌。金鸡喔,东家撒雪西家嚎。　纤指柔长宫线弱,阳回九九官冰凿。尽道今冬冰不薄。都人乐,官年喜受新年朔。

暖阁者,于室中别以木匡为小屋,居之以避寒也,宫中多有之。

十二月都人供暖箑,宫中障面霜风猎。甲第藏钩环侍妾。红袖撇,笑歌声送金蕉叶①。　倦客玉堂寒正怯,晓洮金井冰生齾。冻合灶觚饧一碟。吴霜镊,换年懒写宜春帖。

暖箑②未详,灶糖之风则无处不然也。

---

① 金蕉叶:词牌名,始作于北宋词人柳永,见其《乐章集》。
② 箑即扇子,暖箑未详。

故宫钟漏

沈初①《西清笔记》云:

内府一自鸣钟下一格有铜人,长四五寸许,屈一足跪。前承以沙盘,钟鸣时铜人手执管于盘中划沙②,作"天下太平"字,钟响寂则书竟矣。昔在闽见一钟,上一格两扉常阖,至交初正时内有铜人两手启扉,转身于上取槌击钟如数毕,置槌于架,两手阖扉。又有铜人高数尺,如十三四丫头,粉衣缯;前置洋琴,启铜人钥,则两手起执棰击琴,左右高下,其声抑扬顿挫合节,头容目光皆能运转助其姿致。毕则置棰于琴,两手下垂矣。又制飞飞雀,呼噪逼真。

此钟尚在古物陈列所中,先不知用法,继得一老钟表

---

① 沈初(1729—1799),字景初,号萃岩,又号云椒,浙江平湖林家埭人,清朝大臣。历充四库全书馆、实录馆、三通馆副总裁,续编《石渠宝笈》《秘殿珠林》,校勘太学《石经》等。《西清笔记》又作《西青笔记》,为其笔记小说集。

② 铜人在沙盘写字这一细节无考,现存的写字人钟为用毛笔在纸上写字。

匠，居然能修理复鸣。按诸沈氏所说，丝毫不谬。由此类推，昔人笔记，诚多可信之史料也。

《西清笔记》又云：

> 交泰殿大钟，宫中咸以为难，殿三间，东间设刻漏一座几满，须日运水贮解，今久不用。西间钟一座，高大如之，蹑梯而上，启钥上弦；一月后再启之，积数十年无少差，声远直达乾清门外。

此钟亦尚在交泰殿中，以其庞大不能移，故竟无恙。

张问安①《亥白集》：

> 洋行有一钟，坐上铜人能画千手观音像，又能自画乌丝阑，作楷字，上有二铜雀，飞鸣如生。

《庄谐选录》②云：

> 运使图毕赫言前任惠潮道时，见夷商以洋器二种来售，每种索价五万两，一种为莲花一朵，每易一时则变

---

① 张问安（1757—1815），字悦祖，一字季门，号亥白，四川遂宁人，与其弟张问陶、张问彤合称"遂宁三张"。

② 《庄谐选录》出版于1915年，卷首有夏曾佑《叙》，卷末有作者《后记》。作者醒醉生，姓名、籍贯均不详。全书半为野史，半为小说，亦庄亦谐，故称《庄谐选录》。

一色,其变色也则戛然一声,数十瓣皆变,略不参差。其一种为二童子,每童子前置一小案,案上纸一方,一人蘸笔插其手中,一则能作楷书,一则能画山水花卉。

盖嘉、道间洋货初兴,外商百计揣摩华人心理而为之。即以时表而论,今尚见表上刻十二辰字样者。

《庄谐选录》云:

> 扬州有华人自制钟表者,其初虽为奇器,继则亦成日用必需之物,不觉其为外国输入者矣。

然近数十年来外国输入之货物殊不复揣摩华风,而中国人购洋货者亦务以彻底洋式为贵,并以真正来自西洋为贵,在外国出品家亦几可不劳,更研究消费者之心理而坐获厚利矣。最近之趋势,吾国自制之仿西洋物品颇复盛行,若一变而能以华制品推销于外国,一如当日洋货之推销于吾国,则雪耻之一道也。

北都妖妄

民国以来,北都妖妄之事殊未减于清季,不独传于里巷,且恒为士大夫谈资。其最盛传者,云有王某能飞行绝迹,某日方与客谈,暂出复还,则已赴西山,与某某相晤。他日询某某,较其时日情事,果不爽。又有某能望人头上气以决其吉凶贵贱,云紫气最佳,黑气最恶。此皆民国七、八年以后到十六七年盛传之说。

又民国七年战后,天津盛传"鸾坛诗"二首云:

异地梨涡不解颦,风尘输与锦车人。
莫嫌北地无颜色,独有燕支一段春。

洛水惊鸿见亦难,春兰秋菊总无端。
可怜绝代陈王笔,留作香闺粉本看。

第一首指黎元洪见厄于冯玉祥及段祺瑞起为执政之事;次首指吴佩孚、徐世昌、曹锟。向来北方"鸾坛诗"无此雅调,自是好事者所弄狡狯,然亦十三年以前脍炙人口之作也。

龙树寺雅集

《春冰室野乘》云：

同光间，某科会试场后，潘、张二公大集公车名士，宴于江亭。先旬日发束，经学者、史学者、小学者、金石学者、舆地学者、历算学者、骈散文者、诗词者，各为一单。至期来者百余人。俄而日之夕矣，皆有饥色。文勤问文襄：今日肴馔令何家承办？文襄愕然曰：忘之矣，奈何？饬从者赴近市酒楼唤十余席，皆馁败，勉强下咽，狼狈而归。

按：张氏平日行径类此。此事亦在意中，然殊不确。《湘绮楼集》中即有是日赠主人之诗，而《湘绮楼日记》中记其时日、宾主甚悉，既无忘设酒肴之事，亦无百余客之多，其年为同治十年也。录如左：

五月庚寅朔晴，伯寅（潘祖荫）来，旋约饮龙树寺，与香涛同为主人。四方之士集者十七人：无锡秦谊亭名炳文,善画;南海桂皓庭文灿。绩溪胡荄甫澍,子蓟之族也。吴许鹤巢赓飏,赵㧑叔云:"戴子高属访余,必欲一见。"元和陈培之倬,会稽李莼客慈铭,赵㧑叔之谦,长山袁鹤舟启豸,洪洞董研樵文涣,遂溪陈乔森亦山,黄岩王子裳咏霓,钱塘张子余预,福山王莲生懿荣,南海谭叔裕宗浚,玉生翁之子也;瑞安孙仲容诒让,琴西子也;朝邑阎进甫迺竑,丹初之从子也。其父与余同居月余而忘其字,寓内城西洼沿桂中堂祠堂。研樵曾与文卿同寓挂甲屯晋阳馆,余尚识之。亦山最熟,皓庭、纯客皆曾相见,王、张、孙不多语,孙年最少,亦二十四矣。伯寅各出一诗属书,意在得诗。云云。

近日张文襄之孙厚琬得《蒹葭簃雅集册》,即湘绮所书者,秦炳文作画,胡澍篆首,赵之谦题签。董文涣、陈乔森、许赓飏、李慈铭俱有诗,而陈倬、王咏霓作记。咏霓之记云十九人,则并二主人计之也。又期而不至者六人,曰定海黄元同、秀水赵桐孙、汝州许子野、海丰吴仲饴、黄岩王子庄、宜都杨惺吾,又皆知名之上也。

《越缦堂日记》亦记此事而甚略,但力诋赵㧑叔,谓为"吾乡安人天水生",盖二人之简傲不相上下也。顾㧑叔与湘绮甚投分,曾刻印赠之云。

故都富室

近日故都富室，首推乐氏、孟氏。乐氏业同仁堂药肆，孟氏业瑞蚨祥绸缎肆，海内无不闻者。然以较承平时代，恐尚不如。《啸亭杂录》所记富民，今竟阒无嗣响。其略云：

京师如米贾祝氏，自明代起家，富逾王侯，其家屋宇至千余间，园亭瑰丽，人游十日未竟其居。宛平查氏、盛氏，其富丽亦相仿。然二族喜交结士大夫，以为干进之阶，故屡为言官弹劾。怀柔郝氏膏腴万顷，喜施济贫乏，人呼为郝善人。纯皇帝尝驻跸其家，进奉上方水陆珍错至百余品，其他王公近侍以及舆儓奴隶皆供食费，一日之餐，费至十余万云。王氏初为市贩弄童，后以市帛起家，筑室万间，招集优伶，耽于声色。近日其家已中落，然闻其子弟云，器皿变置，犹足食五十载。

明宫食品

孙承泽《典礼记》(《借月山房汇抄》本)有"明宫荐新品物",可见明代北方食品之大凡。其所记云:

> 正月韭菜、生菜、鸡子、鸭子,二月芹菜、苔菜、冰蒌、蒿子、鹅,三月茶、笋、鲤鱼,四月樱桃、杏子、青梅、王瓜、雉鸡,五月桃子、李子、来禽、茄子、大麦仁、小麦面、嫩鸡,六月莲蓬、甜瓜、西瓜、冬瓜,七月枣子、葡萄、梨、鲜菱、芡实、雪梨,八月藕、芋苗、茭白、嫩姜、粳米、粟米、稷米、鳜鱼,九月橙子、栗子、小红豆、沙糖、鳊鱼,十月柑子、橘子、山药、兔儿蜜,十一月甘蔗、荞麦面、红豆、鹿、兔,十二月波菜、芥菜、鲫鱼、白鱼。

大致与今北平物产相合。又云:

> 奉先殿每日供养,初一日卷煎,初二日髓饼,初三日沙炉烧饼,初四日蓼花,初五日羊肉肥面角儿,初

六日糖沙馅馒头,初七日巴茶,初八日蜜酥饼,初九日肉油酥,初十日糖蒸饼,十一日汤面烧饼,十二日椒盐饼,十三日羊肉小馒头,十四日细糖,十五日玉茭白,十六日千层饼,十七日酥皮角,十八日糖枣糕,十九日酪,二十日麻腻面,二十一日蜂糖糕,二十二日芝麻烧饼,二十三日卷饼,二十四日烧羊蒸卷,二十五日雪糕,二十六日夹糖糕,二十七日雨熟鱼,二十八日象眼糕,二十九日酥油烧饼。

以上一月共用银一千五百九十二两四钱,亦大致与北平通行食品相合。

法琅匠

北京景泰蓝有名中外,其实仍自外国输入,故当时工匠皆自广东来。雍正朱批谕旨中有雍正二年两广总督孔毓珣奏云:"前任督臣扬琳任内承养内廷效力法琅匠杨士章等十一人,俱家住广东。向来各匠家属每季赴总督衙门领取养家银两,各匠在京房屋饭合俱为供备,逐日进内廷做工。"法琅者法郎机,明代以之称西洋人也。盖自明代传入中国。

女儿节

旧历节令中有寓亲亲之意者,如古代以冬至日令新妇献履袜于舅姑,盖欲使家庭之间,藉此日动其敬爱之感,民德归厚,未尝不赖此焉。至于清明之上冢,更无论矣。端午节在北方有女儿节之称,亦有深意,与今世儿童节、劳动节、教师节命意亦相合,惜知者颇少。据《帝京岁时纪胜》云:

> 五月朔,家家悬朱符,插蒲龙艾虎,窗牖贴纸,吉祥葫芦,幼女剪彩叠福,用软帛缉逢老健人、角黍蒜头、五毒老虎等式,抽作大红朱雄葫芦,小儿佩之宜夏避恶。家堂奉祀蔬供米粽之外,果品则红樱桃、黑桑椹、文官果、八达查,午前细切蒲根,伴以雄黄,曝而浸酒饮,余则涂抹儿童面颊耳鼻,并挥洒床帐间以避虫毒。饰小女尽态极妍,已嫁之女亦各归宁,呼是日为女儿节。

至《日下旧闻考》引《宛署杂记》,则云自一日至五日皆然。

又按:《大戴礼》已有"五月五日蓄兰为沐浴"之语,

《夏小正》亦云"蓄采众药以蠲除毒气"。盖古人以夏令将届，须预为消毒计，所以防疾病也，其来由已甚古矣。今若取其遗意，定此日为卫生节，于保存古俗、与民同乐之中，兼寓提倡家庭卫生之意，不亦善乎？

射　柳

吾国岁时节令，固各有其用意，皆有保存价值，然偏于农事女功者多，若提倡武德者殊少概见。惟北都沿辽、金旧俗，直至明代尚有存者，如射柳之节，盖即其类。此事正为五月五日之故实。大约当辽、金时，北俗已与中原民俗相参合，故南方于五日举行竞渡，而北方则举行射柳，各以其风土所宜者行之，其寓尚武之意则北俗似尤深厚。窃意长江流域民舟尚多，亟宜借此保存一二，竞渡之俗必不可废。若黄河流域，则宜恢复射柳之风也。射柳之仪节可于《金史·礼仪志》中见之。详译其制，盖以射为名，而以击球为实。此与今日习惯为尤吻合。《志》云：

> 金因辽旧俗，重五日拜天礼毕，插柳球场为两行，当射者以尊卑序，各以帕识其枝，去地约数寸，削其皮

而白之,先以一人驰马前导,后驰马以无羽横镞箭射之。既断柳,又以手接而驰去者为上,断而不能接去者次之,或断其青处,及中而不能断与不能中者为负。每射,必伐鼓以助其气。已而击球,各乘所常习马,持鞠杖。杖长数尺,其端如偃月,分其众为两队,共争击一球。先于球场南立双桓,置板,下开一孔为门,而加网为囊,能夺得鞠、击入网囊者为胜。球状如小拳,轻韧木枵其中而朱之,皆所以习跷捷也。既毕,赐宴,岁以为常。

又《析津志》云:

击球者今之故典,五月五日,九月九日,太子诸王于西华门内召集各街门万户、千户能击球者,咸用上等骏马,系以雉尾,缨络紫缀镜铃,装饰如画,一马前驰,掷大皮缝软球于地,群马争骤,各以长藤柄球杖争击之,而球子忽绰在球棒上,随马走如电,终不坠地。力捷而熟娴者,以球子挑剔跳掷于虚空中,而终不离于球杖,然后打入球门,中者为胜。

此正今日马球之戏矣。
此俗至明代犹存,故《野获编》云:

京师及边镇最重午节，至今各边是日俱射柳较胜。士卒命中者，将帅次第赏赉。京师惟天坛游人最盛，连钱障泥，联镳飞鞚。豪门大估之外，则中官辈竟以骑射为娱，盖皆赐沐请假而出者。内廷自龙舟之外，则修射柳故事，其名曰"走骠骑"。盖沿金元俗，命御马监勇士驰马走解，不过御前一逞迅捷而已。惟阁部大老，及轻宴日讲词臣，得拜川扇、香药诸赐，视他令节独优。

明代献倭俘礼

明万历中有献倭俘之举，虽属点缀升平，依样葫芦，然举行之地正在今旧京午门。城阙山河，依然如旧，相去三百三十余年，行人过此而思往事，其感慨为何如耶。

朱国桢《涌幢小品》记其事云：

神庙二十七年己亥四月二十四日，献倭俘礼成，大司寇萧岳峰大亨领左右侍郎出班奏事，长身伟貌，烨烨有威。时上御午楼，朝暾正耀，萧跪御道，两侍郎夹之，首仅及肘，致词先述官衔名姓及左右侍郎，并请犯人某某等磔斩，末云："合赴市曹行刑，请旨。"凡数百言，字字响亮舒徐。宣毕俯伏，上亲传"拿去"二字，廷臣尚未闻声，左右勋戚接者二，递为四，乃有声，又为八，为十六，渐震为三十二，最下则大汉将军三百六十人，齐声应如轰雷矣。此地境界可谓熙朝极盛事。是日天气清和，余以二十七日持节出国门封荣世子，躬逢其盛，良自不偶。次年庚子冬十二月，献播俘礼，亦如之、而寒甚，百官噤栗，馆友庄冲虚面最白，侵而成红。余面赭几变而黑，或嘲曰："云长作翼德脸也。"宣毕，囚大呼称枉，每囚一镣肘外，覆以朱衣朱巾，名曰罩甲。一官押之，十人又而扶且推之，出西长安门，夹道观者无虑百万，车拥毂枳，大司寇督至西市仅二十里，日晡方达。比行刑，近昏黑矣。

养和室随笔[①](十一则)

北京囤积米粮例禁

昔时辇毂之下尤重民食,故有限制囤粮及禁运出城之例。考清仁宗朝《实录》:嘉庆十八年六月壬寅谕:御史辛从益奏请申明囤积例禁一折:定例米石不准载运出城,原以防私运回漕之弊。前次步军统领衙门拿获私贩米石之案,只将查出米石总数具奏,其米数未满例限者,并未一一分晰。着刑部讯明各铺户米石确数。按例分别办理,以昭平允。至五城铺户所存米麦杂粮,每种例不得过一百六十石。又有流通粜卖不在定限之例。囤积粜卖,两相影射,亦觉难以区别。着户部再详加酌核,明定规条,俾得简易遵行,免滋流弊。其步军统领衙门查拿私运,原应申严门禁,有犯必惩;

---

① 《养和室随笔》,原载《中和月刊》1940年第2至7期,1941年第4、5、7—12期,1942年第3、4、5、6、9、10、12期,1943年第1至8期,1944年第2期,1945年第2、3—4期,共连载32期,总计157则。署名:渠弥。

若小民粜买细米，担负出城，不在例禁之内者，毋许纷纷苛索，以杜扰累。又五城御史所奏酌议平粜米石事宜一折。着俟刑部审明定案后再行遵照办理。寻奏：例载五城铺户贮粮，每种不得过一百六十石，本虞囤户居奇、定以限制，乃奸商巧于规避，或分贮数处数十处均在例额以内，该管官兵无从查拿，请嗣后开设通衢流通粜卖铺户，间有卖少存多并非有心滋弊者，虽在一百六十石之外，亦当体察情形，以昭区别。如租赁庙宇民房堆贮随时粜卖，即系囤积居奇，虽不及一百六十石，亦当严行查禁。从之。

董沛燕京诗

入燕京之郭，顿觉气象万千，崇墉屹屹，原田朊朊，然后行达九衢。鄞董沛《六一山房诗集》中有一诗，写景最妙肖云："策马长征路不赊，京西山影远嵯峨。松林绕塔无飞鸟，麦陇开田有健骡。出塞衣装胡女艳，近畿茔墓贵人多。广渠门外蠲行税，一任公车络绎过。"

董为光绪初年进士，细味其言，不独永定、广渠门一段情景如在目前，且当日患苦崇文门税关之诃索，亦饶有弦外之音也。

朱竹垞宅古藤

鲁人张铨字翼南，为道州何文安凌汉所拔士，以拔贡官京曹，后出为常州知府，其《爱山堂诗存》与子贞兄弟倡和颇多。集中又有诗题云："海波寺街古藤书屋朱竹垞故居，今为粤东试馆，而古藤犹存。余移居其东偏，诗以志之。"粤东试馆疑系顺德馆之误。朱氏古藤是否仍是当时故物，莫能明矣。然道光末年此藤无恙，固未尝不可信也。此亦春明掌故，聊摭记之。

康熙长案

尝观《燕几图》所载几式，未尝不叹其通乎制器尚象之意。戈氏《蝶几图》尤为繁复，盖明人聪明往往专用于此等处，然惜过重形式而并不言制法。李笠翁《居室一家言》颇言及制法，然亦未致详，例如材料之取用即均未言及也。旧京诸故家名士讲究文玩者，类多兼注意于几案。余所往还诸君多有自制之书案，或便于临摹，或便于藏弄，或便于著作,大抵面取其平而广,抽替取其多而大,木质取其介乎刚柔之间,色泽取其古雅朴润。

北京城内之徙民

顺治戊子,工科右给事中魏象枢因官民徙居南城,地狭民稠,赁买无房,拆盖无地,具《小民迁徙甚艰》一疏。奉旨着部督同五城御史察南城官地并民间无房空地,将迁徙官民好生安插。事见《魏敏果公年谱》。此事不见官书,历来志燕都掌故者皆未征引,观此可知当日居民受逼迁移之苦,亦见初定鼎时规模之肃。

元代浴堂

前数年喧传北都崇文门外天庆寺有元代浴堂,弯门巨窟,信为特异。余按《顺天府志》卷十六云:天庆寺,辽永泰寺遗址,在药王庙西,其中尚存元《王恽碑》略云:寺即辽永泰寺废址,金大安中兵毁,元世祖至元壬申,有僧普仁始来结庵而主之。先是普仁在云朔尝假息，间有以天庆名所栖而告之者，初不喻其故，既至大都，驸马高唐郡王出重币易是院为师驻锡之所。逮甲申冬，皇孙噶玛拉出货泉二千五百缗泊名骠二，仍谕留守段祯、詹事丞张九思即所居庀徒藏事，起三大士殿丈室七巨楹，下至门闾庖湢宾客之所略皆完美。始于乙酉之春，成于丙戌秋仲，役初作，阙地得废钟所刻天庆二字。考之盖有辽建号也。事梦既协，即为新寺名额，然则元代浴堂诚非诬矣。

北京外城

明嘉靖三十二年，兵科给事中朱伯辰言臣尝履行四郊，咸有土城故址，环绕如规，可百二十余里，请因以筑外城。通政使赵文华亦以为言。世宗乃曰：成祖时未暇及此，今须四面兴之，乃为全算。于是总督京营陈堂、掌锦衣卫陆炳、兵部尚书聂豹等会勘，南北两面宜各筑十八里，东西两面十七里，城高连垛口二丈三尺，基厚二丈，城用土筑而垛口则以砖砌，估价六十万两，工役则以京营班军任之。既而以工艰费重，只筑南面，三月兴工，十月告成。事见《明实录》。

二酉堂

光绪十九年有考官贿买得差事，据《林文直奏稿》云：近日都下喧传陕西考官丁惟禔有汇缘贿买得差情事，饶士腾及打磨厂二酉堂书铺为之担保。闻先则议定江南考官酬银五千两，写立票据交太监张二代为之谋。及六月二十一日，太监即与丁惟禔送信，云谋得陕西考官。丁惟禔以弗得江南考官，少与之金。而太监不允，自二十二日以后，太监张二令杨姓王姓各太监，连日到该铺吵闹争论，欲凭票取银。甚且摔其器物，毫不畏人，街邻聚观，该书铺因之关闭者累日。

清代京官肩舆之制

周寿昌《思益堂日札》有述《清代京官肩舆之制》一则，谓向例京官三品以上，在京乘四人肩舆，用藤棍双引喝道。四品自佥都御史以下止乘二人肩舆，单行不喝道，见王渔洋《香祖笔记》。时正阳门专许舆人，车不准行，京官无一乘车者。渔洋《戏赠南海程周量七绝》云："趋朝夜永未渠央，听鼓应官有底忙？行到前门门未启，轿中端坐吃槟榔。"时程官兵部主事也。近时惟尚书以上乘四人肩舆，侍郎坐绿呢围车，三品坐蓝呢围车。至紫禁城内二人肩舆之制，《乾隆御制诗》注有云：今年又念嵇璜虽经赏马，仍恐难于乘骑，嗣后着已经赏马而艰于步履之大臣，加恩准令乘坐小椅，旁缚短杆。用二人舁行入直，以示体恤。又按《乾隆实录》及《郎潜纪闻》：乾隆五十五年谕：内外文武大臣特恩赏在紫禁城骑马，用资代步，但年老足疾之人，上马亦觉困难，嗣后仍加恩准令坐椅轿，旁缚短木，用两人舁行入直。是则其制始于乾隆末年，全嘉庆朝犹屡申比论，谓汉大臣不谙乘骑，仅令人牵马随行，蹒跚风雪中，殊非恤下之旨。故汉大臣赐朝马者，皆得乘檐子以代之，至咸丰时犹仍为故事。《赵文恪公年谱》：咸丰四年十月十四日，奉旨赏在紫禁城内骑马，次日具折谢恩，蒙召见，碰头讫，上问能骑马否？奏对云：臣向不曾骑马，今日进内勉强乘骑，未能轻便，须使人扶掖，乃得上马。上笑问云：汝骑马上觉何如？奏对云：揽辔前行，栗栗危惧，似时防倾跌状。上复笑云：向来汉大臣多未能骑马，或改坐二人肩舆亦可。奏对云：蒙天恩优渥，复蒙格外体恤，臣乘骑数日，如不能勉强，当即改坐小轿。越数日，奏事蒙召见，上问云：汝今日仍乘马否？奏对云：臣体屡衰钝，未能乘马。今日进内，已改肩舆矣。上云：甚好。不惯乘骑，如马有前失，或至倾跌，极可虑也。是日赏马者八人，张诗舲祥河、翁遂庵心存、李梦韶钧、杜继园翰暨予汉人臣共五人，满大臣三人。诗舲作《纪恩诗》七律二首，予用其韵纪恩，彼此互和，都门求书诗者一时其众。予诗前首末韵云：朝来策骑趋金阙，扶上雕鞍愧体屡。殊可笑也。圣恩高厚，谕令改坐肩舆，至今风晨雪夜安稳前行，犹念先帝鸿慈，愧乏报称云云。当日上下交孚之情，于此可见。然观《翁文恭日记》则仍策骑入直，意者文恭生长京邸，习于鞍马、不肯自逸也。庚子以后，枢臣入禁城，皆乘椅轿，今故宫内犹存其多。又彭文勤于西华门内骤患痰疾，朱文正呼己舆舁之以出，竟被严议，盖仁宗不欲有人自禁中舆疾以出耳。

养　菊

赵文恪《慎轸榆巢杂识》云：易州赵象菴鈜、官中书科中书，官闲无事，善养花，秋时菊花尤盛。凡菊之异种，不远数千里购之，故养菊独著京城。每值九秋过晚香亭，寒香满室，耐可勾留。船山前辈尝赠以句云：人来草阁官如隐，自喜花农岁有秋。盖纪实也。京城菊多佳品，如粉红一种，即有海红莲、朝阳素、银红针、霓裳艳、舞锦帐芙蓉数种。又有名隋宫剪彩者，团瓣参差。外黄而里紫，尤为异品。外此如银盘托雪、金环、金针、银针之类，不可殚记。尝见朱砂雪一种，开并蒂两朵。此君此事可入《日下旧闻》补，惜此类野史之不传者多矣。

西　峰

方濬师《蕉轩随录》有乾隆间关于西峰寺一案云：

乾隆五十三年七月，步军统领绵恩奏西山戒台寺之北有西峰寺一座，内有戴发修行之妇人，自号西峰老祖活佛，能看香治病，请求符药者，服之即愈，动人观听，俱称灵验，京城以及四外之人男女纷纷前往，竟似城市，殊堪诧异。臣思此处虽非京泛所辖，但附近京畿，似此煽惑人民，于风化有关，不可不速加查办。

随于六月二十日密派臣衙门司员前往，查得西峰寺离京六十余里，此妇人法名了义，俗家张李氏，原系顺义县人，现住西峰寺。殿宇四层，计五十余间，俱系新盖之庙，又离此庙二里许石厂地方有灵应寺大庙一座，计房六十余间，亦系新盖。张李氏在两庙往来居住，每日午前给人看香治病。该员前往会同宛平县知县查办时，又查出有二十余岁之旗装女子二名，询得一名双庆，年二十四岁，乃原任大学士三宝家使女，系三宝之寡媳，因病常往彼处治病，拜张李氏为师，随将使女留于庙中居住，用银一万五千余两修西峰寺一座。又一名玉喜年二十二岁，系原任巡抚图思德之子，现任户部银库员外郎恒庆家使女，因恒庆之妻患病，亦认张李氏为师，随将使女施舍庙中，并用银二万余两修灵应寺一座。又在该氏屋内搜查有符咒、丸药、经卷、画像等项，其画像五轴系张李氏出身源流，均系修庙商人任五觅人绘画，看其情形，似任五有通同授意传播其名藉以获利情节。又查出金六十四锭重二百八十两，银二千六百两，金镯四只重七两零，其余衣服器皿什物间有非该氏应有之物，随交宛平县查封。该员等当将张李氏及伊长子张明德、三子僧人广月、商人任五等于二十一日拿解到署，臣亲加逐一研讯，将张李氏供词另行呈览外云云。

八月永琅等覆奏："臣等遵提犯证逐一研讯。据张李氏供籍隶顺义县兴周营，嫁与本县民人张国辅为妻，生有三子，长子张明德，次子张新德已故，三子即广月，自幼出家为僧，乾隆三十七年该氏因伊夫患痰迷病症，闻有瓦子街居住民妇李氏常拉铁链募化代人治病，即请为伊夫医治，见李氏用手按摩针扎病处，病即痊愈，该氏从此与李氏往来学习，粗知针扎治病之法，李氏故后，该氏即取其铁链拴系颈项，出外化缘治病，走至通州旷野地方，时值隆冬，风雪交作，迷失路径，难以行走，该氏随在雪地带锁打坐，适有居民路过，见而诧异，随向盘问，该氏即以在此结缘治病为答，随有人延请到家看病，该氏即学李氏按摩针扎，并假念经咒，病即痊愈。自此附近居民共相传播，多请该氏治病，往往有验，该氏借此思欲修庙赚钱，见所住兴周营地方七圣小庙坍塌，随将所得治病钱修理给伊子广月居住，其所供延请治病之家皆彼处附近村民，因年久不能逐一指供，嗣于四十五年送广月到戒台寺受戒，该氏亦来京在总布胡同泰山庵拜已故尼僧福山为师，取法名了义。因闻伊夫患病仍回顺义，伊夫旋于四十七年身故，复于四十八年来京，找见福山，带至潭柘寺受戒，该氏因见女僧受戒俱系男人代为剃发，心中不愿，未经落发，走至西山西峰寺依尼僧济广同住，起意将该寺立女常住，为女僧传戒，又恐无道法不足耸动众人，遂用油捻在左右臂膊烧点数处，含痛忍受，藉此募化，以致附近居民闻知往视，见其坚忍，致相传播，偕往进香者渐多，有因病求治者，该氏即令跪香假念经咒为之求神。又有求药者，该氏无可给与，遂买药铺内五汁丸等药改成小丸并伪画神符给与，竟有病即痊愈者。因而祈求布施者益众。适值原任大学士三宝寡媳乌佳氏患血气凝结病症，闻该氏素能治病，延至家中，该氏为之按摩，假念咒语，并代为祈祷，病愈后乌佳氏感激，欲向伊重谢，拜伊为师，该氏令其施舍金银修整西峰寺，乌佳氏允从，当令管事家人许禄抬工匠任五即任极盛修盖庙宇，先后给修庙工价银一万七千两，又置办供器银三千两共计银二万两，其余陆续施给衣服器物并施金镯及零星银钱不计确数，约亦不下万余金。又送使女双庆至寺跟随跪香念佛，乌佳氏亦曾赴寺烧香。又现任银库员外郎恒庆之妻宜特莫氏素患痰喘病症，亦请该氏祈祷痊愈，宜特莫氏每月给该氏养赡银三五十两不等，又听从该氏修理石厂地方三教寺，舍银一万七千余两，又添金子二百八十两，合计共银二万余两，张李氏即将银两交给伊子广月修庙，金子自行收存，现经起获。宜特莫氏，又令使女玉喜跟随服侍，庙修成后，改名灵应寺，该氏随在两寺来往焚香治病，宜特莫氏亦曾至寺拈香，此张李氏先后跪香治病惑众修庙之原委也。嗣因西峰寺后塔院工程未完，乌佳氏亦未再给银两，承揽修工之任五无从藉工图利，随起意与该氏商允，因该氏曾问说称少时梦见观音菩萨及在通州坐雪治病等事，即藉此画出图像，装点神奇，表白灵异，希图哄骗，众人自必争施银钱，修造塔院，伊可于中取利，遂凭空点缀，画成张李氏出身坐雪出家及众人拜求治病各图像五轴，并捏称身能入定出神，且称该氏系菩萨转世，该氏旧有远年住持僧人塑像，原称西峰老祖，村人因该氏治病烧香，亦随称为西峰老祖活佛。自是远近人民到寺烧香治病者不一而足，俱有布施，每人至二三两至十余两不等，该氏自此益有蓄积，分给伊三子广月银一千两，修盖圆广寺，长子张明德银一千两，买房一所，开设木铺一座，其次子寡媳崔氏在籍典地一百余亩，俱系该氏前在通州顺义治病时所得资财，而任五亦得修庙盈余银八百余两，此任五起意为张李氏装点图像惑众因有老祖活佛之名号也。"

（中略）

此案张李氏本一民妇，出家为尼，辄假烧香治病为名，念咒画符，煽惑远近居民及官员眷属舍银多至数万余两，并被人称为老祖活佛，居之不疑。任五本系工匠，乃因修庙图利辄敢起意为张李氏装点画像，妄称该氏为菩萨转世，哄骗众人，致该氏有老祖活佛称号，又骗得修庙工银八百余两，是张李氏假神画符，烧香治病，敛钱惑众，固属为首，而该氏哄动远近，号为老祖活佛，实系任五起意绘画图像播扬所致，厥罪维均，未便分别首从。张李氏除擅用黄假坐褥等罪止满徒不议外，张李氏、任五均合依师巫妄称弥勒佛隐藏图像煽惑人民为首律俱拟绞，但该氏既已为尼又不剃发，复敢假神治病敛钱，甚至哄动官员眷属得银数万，任五以修工匠役希图修工赚钱，胆敢捏张李氏为菩萨转世，煽惑人心，情罪均重，京畿为首善之地，尤宜肃清此等惑众妄为之徒，未便稍为稽诛，应请旨即行正法，以昭惩戒，张李氏长子张明德、三子僧广月虽讯明无帮同煽惑情事，但分受伊母骗得银两数至盈千，未便轻纵，张明德、广月应于张李氏绞罪上减一等，俱杖一百流三千里，交与顺天府完地发配，至配所责四十板。至恒庆系现任职官，任听伊妻入寺烧香，布施数万，并将分赏为奴使女玉喜给与服役，三宝之媳乌佳氏以大家孀妇，因张李氏治病有验，即拜伊为师，施银数万，并给与使女双庆跟随烧香，且均有官项未完，乃恣意滥费，实属妄为，除两家应缴修庙银两业经该旗遵旨办理外，仍将解任员外郎恒庆交部严加议处，并恒庆之妻宜特莫氏、三宝之媳乌佳氏应遵旨交该旗长严加管束不许出门，仍行文各该旗并提督衙门、顺天府五城一体严饬官员人等毋许纵令妇女入庙烧香，以维风化。张李氏、任五并张李氏之子张明德等所有在京财产业经步军统领衙门查抄，应将金银房屋交内务府查收，其木头铺一座交该旗招商认开,其衣服什物交崇文门照例办理,所有张李氏庙内什物及原籍房产亦经顺天府查抄,应听顺天府分别办理,张李氏孀媳崔氏向住原籍,讯无知情敛钱情事,应毋庸议,给与母家领回。任五所骗银八百两应照追入官,查该犯家产业经查抄,应毋庸议。许禄经管修庙,讯系听从主母之命,应与无干之玉喜、双庆、老尼济广等均免置议。但玉喜系同伊兄黄三分赏图思德为奴之人,应照例交该旗另行分赏为奴,双庆系三宝家契买民女,应交该县照例发卖,身价入官,张李氏所修西峰、灵应两寺交僧录司另选妥实僧人住持焚修,至圆广寺现有僧人住持,毋庸更换云云。

旋奉旨:此案工匠任五即任极盛,因修庙图利起意,为张李氏装点画像,妄称该氏为菩萨佛祖转世,诱惑远近民人,是张李氏之种种不法皆该犯怂恿所致,实为此案罪魁,且骗得修庙工银八百余两,亦应依窃赃满贯例办理,任五着照留京王、大臣等所拟即行处绞。至张李氏假神画符以烧香治病为名,惑众敛钱固属不法,但乡村愚妇不过为图骗钱财起见,究无悖逆词语,张李氏着从宽改为按例应绞监候秋后处决,余依议,钦此。

此事见张秋坪《秋槎随笔·金岩观》一则,称其有暧昧情事,盖仇家举发,吾则步军衙门不应越俎干预也。

人物风俗制度丛谈(两篇)[①]

二一　天主堂

宣武门内天主堂为清初西学传播中心。纪氏《如是我闻》曾托鬼语加以讥刺。其言有云:"彼奉其国王之命,航海而来,不过欲化中国为彼教。揆度事势,宁有是理。而自利马窦以后源源续至,不偿其愿终不止,不亦真欤?乃不及五十年而西人已有喧宾夺主之势,不及百年而中国已几于家弦户诵其教义矣。"[②] 乾嘉间人方醉心考据,目光止于眉睫,见解断不及此,正不得以此专责文达也。然化中国为彼教,究于彼有何益处。苟非争传教,必不至争用兵,即不至因此互相残杀,作茧自缚,孰令致之?文达之论,固亦洞澈事理,不可菲薄也。

[①] 选自《人物风俗制度丛谈》,上海太平书局1945年版,署名:瞿兑之。

[②] 见纪晓岚《阅微草堂笔记》中《狐鬼对语》一篇。

花村看行侍者①《谈往》亦有《记天主堂》一则。语气殊有左袒意,盖明清间人见解颇悦其新奇也。《帝京景物略》所记略同。

> 利马窦,大西洋人,奉耶稣教。十字架者,耶稣为仇人杀身之具也。奉其教而必著架图于门首,思其难而以敬天为事也。教无父母,惟尊天。窦入京师,建天主堂于宣武门内。堂制狭长,上如覆幔,傍绮疏,藻绘诡异,供耶稣像。像系彩饰平画,望之如塑,貌三十许人。左手执浑天仪,右叉指若方论说状,须眉竖者如怒,扬者如喜。耳隆轮,鼻隆准,目若瞩,口若声。右圣母堂,貌若少女,手一儿,耶稣也。衣非缝制,自顶被体。所供香灯盖帱都精美。其入京为万历之辛巳,卒于庚戌,奉旨以陪臣礼葬阜成门外三里许。(此段选自《谈往》)

北京宣武门天主堂,历史至为悠远,盖都中讲西方学术之策源地也,其中教士颇与搢绅先生往还。中国人欲通知外洋事者,亦必就其中问津焉。南皮张景运②字浮槎所著

---

① 花村看行侍者,清代人,生平不详,著有《谈往》一卷。
② 张太复,乾隆、嘉庆年间河北南皮人,原名景运,字静旂,号春岩、秋坪、天汉浮槎散人等,著有《因树山房诗钞》《秋坪新语》等,生平参见《大清畿辅先哲传》。

《秋坪新语》中记其所见颇详。浮槎此书亦见于纪文达笔记中。纪氏与张氏世为婚姻，此书有刊本。盖文达在时已流行坊间，但迄今已不易觅得，亦从无为之排字印行者，书之显晦固有莫之为而为之者。兹录其记此堂一则，而略删其枝叶如下：

京师宣武门内天主堂，其式准西洋为之。丙午新正，予偕大兴令汪怡堂同年、医学科杨君、满洲教授观近斋往观焉。浼监副索公为导。索西洋人也，发黄而卷，目睛亦黄色，言语不甚解。见人惟执手曰"好呵好呵"，而笑容可掬。启其堂，东西凡二重，南北七重。外重如隧道，两面皆辟疏棂，透入日光，空明洞彻。内重复壁间左右门各六，每门间一龛，东而相向十二龛。中画像男女不一，或介胄持兵，或婵娟丽若天人，莫不五彩炫耀，突出壁间如塑成，盖皆侍者也。中一妇人巨像，庄严妙好，高髻云鬟。面同满月，两眸湛湛若秋水射人，自胸以上及肉膊皆赤露，肤理莹腻，居然生成。胸前垂七宝璎珞，金碧璀璨，光彩夺目，不可正视。乳以下衣纹缭绕纠结如霞晕数重，五色陆离，涛回漩伏，怀抱一婴儿。承座二人颠倒横陈，眉目秀异，披发裸胸，不知其为男女也。四傍云气旋绕，迷离惝恍，望之俨从空中而来下，即所谓天主矣。最后一重地稍高于前，宝座设其中，龙蟠虬舞，金色烂然，黄袱幕之。其堂高数仞，凡三层，层层开窗，嵌以明瓦，渐高渐敛如覆舟形，圆而椭。西承尘榱栋枅欂瓟梲间悉绘神鬼状。好丑间杂，金裸其上下身，腰间蔽前蔽后，云锦灿如，莫可方物。却立堂前，翘首向后斜视，则梁间人层层压叠，如俯窥，如笑睨，如侧立，如怒扑，如欲下击，如欲上骞，纵横颠倒，隐现蔽亏，千态万状，飞动骇人，几忘其为绘素也。复由壁右穿户出，至一堂中，悬圣祖赐额。东西两壁各绘房舍。倚西壁而东望，则重门洞辟，深杳无际。洞房窈窕，复室回环。孚窗或启或闭，珠箔半掩半垂。室有几，几有瓶，瓶中有花。有炉，有鼎，有盘，盘置枸橼木瓜之属，新鲜如摘。壁有画，画傍有门，门中复有室，室中洋氍铺地。丹锦幕案，床檀凝紫，幭纱萦烟，翠幕金屏，备极人间之富丽。凝眸片晌，竟欲走而入也。及至其下扪之，则块然堵墙而已，殆如神洲瑶岛，可望不可即，令人怅惘久之。复转自东壁西向望，则重廊复室，历历如东壁者然。云其画乃胜国时利玛窦所遗，其彩色以油合成，精于阴阳向背之分，故远视如真境也。近时不乏能手，逊其妙远矣。壁画虽旧，卒莫得而易之。观罢索烹茶相待，复各赠以鼻烟，谢之而出。

按：乾隆中自宫廷贵胄皆尚西洋画,《红楼梦》载西洋黄发女子,正其时流行之物也。今大内及热河诸库物迭次发露,知洋货之流传殊不少云。又纪文达于其笔记中亦述及此堂,兼引艾儒略之言,足见文达亦颇留心西学也。

又赵文恪慎畛①《榆巢杂识》：

> 崇文门内天主堂建在康熙年间,乾隆时重修。客厅东西两壁画人马凯旋之状。堂内供奉彼国圣人,皆画图全相,四围男女老少聚集嬉戏,千态万状,奕奕如生。堂宽数丈,高以十数丈许,不架一木,全以砖砌成,人巧夺天工,信然。

按：崇文门内为宣武门内之讹。

《帝京景物略》又云：

> 其国俗工奇器,若简平仪（仪有天盘,有地盘,有极线,有赤道线,有黄道圈,本名范天图,为测验根本）,龙尾车（下水可用以上,取义龙尾,象水之尾尾上升也。其物有六：曰轴,曰墙,曰围,曰枢,曰轮,曰架。潦以出水,旱以入,力资风水,功与人牛等）,

---

① 赵慎畛（1762—1826）,字遵路,号笛楼,湖南武陵（今常德）人。嘉庆年间进士,官至云贵总督。著有《惜日笔记》《赵文恪奏议》《榆巢杂识》《蓼生日记钞》等。

沙漏（鹅卵状，实沙其中，颠倒漏之，沙尽则时尽。沙之铢两准于时也，以候时），远镜（状如尺许竹笋，抽而出，出五尺许，节节玻璃，眼光过此，则视小大，视远近），候钟（应时自击有节），天琴（铁丝弦，随所按，音调如谱）之属。

三六　冰嬉[①]

近年冰嬉（俗云溜冰）之戏盛行。后生小子但知为欧西之风，不知吾国古已有之，即冰鞋之制亦曾无以异也。宝竹坡[②]《偶斋诗草》中有咏此物诗云：

> 朔风卷地河水凝，新冰一片如砥平。
> 何人冒寒作冰戏，炼铁贯韦当行縢。
> 铁若剑脊冰若镜，以履踏剑摩镜行。
> 其直如矢矢逊疾，剑脊镜面刮有声。

[①] 原刊于《三六九画报》，1944年第25卷第4期，署名：蜕庵，"冰嬉"作"冰戏"，收入《人物风俗制度丛谈》时本篇最后一段不同，分别用注解表示。

[②] 宝竹坡，即宝廷（1840—1890），爱新觉罗氏，初名宝贤，字少溪，号竹坡。郑献亲王济尔哈朗八世孙。同治七年（1868）进士，为人放达，工于诗词，著有《偶斋诗草》内外集及《偶斋词》等。

左足未住右足进，指前踵后相送迎。
有时故意作敧侧，凌虚取势斜燕轻。
飘然而行陡然止，操纵自我随纵横。
是耶洛仙非列子，风胡能御波能凌。
侧闻冰嬉本故事，水嬉仿佛传西京。
隆冬景物液池好，翠华苾止山水荣。
旧典不举越十稔，宵旰衣食游幸停。
闲人游手恣戏谑，年年结队嬉郊坰。
临深履薄亦何益，蹈险行乐忘战兢。
我来观此触旧感，醉言狂放君试听。
安得风伯大神力，吹使四海同坚冰。
火舟胶轮鲎帆冻，魍魉缩首牵长缨。
九州聚铁锻为屦，万牛析鞹①縈索绳。
王师十万踏冰去，长驱直捣趋西溟。
月支取头作饮器，金银收得供彤廷。
十洲三岛绕周遍，变夷用夏非观兵。
安能有人肩此任，人心所注天乐成。
言绝兴尽废然返，芒鞋躄躠劳莫胜。
南望鸡笼海云隔，风涛激荡难结凌。

按：乾隆中潘荣陛《帝京岁时纪胜》云："太液池之五

---

① 鞹，同"鞟"，去毛的兽皮。

龙亭前，中海之水云榭前，寒冬冰冻，以木作床，下镶钢条。一人在前引绳，可坐三四人，行冰如飞，名曰拖床。积雪残云，景更如画。冰上滑擦者所著之履皆有铁齿，流行冰上，如星驰电掣，争先夺标取胜，名曰溜冰。"云云。知乾隆中已有此戏。今北海庆霄楼即高宗奉太后临观冰嬉之所也。①

又《燕京岁时记》云："冬至以后水泽腹坚，则十刹海、护城河、二闸等处皆有冰床。一人拖之，其行甚速。长约五尺，宽约三尺，以木围之，脚有铁条，可坐三四人。雪晴日暖之际，如行玉壶中，亦快事也。近日王大臣之有恩命者亦准于西苑门内坐拖床，床甚华美，上有冖如船篷，可避风雪。"按《倚晴阁杂钞》："明时积水滩常有好事者联十余床，携都篮酒具，铺氍毹其上，轰饮冰凌中以为乐。"又云："冰鞋以铁为之，中有单条缚于鞋上，身起则行，不能暂止，技之巧者，如蜻蜓点水、紫燕穿波，殊可观也。"余曾见东华门内武备库中尚存有冰鞋，与今泰西所制若出一辙。乾隆御制诗集中有《咏冰嬉十二韵》。②

考《乾隆御制诗》注："每冬太液冰坚，令八旗与内务三旗简习冰嬉之技，分棚掷彩球，互程矫捷，并设旌门，悬的演射，用娴步伐止齐之节，皆轮番阅视，按等行赏，以为常例。"又云："国俗常有冰嬉之典，树旗门，整编伍，士

---

① "知乾隆……"一句为收入《人物风俗制度丛谈》时所加。
② 本段为《三六九画报》上刊登时的最后一段。

皆缇衣齿履，鹄立以俟。驾前分棚掷鞠，健步争先，意注手承。及旗分八色，盘旋弥络，悬球仰射，如凌虚振翼，自在游行，事毕依例按名颁赉。八旗及内府三旗岁于冬至后举行，亲临阅赏。"①

---

① 收入《人物风俗制度丛谈》时，作者将在《三六九画报》刊登时的最后一段改为此段。

故都名迹考[1]

中华门旧为大清门,蓝底金字,相传后面仍系"大明门"三字,即明代故物所改造。有此一说,似不近理。

天安门右偏石狮腹旁一枪眼,传是明襄城伯李国桢与李闯战于此,闯避走,枪遂中狮腹,诚齐东语矣。

午门鼓相传以人皮为之,其声沉而不扬。父老云系河南某县大逆伦案,即剥皮以蒙鼓。北京土语有"人皮交官"一语,或即由此。

贞度门(即太和门西之门)内外均有铁链,长六七尺,俗云有"风不动无风动"。或云明代拘系廷臣待旨廷杖之处。

太和殿前铜龟、铜鹤罗列东西,捉一蝇投东列铜龟口中,即由甲上飞去,西列者则否。

太和殿前嘉量内藏五谷,不知何时收,启视内皆朽败之粟,见《阅微草堂笔记》,今已全空矣。

---

[1] 本篇发表于《新生》半月刊1944年2月1日第1卷第3期,署名:瞿兑之。

传心殿井，明黄建《京师泉品》谓玉泉第一，大庖第二，即指此也。

景山东麓一半枯之树，相传为明崇祯帝缢处，树有铁锁。按正史帝缢于山亭，非缢于树也。

南池子飞龙桥跨玉河，即明之飞虹桥遗址，今无存，惟南大照壁尚在，风雨晦冥，墙上时现桥影，雕镂极工。

普度寺俗称马葛拉庙，清初之睿忠亲王府，后改寺为黑护法佛殿，内藏铠甲、弓矢，皆睿邸故物。

东华门外之东安桥上有元君庙，相传为明崇祯后庋棺之所，于理近似，桥下有洞门，造作坚固，传系水牢，桥名"望恩"，以中官入内，必由此桥，而中官多以无良为人所诟病，故俗呼为"忘恩"，此皆明代遗留之说。民国十年桥已拆去，改为平桥矣。

黄梁庄在东安门大街路南小寺曰崇德祠，亦云崇祯皇后厝柩处。

骑河楼北有石基堵水，中开二尺许，即银闸，其西为御马圈马神庙诸处，按银闸元时"太傅左丞相萨敦监镂，大元元统癸酉秋"字样。

大高殿前二亭钩檐斗角，极尽人巧。明时中官呼为九梁十八柱。相传嘉靖建时工未及半，有乡人以蝈笼求售，无应之者。殆工竣帝行礼后，见门外地空拟建二亭，工部烫样进呈，皆不洽意，已累次矣。忽忆及乡人篾制蝈笼，求乡人，数日始得。问笼值，乡人不言值数。俟一月后取值，终不云值数。司其事照笼式烫样进呈，帝大悦，即照式建，甫开工，乡人取值来矣，索千金而去。

金鳌玉𬂩桥在太液池上。金鳌者塔山也，玉𬂩者大桥也。圆明园曲院风荷亦有巨桥，两端绰楔亦画此四字。

大西天在太液池北岸，旧有四神祠，状貌伟然，甲胄峙立，传为费英东、费扬古利、额亦都、劳萨四公之像。孝庄文皇后念其勋旧，故塑像祀于庙中，乾隆戊寅寺灾，太监等往扑救，见四像宛转欲动，急扶之出。四神像即作趋行状，不数武已至门外，得以无恙云。

元都胜境在北海阳泽门小马圈之西，地名刘銮塑，建于元初刘銮者，尝从阿尔尼格学西天梵相，亦称绝艺。元都胜境正殿供奉玉皇大帝，右殿塑三清，仪容肃穆，道气深沉。左殿三元帝君上元执簿侧首而问，若有所疑起一吏跪而答，甚战栗，一堂之中皆若悚动。庚子之变，夷为住宅，而刘銮遗迹惟朝阳门外九天宫九天十八狱①、西城护国隆善寺四天王而已。

西城白塔寺乙亥丙子间重饰，因将四天王像重塑，寺僧召一胡僧木工从事，不百日，四天王八魔像俱成，修短合度，

---

① 九天普化宫位于北京东岳庙西，建于明万历年间，主祀九天应元雷声普化天尊（即雷祖），现存大殿三间，石碑两通。斜对面曾有慈尊寺，俗称十八狱庙，建于清雍正年间，面积4.4亩，有房79.5间，内有阎罗殿等，神像威严可畏，惊惨动人。现已无存。

不类近人塑工。观其初入手时，毫不经意，胎骨亦不甚丈量即成，俨如护国寺天王像之修短，盖成竹在胸，举重若轻也。

俗云，正阳门是龙头，大清门是龙颔，正阳门东西房为龙颧，房前二井为龙目，正阳门外弯桥为龙鼻，五牌楼为龙髯，东西两巷子为龙须，天桥为龙颏，东西门为龙耳，箭楼为龙舌。

前门关帝庙像以沉香木为之。本有二像，明世宗召卜者问二像香火孰盛，卜者指以某像。帝以不盛者供大内，日夜香火不绝，以盛者供前门瓮城，终则所指为盛者至今不衰。

绿雨楼以倚槐得名，曾见《陆文裕文集》①中。地址当在正阳、宣武二门之间，或云即今拈儿胡同南口小楼，昔时倭文端公仁之侄福少农中丞故宅云。

礼部署在阙东户部之南。旧有礼部不加搭渡之谚，搭渡者以夹木二方夹于门限，坡陀如桥状，使堂官乘车可从中入也。纪文达官礼部最久，故匾联相传多其手制，仪制司有优钵罗花②，开必四月八日，至冬结实如鬼莲蓬，脱去其衣，中有金色佛一尊。今已无存。

兵部署在阙东宗人府后，武选司有明椒山忠愍公祠，春时车驾司同人公祭于宣武门外炸子桥公祠，额为汾阳曹学闵书，即公住宅，谏草嵌于壁中，南室曰谏草堂，道州何子贞先生书联甚多有拓售者，刑部北监有公手植之树，刑部大堂

---

① 作者陆深（1477—1544），初名荣，字子渊，号俨山，南直隶松江府上海县（今上海市浦东新区）人。明代文学家、书法家。

② 佛教用语，即睡莲。

南小门有土旱隆,传是埋公枷锁处,公成仁处在西四牌楼东断魂桥,今路西崇圣祠关帝庙,有朱青雷书额。

工部署在阙东,兵部之南,长官视事之所亦曰藤花厅,枝干垂云,亦如吏部,节慎库在署东有金银元宝各一,为镇库之物,梯登其上,其边尚高于人,上刻"永乐九年"。

崇文门在元为文明门,俗曰哈达门,又曰海岱门,门内有哈达大王府,正统间改今名,九门司启闭鸣点[①],惟此门鸣钟,哈达大王不详其名。

崇文门西水关下有石刻"黑风口"三字,庚子民谣云:"电线不长久,江山问老叟,满街红灯罩,紧防黑风口。"虽系无稽,其后皆验,贡院在城东南隅,元礼部旧基也,永乐间改为贡院,万历间拓旁地益之,至公堂东俗曰小东天,列十六号舍,凡大员子弟乡试者胥在是,相传场神为大蝙蝠,大可数尺,小可寸许。

灯市口在东安门王府大街东。旧有灯市,自正月初八始,至十八日止,今名仅存,北有巷曰佟府夹道,西即佟府,塔式古主事齐贤居此,艺菊掘土,出数甓,刻有"严氏祠堂"四字,盖严东楼[②]居灯市口祠堂旧址。

地安门外显佑宫奉祀真武大帝明建,传云井中有铁链,丹墀砌石有文象梅梢,上有月,石质淡墨色,自改建某处后,

---

① 点:也作"锳",形制近似于寺庙里的云版。旧京俗谚云:"里九外七皇城四,九门八锳一口钟。"

② 严东楼即明朝奸相严嵩之子严世蕃。

此石闻为赵某移至天津昆纬路赵公祠[①]畔。

大理寺在刑部南,有怪石高四尺许,两峰角立,一窍中通,锦考灿然,曾载明林有麟《素园石谱》。

满洲镶红旗衙门在石驸马大街路北,不饰髹漆,相传即明石驸马[②]府第。

沙锅刘李胡同在石驸马大街北,传为刘姓、李姓合资售卖沙锅,因以名巷。后人以其地近刑部,訾为"杀剐流离"矣。

鹫峰寺在内城西南隅,唐淤泥寺也。至今寺内地极潮湿,盖河身也,亦名卧佛寺,鹫峰者僧号也。又圆通庵在寺东,俗传寺西南太平湖即唐淤泥河。

葛红霞见诸稗官小说,不知何时人,但云女将替夫夺印而已。西城学院胡同东偏石门甚壮丽,传是葛府,无可考。

月台大门在宣武门内西偏,为年大将军羹尧故宅。

双塔寺在西长安街,为元庆寿寺,有双塔并立。一九级,一七级,九级者曰"光天普照佛日圆明海云佑圣国师之塔"。七级者额曰"佛日圆照大禅师可庵之灵塔"。传谓京师外八景有长安分塔,在西三座门,门隙窥此双塔,一在路南,一在路北,实则均在路北,盖路直在双塔之间也。

吴三桂故宅在西单牌楼石虎胡同,近有人于土中掘出蟋

---

① 合祀清康熙年间天津镇总兵赵良栋、天津道赵宏燮、长芦盐运使赵之璧祖孙三人。

② 石驸马为石璟(1419—1479),字廷贵,昌黎(今属河北秦皇岛)人,娶明宣德皇帝朱瞻基长女顺德公主为妻。

蟋盆极古雅，盆底有"月如"二字，印章月如，三桂字也。

甘石桥在西单牌楼北大街，桥久无存，前年大雨地陷桥见，随即掩之。西城暗沟自西直门斜而东南，直至西单牌楼正沟胡同南去，正沟胡同今作称钩胡同。

耿精忠府在西单牌楼北路西旧有复盛和估衣店，门内有一巨槐，多年不朽，传是耿府门槐，后垣在白庙胡同北邻，尚可喜府尚府，今为花园饭店，耿府今无迹矣。

红庙在十八半截①之东，旧有关忠义庙，庙内梁上悬二篾灯细如毫发，今只存一。传谓一孝女京北人，因母病梦入此庙，醒而入城，寻至此，祷神得药，持归饮母即愈。刻意制二灯以献。又有马童四，二古装，建庙时塑也。二清代装，一如常人，戴官帽马褂快靴，盖庙东舆夫生梦入庙应役，殁则托梦于其家，遂商之庙僧加塑二人焉。

---

① 十八半截为东西走向的街道，东与椿树巷相交，西通太平桥大街，长约一里，因与十八条南北向的胡同相交而得名，20世纪60年代后改名为什坊小街。

再版"北京历史风土丛书"序[1]

今岁春间辑印此书数百本,不两月分售罄尽,后至者竟无以塞其意。乃徇朋辈怂恿,重加雠校,以付再版,阙者补之,讹者正之,以原刊五种为第一辑,新增二种为第二辑。《天咫偶闻》为满洲震钧氏著,《燕京岁时记》为富察敦崇氏著,皆就近时名作,稍加参订。更有附益,则竢诸异日,方闻君子,览而教之,所祷祀焉。乙丑(1925)秋日,编者识于广业书社[2]。

---

[1] 选自瞿宣颖编印"北京历史风土丛书",北京广业书社铅印本,1925年版。

[2] 广业书社:瞿宣颖20世纪20年代于自己家中所办出版社,地址:牛排子胡同一号。除"北京历史风土丛书"外,另出版有《明清珍本小说集》之一《近事丛残》,之二《太平天国别史》,作者自撰《汉代风俗制度史(前编)》,作者自编《时代文录》等。

《燕都丛考》序[1]

居今日而谈故都之事者有二难：建置兴废，多据旧籍，而沧桑数改，陈迹已非，非一一躬履而目验之，不足以为信，一也。东京梦华，武林遗事，前尘梦影，一去无踪，求之闾巷黄骀，则语近齐东，说乖大雅，别白从违，莫知所可，二也。若夫博稽载籍[2]，网罗旧闻，语必有征，信今垂后，此真今之有意著述者所宜急起而从事也。余居燕京前后十七八年，目之所及睹若变若不变，变之巨者、细者，每一出游，历历于心而感不绝。故蓄意研寻燕京史迹，实越岁年，诵读之暇，凡遇涉及燕京之故实者，必撮写而存之。愿念成书不易，援笔构思而复辍者屡矣。我友莼衷先生属有同嗜，乃先我而成此书，方今时彦渐注意于故都文献，此书一出，传播之广，

---

[1] 选自陈宗蕃编：《燕都丛考》第1编，1930年1月初版，1935年6月再版，北平后门内米粮库一号陈宅发行。《燕都丛考》共3编，第1编包括北京的沿革、城池、宫阙、苑囿、坛庙；第2编为内城古迹；第3编为外城古迹。作者在调查研究的基础上，对旧籍记载失实之处一一考证，很有史料价值。全书有林志钧、瞿宣颖序和作者自序，并有众多文人唱和。

[2] 载籍：书籍。

可以预言。余虽不与其功，亦且引为荣幸。莼衷以余为孤竹之老马，知此中艰辛，其敢辞一言以当喤引。

十九年岁首，兑之瞿宣颖识耑

王湘绮先生闿运圆明园词自注[①]

湘绮先生《圆明园词》刻本有冠以序者，题曰徐树钧[②]撰。十年前石门唐氏得先生手写本有自注者，曾景印分赠知好，而所传未广。检核其文，与徐序大抵相类，盖序行则注不行也。先生此诗作于同治之季，文网犹密，未敢显斥以贾祸，故既假名于徐以序其事，晚年定本遂复刊落，而自注本则专贻友好，不以入集。盖其慎世，徐序托言子能诗者达于政事，曷以风人之意备繁霜云汉之采，斯即先生所以自道也。

先生之为此诗，匪徒曲江潜行伤时念乱而已，其旨在于推论后金一代兴衰治忽之由，政治之得失，风俗之升降，都邑之利病，人才之消长，汇而通之，因以明其倚伏回环之

[①] 选自《新民月刊》1936年第4期，落款为：丙子春日弟子瞿宣颖兑之谨记。1860年，圆明园毁于英法联军；1871年，王闿运与友人张雨珊、徐树钧游览圆明园废址，作828字《圆明园词》并自注，前有徐树钧序。此词于1936年刊登于《新民月刊》时，瞿宣颖作题记2300余字，即为此篇。

[②] 徐树钧（1842—1910），字衡士，号叔鸿，生于长沙徐氏望族，咸丰七年（1857）举人。书法家、收藏家，与徐世昌、李鸿章交游唱酬甚密，藏有王献之《鸭头丸帖》真迹。

数，其所昭鉴皆灼然大者，不得与耳食浅昧恣口臆说者相提并论也。观其自注曰："本朝吏事盖凡四变，当顺康时，州县多不足衣食，外吏亦未有脂膏，然京辇贵豪，富厚充斥；及于雍乾，州县大富；嘉庆廿载，府道高资；道光之时，督抚拥财，而上下俱困，盗贼起矣。"斯非熟精一朝掌故，明于得失之故，卓然有史识者，其孰能言之乎？又曰："国家之乱，始于乾隆末政，纯皇倦勤，内外大臣惟务粉饰，仁宗若从而振之，几张弛之道也。宣宗纵以安静，而事变迭生矣，盗之起也。国无失德，明智材武，莫有归心，然始于州县，屡有囚官辱吏之事，上司不敢问也。盗发咨重，不肯明法，调兵五百，遂为大举，小警载闻，钦差相望，吏治军务分途矣。"斯于中叶以后酿乱之因，与夫君臣束手自召覆败之状，阐发备至，刺讥当代，无所回隐，董狐之直也。其诗曰："丹城紫禁犹可归，岂闻江燕巢林木。"又曰："锦纨枉竭江南赋，鸳文龙爪新还故。总饶结彩大宫门，何如旧日西湖路。"而注之曰："十年，浙抚杨昌浚奏言织造需银八十万，请用地丁给之，又言军饷缓发，盖欲讽谏也。有诏许之，大婚礼新议宫门皆结彩幔，用绉绸八十余万匹，初拟费用数百万，户部尚书宝鋆言旧制不过百余万，不听，遂用至二千万而不足办，若以千万修复园居，则群知其非也。"此则香山乐府所不敢斥言者，二千年来无此作矣，然吾尤重其移都之议也。

其自注曰:"自安史以来,燕地利久废,民教不修,本非宅京之所,以明太宗先建藩国于此,又知江南之不可都,而惮于改作,当园盛时,无敢建言移都者,及夷兵将入,欲往长安,而督抚言不便,至今益无可往矣。余欲建言及今迁都,以大臣庙谟皆无远略,两宫九重不得引对,徒上封事无益众议也。"此在七十年前,不得不讶为石破天惊之论矣。燕京之形劳,尤重于天下,实自安史,安史败而降将承其余绪,擅兵甲形胜以控全局;以至于辽,中原迭乱,文物渐隳,惟燕京独安,然颇存故唐之遗。金元踵事,益乘中国多故,粉饰崇侈,极尽王制巨丽。明太宗习于胡俗,狃于霸基,因故元之宏规,兼东南之奢丽,数百年来莫有能易。故咸秦邱墟,巩洛烟莽,建业临安,徒供儿女子之呫乐,帝者上仪,四方具瞻,惟在燕京。其实腥膻窟穴,风俗偷堕,生计壅塞,久辱首善之称,徒容政本之蠹,有识者早知其不可久也。燕京之弊,极于明代,盖漕南米以饷坐食,蠹其中者愈多,而生计愈废。万历中,徐贞明请大修畿辅水田,而停漕米,时论群起挠之,盖宁使畿辅荒芜而不肯捐坐食之便也。雍正中,当宁睿明,知水利不修,水害将见,将为根本之患,以亲王介弟督其事,辍台阁侍从预其谋,乃不旋踵亦为庸臣所坏,自此极保定以南皆为浮沙所没,而永定时虞泛滥,岁縻巨金,民患昏垫,莫之能救,辇毂之地,黄埃蔽日,道路不可修治,疾疫因之而作。左宗棠尝言,道光中畿南尚不尔，及光绪初年，则沙尘遍野，灌溉失功，岁以旱闻，恝然忧之，老臣忧国，瞻言百里，复乎其不可及如此，即先生注中所谓燕地荒芜尘土尤甚也。尘土之为害，由于水利之不修，水利之不修，由于民俗之偷惰，极其敝则民愈贫弱，如环无端，互为因果。吾尝经行燕赵名都，见其城阙，如古昔盛时，而衢巷空寂，栋宇荒凉，几若墟墓，未尝不慨然以思他日燕都之将至于此也。虽然，迁都于平日，素有预备，可也。因兵革以迁之，则无益而滋害也。汉献入关，金哀移蔡，是矣。古者革代之际，或有移都之举，高氏迁邺，梁氏迁梁，亦皆不足以定民志，徒益乱亡之思。必欲迁都，常法魏孝文之迁洛阳，隋高祖之作大兴耳，是事豫则立之效也。有清之季，后先生而发迁都之论者有南海康氏，惟我先公，亦尝抗疏，而廊庙不省，至庚子而已无及矣。庙谟不定，论都无人，其害中于数世，吁可哀也。然若秉国钧者知都之不可骤迁而旧染之当与维新也。则因其故基，修举地利，率以勤俭，惩绝浮幸，民志既定，土宇既完，因利乘便，居高临下，以绥四方，抑可杜戎心之启而示宅中之义也。岂若仓皇取决，苟便宴安之私，不恤暴露数千年文化滋长之区，以恣敌骑之轶也。论者徒狃于马迁收功西北之论，知一而不知二，竟不悟箕子召公大启土宇，逮于光武，用渔阳突骑倾覆关陇，魏祖败袁绍定乌丸，乃成霸业，自是以还，无幽州不得保中原，古今形势未有以异，重彼而轻此，非所闻也。

生于今日,读先生此作,其能无悄然以悲而重思哲人之达识耶?至说者摭其中六月十六日北狩月日有误,自由记忆偶失,当时既无报纸,而国史非常人所得见,时逾十载,欲于其中以事系日,固不易易。先生所重者,在指言焚掠之举由奸民勾结敌兵为之耳,此说亦见他家私纪,当为官书所讳,乌得疑而诋之(说见钱基博《现代中国文学史》)。禁卫单弱,法失其威,自嘉庆以来已然矣。细民觊觎,因而生心,凡曾目击庚子之事者皆能想象得之也。

先生之诗,托体雅正,直掩唐贤,以词采而论,已非后人所得望其项背,若其识议精微,乃干令升《晋纪总论》之遗,虽唐贤未之有也。先生尝自云,不敢望连昌津阳,但比梅村为近雅耳,自谦之词尔。

余所见此本题云"同治十年七月书于南洼太平馆之定庐",盖诗成未久,其与今集中刊本不同者,"丞相避兵只握节,徒人拒寇死当门"今作"生取节",生死对文,可知改本为善也。录而论之,以传好事,徐序大体已在注中,然其文,亦纡徐尔雅,宛有唐人风格,故并列之。

丙子春日,弟子瞿宣颖兑之谨记

徐 序①

　　圆明园在京城西出平则门三十里，畅春园北一里许，世宗皇帝藩邸赐园也。圣祖尝游豫西郊，次于丹棱沜，乐其川原，因明武清侯李伟清华园旧址，筑畅春园。藩邸赐园故在其傍。雍正三年，乃大宫殿朝署之规，以避暑听政。前临西山，环以西湖，湖水发源玉泉，山曰瓮山。度宫墙，东流入清河，《水经注》所谓"蓟县西湖"，绿水澄淡，燕之旧池者也。东流为洗马沟，东南合高梁之水，故鱼稻饶衍，陂泉交绮。高宗皇帝嗣位，海宇殷阗，八方无事。每岁缔构，专饰园居。大驾南巡，流览湖山风景之胜，图画以归，若海宁安澜园、江宁瞻园、钱塘小有天园、吴县狮子林，皆仿其制增置园中，列景四十，以四处题匾者为一胜区，一区之内，斋馆无数。复东拓长春，西辟清漪，离宫别馆，月榭风亭，属之西山，所费不计亿万。园地多明权珰别业，或传崇祯末诸奄皆以珍宝窨宅于兹。乾隆间濬池发银数百万。每岁夏幸园中，冬初还宫，内廷大臣赐第相望，文武侍从，并直园林，入直奏对，昕夕往来，络绎道路，历雍乾嘉道百余年于

---

① 瞿宣颖等一些学者认为，徐序为王闿运自作，托名徐树钧。

兹矣。

文宗初，粤寇踞金陵，盗贼蜂起。上初即位，求直言，得胜保、曾国藩、袁甲三三臣。既以塞、程、徐、陆先朝重望相继倾覆，始擢用前言事者，各畀重任。三臣支柱，贼不犯畿，然迭胜迭败，东南数省蹂躏无完土。主上悯苍生之颠沛，概左右之无人，九年冬郊，宿于斋宫，夜分痛哭，侍臣凄恻。大考翰詹，以宣室前席发题，忧心焦思，伤于祸乱，然后稍自抑解，寄于文酒，以宫中行止有节，尤喜园居。冬至入宫，初正即出，时园中传有四之宠，皆汉女分居亭馆，所谓"杏花春、武陵春、牡丹春、海棠春"者也。然上明于料兵，委权阃外，超次用人，海内称哲，而部院诸臣无所磨厉，颇袭旧敝。晚得肃顺，敢言自任，故委以谋议。先是道光二十年，英吉黎夷船至广东香港求通商不得，又以烧烟起衅，执政议和，予海关税银千八百万。英夷请立约，广督耆英与期十年，届时而徐广缙督两广，夷使至广州，拒不许入，以受封爵，夷酋恨焉，志入广州。咸丰元年，英吉黎、佛朗西、米利坚各国乘粤寇鸱张，中国多故，复以轮舶直入大沽口。台王僧格林沁托团练之名，焚其二船，尽击走之。夷人知大皇帝无意于战，特臣民之私愤，乃潜至海岸，买马数千，募群盗为军，半年而成，再犯天津，称西洋马队，闻者恐栗。夷马步登岸，我未陈而敌骑长驱矣。十年六月十六日，上方园居，闻夷骑至通州，仓猝率后嫔幸热河，道路初无供帐，途出密云，御食豆乳麦粥而已。十七日，英夷帅叩东便门，或有闭城者，闻炮而开，王公请和。和议将定，十九日，夷人至圆明园、宫门，管园大臣文丰当门说止之，夷兵已去。文都统知奸民当起，环门守卫禁兵一无在者，索马还内，投福海死。奸人乘时纵火，入宫劫掠，夷人从之，各园皆火，三昼夜不熄，非独我无官守诘问，夷帅亦不能知也。初英夷使臣巴夏里已拘刑部，和议成，以礼释囚。于是巴夏里与夏师各陈兵仗，至礼部订约五十七条，予以海关税银三千六百万，而夷人抵偿圆明园银二十万。十一年七月，文宗晏驾热河，今上即位，奉两宫皇太后还宫，垂帘十载，巨寇削平，而夷人通商江海，往来贸易，设通商王大臣以接夷使。然常言某省士民毁天主教堂，某省不行其教，某省民教挑衅，日以难我，应之不暇，盖岌岌乎华夷杂处。又忽忽十有一年，园居荒墟，鞠为茂草，西山大寺，夷妇深居，予旅京师，恻然不敢过也。

同治十年春，同年王壬父重至辇下，追话旧游。张子雨珊亦以计偕来，约访故宫。因驻守参将廖承恩许为东道主，四月十日，命仆马同过绣漪桥，寻清漪园旧迹。颓垣断瓦，零乱榛芜，官树苍苍，水鸣呜咽。由辇路登廊如亭望万寿山，但见牧童樵子，往来林莽间，暮从昆明湖归，桥上铜犀卧荆棘中，犀背御铭朗然可诵。明日访守园者得董监，自言年七十余，自道光初入侍园中，今秩五品，居福园门旁，导余等从瓦砾中循出，入贤良门而北，指勤政、光明、寿山、太和四殿遗址。至前湖，圆明寝殿五楹，后为奉三无私殿、九州清晏殿，各七楹，坏壁犹立，拾级可寻。董监言："东为天地一家春，后居也；西为乐安和，诸妃嫔贵人居也；洞天深处，皇子居也。"清辉殿为文宗重建，与五福堂、镂月开云台、朗吟阁皆不可复识。镂月开云者，即所谓牡丹春也。世宗为皇子，当花时迎圣祖至赐园，而高宗年十二，以皇孙召侍左右。三天子福寿冠前古，集于一堂，高宗后制诗常夸乐之，经其废基，裴回愁焉。东渡湖为苏堤长春仙馆藻园，又北为月地云居、舍卫城、日天琳宇、水木明瑟、濂溪乐处，仅约略指视所在。东北至香雪廊，阶前苇荻萧萧，废池可辨，复渡桥循福海西行，为平湖秋月，水光溶溶，一泻千顷。望蓬岛瑶台，岛上殿宇犹存数楹，惜无方舟达其下，流水潺湲，激石成响，董监示余，此管园大臣文公死所也。西北至双鹤斋，又西过窥月桥，登绮吟堂，经采芝径，折而东，仍出双鹤斋，园中残毁几遍，独存此为劫灰之余，乱草侵阶，窗棂完在，尤动人禾黍悲尔。双鹤离西为溪月松风，翠柏苍藤，沿流覆道，斜日在林，有老宫人驱羊豕下来，东过碧柳书院，地跨池，东为金鳌，西为玉蝀，坊楔犹存，又东去皆败坏难寻，遂不复往，暮色沉沉，栖鸟乱飞，揖董监出福园门，还于廖宅。廖，澧州人，字枫亭，少从塞尚阿、僧格林沁军，亦能言行间事，感予来游，颇尽宾主之欢，既夕言归,则礼部放榜日也。

雨珊既落第南去,余与壬父每相过从,言念园游,辄罔罔不自得。壬父又曰:"园之盛时,纯皇勒记,必殷殷踵事之戒。然仁宗始罢南幸,宣宗尤忧国贫,秋狝之礼,辍而不举。惟夫张弛之道,宜及嘉道时补纯皇倦勤之功。而内外大臣惟务慎节,监司宽厚,牧令昏庸,讳盗容奸,以为安静。八卦妖徒,连兵十载,无生天主,教目滋繁。由游民轻法,刑废不用故也。江淮行宫既皆斥卖,国之所患岂在乏财。"又曰:"燕地经安史戎马之迹,爰及辽金,近沙漠之风矣。明太宗以燕王旧居,不务改宅,仍而至今,地利竭矣。又园居单外,非所以驻万乘,废而不居,盖亦时宜。"余曰:"然。前年御史德泰请按户亩鳞次捐输,复修园工。大臣以侈心将启,请旨切责,谪戍未行,忿悔自死,自此莫敢言园居者。而比年备办大婚,费已千万,结彩宫门,至十余万。公奏朝廷动用钱粮,婚以成礼,岂在华饰,若前明户部司官得以谏争,余且建言矣。又余闻慈安太后在,文宗时有脱簪之谏,《关雎》《车辇》之贤,中兴之由也。又园宫未焚前一岁,妖言传上坐寝殿,见白须老翁,自称园神,请辞而去。上梦中加神二品阶,明日至祠谕词之,未一稘而园毁,岂前定欤?子能诗者,达于政事,曷以风人之意,备繁霜、云汉之采?"于是壬父为《圆明园词》一篇,而周学士、潘侍郎见之,并叹其伤心感人,笔墨通于情性。余以此诗可传后来,虑夫代远年逝,传闻失实,词中所述,罔有征者,乃为文以序之。

同治十年立秋日,长沙徐树钧撰

圆明园词

宜春苑中萤火飞,建章长乐柳十围。离宫从来奉游豫,皇居那复在郊圻。旧池澄绿流燕蓟,洗马高梁游牧地。(《水经注》:灅水东与洗马沟水合,水上承蓟水,西注大湖。湖有二源,俱出蓟县西北平地,导源流结西湖,盖燕之旧池也。绿水澄淡,川亭望远,湖水东流为洗马沟。东入灅水,又东南高梁之水注焉。水出蓟城西北平地,《魏土地记》云:在蓟东。今海淀地也)北藩本镇故元都,西山自拥兴王气。(自安史以来,燕地利久废,民教不修,本非宅京之所,以明太宗先建藩国于此,又知江南之不可都而惮于改作,故遂为帝都也)九衢尘起暗连天,辰极星移北斗边。沟洫填淤成斥卤,宫庭映带觅泉原。(燕地荒芜,尘土尤甚,宫中烦嚣,故思旷写矣)渟泓消见丹棱沜(沜盖池泉之名,明万历中,武清侯李氏于丹棱沜起别业,今畅春园地)陂陀先起畅春园。(康熙中始建行宫,以帝者不居,但名曰园,或曰因明珠废宅而饰之也。）畅春风光秀南苑，霓旌凤盖长游宴。（明时但有南苑，未作畅春园时，圣祖宴群臣亦在南苑，今南西门外地也。自海淀兴修，稀复临幸矣）地灵不惜瓮山湖，（瓮山，玉泉所发，今改万寿山。高宗以太后寿日而名，正临昆明湖，建寺于上。）天题更创圆明殿。（康熙中，世宗为皇子，侍游海淀，赐园一区，御题额曰："圆明"）圆明拜赐本潜龙，因回邸第作郊宫。（世宗以畅春先帝旧幸，让而弗居。雍正三年乃改赐园设朝房宫门，以避暑听政。）十八篱门随曲涧，（园明园墙外沟水随曲设十八门，晋宋凡行宫门曰篱门也。）七楹正殿倚乔松。（正大光明殿为正衙，不加雕饰，广七楹，后倚假山，山木多松）斋堂四十皆依水，（园中四字题额者为一所，凡四十所，纯皇以为四十景。）山石参差尽亚风。（北中艰于致石，故以湖石假山为奇，园中既多，而贵戚大臣效之，唯知堆石耳）甘泉避暑因留跸，长杨扈从已弢弓。（初但避暑，后遂春秋皆居园中）纯皇缵业当全盛，江海无波待游幸。行所留连赏四园，画师写仿开双境。（乾隆六十年中，园中日日有修饰之事，图史珍玩充物其中。行幸所经，写其风景，归而作之。若西湖苏堤曲院之类，无不仿建。而海宁安澜园、江宁瞻园、钱塘小有天园、吴县师子林，则全写其制）谁道江南风景佳，移天缩地在君怀。当时只拟成灵囿，小费何曾数露台。（康熙、雍正初修园居，斥内府之余财，不仰给于户部。至乾隆六十年,承世宗清厘之后,府库充实,几于贯朽。又当时营作诸臣皆不见能于上,初不知浮冒报销之弊,故一举工作,计日而程,濬水移石,费至亿万)殷勤无逸箴骄念,岂意元皇失恭俭。秋狝俄闻罢木兰,妖氛暗已传离坎。(园中增修及更建长春、清漪诸园,纯皇泐记必谆谆于踵事之戒,仁宗纵之,遂不南幸,宣宗嗣服,始念国贫,秋狝之礼,辍而不举,惟务无事,以绥四民。然牧令贪庸,监司忠厚,务相掩覆,讳盗容奸,八卦妖徒,连兵十载。无生天主,教目滋多,由游民太繁,刑废不用也)吏治陵迟民困痡,(本朝吏事,盖凡四变。当顺康时,州县多不足衣食,外吏亦未有脂膏,然京辇贵豪,富厚充斥。及于雍乾,州县大富,嘉庆廿载,府道高赀,道光之时,督抚拥财,而上下俱困,盗贼起矣)长鲸跋浪海波枯。(英吉利始请互市,既以烧烟起衅,内奸导之。至浙江、天津诸海口,意知上意,惮兵以胁和耳。林文忠既非拨乱治剧之材,而诒忧君父,已不能救。天下大吏皆不同心。故舶至大沽而京师惶惧,未敢一战者,本无战备也)始闻计吏忧财赋,欲卖行宫作转输。(古今弊政忧贫者多矣。然皆求粟帛镪货,以权轻重。惟明末道咸理财诸大臣专好金银,欲其堆积,算及小利,至可怪叹也)沉吟五十年前事,厝火薪边然已至。(国家之乱始于乾隆末政。纯皇倦勤,内外大臣惟务粉饰,仁宗若从而振之,几张弛之道也。宣宗纵以安静,而事变迭生矣)

揭竿敢欲犯阿房，探丸早见诛文吏。（盗之起也，国无失德，明智材武，莫有归心。然始于州县，屡有囚官辱吏之事，上司不敢问也。盗发笞重，不肯明法。调兵五百，遂为大举。小警裁闻，钦差相望，吏治军务分途矣）此时先帝见忧危，诏选三臣出视师。（文宗之初立也，留意程朱之学，下诏求言，盈廷并发，最有名者，胜保、曾国藩、袁甲三而已。然皆抚拾陈言，专攻上身。于大利大害，未能及也。以言取人，其效止此然。圣人鉴观四方，默察群臣，用胜保于河北，委曾国藩以东南，遗袁甲三于淮上。虽闻采宿望，用许乃钊、琦善诸旧臣，而不负任使，三人而已。其后大臣多曾所举，惟胡林翼最有名也。）宣室无人侍前席，（始文宗立时，旧臣有贤名者林则徐，能名者李星沅、陆建瀛、张亮基，武名者周天爵，皆外臣也；内臣清名者，塞尚阿，既覆军得咎，二品以上，无复可谈，故初恶陈孚恩，而卒起用，专任肃顺，无谋不与，无言不从。盖当时实无逾此二人矣。宣室前席，考御史诗题也。）郊坛有恨哭遗黎。（咸丰己未郊天前一日，上宿斋宫，夜分痛哭也）年年辇路看春草，处处伤心对花鸟。（唐文宗诗：辇路生春草，上林花满枝。凭高何限意，无复侍臣知。亦悲左右之无人也。礼臣上谥曰文，有馀悲夫）玉女投壶强笑歌，金杯掷酒连昏晓。（上既厌倦庸臣，罕所晋接，退朝之后，始寄情于诗酒，时召妃御日夕行游也）四时景物爱郊居,玄冬入内望春初。(初例:十月入大内,三月园居,文宗以宫中行止有节,侍御不乐,常迟至冬至始入,正月十五后,即出幸园中)裊裊四春随风辇,(宫中例无汉女,纯皇时采进,依买婢妾之例,不挑选也。文宗时有四人承宠者,分居牡丹春、海棠春、武陵春、杏花春亭馆,内府号曰四春。海棠春,园册无其地名,未详何时所建)沉沉五夜递铜鱼。(上所游幸,从者常百余人。数移坐处,传膳无定所。午夜合门不得闭也)内装颇学崔家髻,(崔氏,汉妇,曾入宫为乳妪。)讽谏初除姜后珥。(十年夏,上尝夜醉晏朝,后召侍寝者问状,传欲挞之。上退朝入后殿,见内竖肃悚,询知后怒,将去复还,问此妃何罪,后跪言,奴无状,不能督率群妾,使主晏起,恐外臣有议奴者,故召此妃戒饬之,无使奴受恶名也,上笑曰:"此我多酒,彼焉能劝我酒?请从今少饭矣。"后谢而起,侍者莫不泣下)玉路旋惊车毂鸣,金鸾莫问残镫事。鼎湖弓剑恨空还,郊垒风烟一炬间,玉泉悲咽昆明塞,惟有铜犀守荆棘。(乾隆四十四年以昆明湖成,作铜犀勒铭纪之。咸丰十年,英夷兵入,犀为土人击尾取铜,事定以棘围之)青芝岫里狐夜啼,(青芝岫,房山大石,米万钟取致良乡,费多不能给,筑屋盖之。高宗辇致清漪园正殿为屏门,赐此名也。)绣漪桥下鱼空泣。(昆明湖中桥,旧曰兜娄,俗音误曰娄句,转为罗哥,即朱竹垞所云,高梁湖水经其下也)何人老监福园门?(园东南门曰福园,近皇子所居,园殿既焚,正门毁塞,守园董监居福园门内)曾缀朝班奉至尊。(董年六十,宣宗时小使也。)昔日喧阗厌朝贵,于今寂寞喜游人。游人朝贵殊喧寂,偶来无复金闺客。(初园居盛时,内廷诸臣,文武侍从俱有赐居,环挂甲屯,列第相望,如乡村焉。君臣野处,故非戒备不虞之道也。)贤良门(园正门曰出入贤良)闭有残砖。光明殿(园正殿曰正大光明)毁寻颓壁。文宗新构清辉堂,(清辉殿在寝殿东,亦旧建也,咸丰八九年新葺之,工成而毁)为近前湖纳晓光,妖梦林神辞二品。(咸丰九年,上一日独坐若瞑,见白须人跪前,上问何人,对曰:"守园神。"问何所言,云:"将辞差使耳。"问汝多年无过,何为而去?对以弹压不住,得去为幸。上曰:"汝嫌官小耶?可假二品阶。"俄顷不见,未一年而乱作矣)佛城舍卫散诸方,(园中舍卫城旧供千佛。自康熙以来,凡进佛祝寿及皇太后上寿造佛像,九九皆送其中。董监云:几十万尊。皆为民人所毁也。至同治九年犹有得之井中,寄库一夜,又为胥吏盗换之)湖中蒲稗依依长,阶前蒿艾萧萧响。枯树重抽盗作薪,游鳞暂跃惊逢网。别有开云镂月台,太平三圣昔同来。(镂月开云旧名牡丹台。康熙五十五年,雍亲王以花时迎圣祖赏宴,诏许皇孙入侍,即高宗也。三圣并值国步全盛之时。三世享国至百三十余年,为自古未有之盛。唐玄宗谓一日见三天子岂足比耶)宁知乱竹侵苔出,不见春花泣露开。(时三月初，芍药遍野，而开云台倾，牡丹无复遗蘖。）平湖西去轩亭在，（平湖秋月在牡丹台西北，仿西湖亭馆也。自平湖以东，几无数尺之墙，以西为双鹤斋、规日桥、采芝径诸处，轩窗俨然，而陈设全空也）题壁银钩连到矗。（窗壁多嵌纸绢，皆乾隆时名手书所进）金梯步步度莲花。（宫中阁道皆磨砖平砌，迤而渐高，无阶级也，故王建宫词有黄金梯滑之语，行步易蹉，旧皆藉以毯罽）绿窗处处留螺黛。（宫中窗多屋小，望望相通，脂粉之痕存于壁纸）当时仓猝动铃驼，（咸丰十年六月十六日，夷警已逼，诸臣惟留上行以系人望，文宗裴回群议，亦诏谕安慰之。先已集车马，忽敕放散，明日引见，班集，始闻驾由园后门东巡，遂大扰乱也）守宫上直余嫔娥。（从行宫女甚众，皆园中答应诸女，大内留者皆不相闻。其闲散班番诸女，亦留园中，不得从也）芦箔短吹随秋月，豆粥长饥望热河。（驾出密云，供帐不办，后妃惟餐豆乳，上独有麦食耳）东门旦开胡雏过，（英夷既闻京师之乱，乃遂长驱至东便门，始发空炮，而城门已辟，王公请和也）正有王公趋道左。（恭亲王隐于碧云寺，夜趋长新店，诸大臣迎以主和而归）敌兵未爇雍门荻，牧童已见骊山火。（夷人入京，遂至园宫，见陈设巨丽，相戒弗入，云恐以失物索偿也。乃夷人出，而贵族穷者倡率奸民，假夷为名，遂先纵火，夷人还而大掠矣）应怜蓬岛一孤臣，（管园大臣文甲与明善同在园中，明言君有老母，不可死也，明日而明以事往热河，文当门拒，夷人既退，呼守兵，则尽散矣。文遂索马还入福海，投水而死。）欲持高洁比灵均。丞相迎兵抵握节，徒人拒寇死当门。即今福海冤如海，谁信神州尚有神。（蓬岛神洲并福海中地，文公既殉，为京师死节一人耳。自余将帅公卿皆不言兵变，京师既讳而不言，及奏恤文公，但云突遭兵燹，深堪悯恻而已。死者不得为忠，生者乃可无愧也）百年成毁何匆促，四海荒残如在目。丹城紫禁犹可归，岂闻江燕巢林木。（四海用兵，庙堂未知民困之切，以小警而为切戒，所谓君无忘在莒也）废宇倾基君好看，艰危始识中兴难。已惩御史言修复，（同治九年御史德东云上言，请修复园居，诏旨切责，发披甲为奴，德出朝门，自经而死）休遣中官织锦纨。（太监安得海取中旨采买缎匹，至山东德州建龙凤旗，为巡抚丁宝桢奏，论斩于历城市）锦纨枉竭江南赋，（十年浙抚杨昌濬奏言，织造需银八十万，请用地丁给之，又言军饷缓发，盖欲讽谏也，有诏许之）鸳文龙爪新还故。（制后宝衣，上含珠王值十余万金，已用十六万，成其半耳）总饶结彩大宫门，（大婚礼新议，宫门皆结彩幔，用绉绸八十余万匹，初拟费用数百万。户部尚书宝鋆言，旧制不过百余万，不听，遂用至二千万而不足办）何如旧日西湖路。（若以千万修复园居，则群知其非也，大婚诏言节俭而糜费，不可诘，亦不可言也）西湖地薄比郇瑕，武清暂住已倾家。惟应鱼稻资民利，（李氏已败,宅地渐入民间,皆为稻田,至康熙中犹然。)莫教莺柳斗宫花。词臣讵解论都赋,(当园盛时,无敢建言移都及夷兵将入,欲往长安,而督抚言不便,至今益无可往矣)挽辂难回幸雏车。(余欲建言及今迁都,以大臣庙谟皆无远略,两宫九重不得引对,徒上封事,无益众议也。)相如徒有上林颂,不遇良时空自嗟!

《圆明园之回忆》前序[①]

圆明园之被毁,于今八十年矣。夫圆明园者,非帝王一家之产,乃辽、金、元、明历代以来郊囿离宫名园剧迹之总汇,亦即吾国数千年来建筑工艺以及书画、器玩、文史学术之精华所萃也。英人假换约为名,闯我门户,窥我京畿,毒手泄愤,一至于是,此一役也。我国当时已陷非常紊乱,公家既无纪载,私人传说亦多不足据,且事关禁御,士大夫既不敢涉笔,草野之士亦无从仰窥,是以能悉其中委曲者甚不多觏。今欲明了其中实情,惟有仍求之于西洋人之纪载而已。近数十年,当时西人著述渐行于世,取而参稽互较,始恍然于英人此举之狠且愚为无与比也。

英人之意,欲借以警宫廷之蒙昧,顾宫廷之蒙昧岂此一炬之威所能启发。圆明毁后十余年而有以重修为言者矣,

[①] 《圆明园之回忆》刊于《中和月刊》1940年第1卷第3—5期,作者蔡申之,生平未知,曾于《中和月刊》连载有《清代州县故事》《潘季训年谱》(与韩仲文合著)等。本文为蔡申之《圆明园之回忆》文前序,刊于文前。署名:渠。原文无分段,分段为编者所加。

又若干年而别构颐和矣。后唐末帝时刘后欲焚宫室,雍王重美①止之曰:"徒苦吾民。"使吾国人为无知耶?何惧乎一园之毁,使有知耶?则吾国人今日民穷财尽,何莫非鸦片战争之赐,又何莫非英人之赐,岂没齿所能忘耶?夫英人岂真愚者,何尝见不及此。彼盖深知欲弱中国,欲愚中国之人,非先毁其文化不可。中国人忘其固有文化,斯必俯首听彼之愚弄矣;中国文化不可骤毁,则先取其显而易见之迹,摧灭无余,俾中国人不复萦念于此,其计乃售焉。且庚申换约之役,师出果何名耶?彼盖见其时中国大势已濒崩裂,北上以窥虚实且图牵制耳,如谓不然,则英法利害一致,何以西人纪载皆谓法将不以毁园之举为然?斤斤与英将固争,足见英人别有深心。虽其与国亦不尽谅,更足见欧洲大陆,对于东方文化体认稍深,终不似英人褊狭嫉忌之甚也。

大抵西人研究汉学最精深之著述,皆出于欧陆,而以英文著书者类多肤廓糟粕。欧陆之研究汉学者,犹有悦服之心,其风始于法儒服尔德②氏;若英人之研究汉学,非视为一种工具,即好奇之心使之然耳。要之英人仇视东方文化,盖为不可掩饰之事,而圆明一炬实其关键。夫治史者,彰往察来,微显阐幽,乃其职志。方英人之求通商也,固未必遂欲

---

① 李重美(?—937),后唐废帝李从珂次子、李重吉之弟,生母为刘皇后。

② 服尔德:即伏尔泰。

以殖民地视我，而我之朝野，酣嬉①棒昧②，不知自强，拙于因应，诚有召侮之道，我则不竞，于人何尤？顾自道光庚子开衅，彼族犹未遽窥我之深浅，越十年而及庚戌，又越十年而及庚申。内则奸回召戎，外则疆圉③不固，情见势绌，至是极矣。淀园一役，诚我国创巨痛深之一大纪念也。犹幸二三贤俊，支拄其间，为东方文化作一中流砥柱，故能虽弱而不亡。尝读咸同间西人报纸，于曾左诸公备极讪侮④，而知其中心甚不欲中国内争之平息，情见乎词也。庚申之事，影响重大，否则甲子事宁之后，诸公尽力于内政之整饬，兵备之修缮，一二十年，休养生息，必足以安民和众，跻于治平。

呜乎！茫茫禹迹，逢此百罹，何其不幸耶！昔王先生闿运作《圆明园词》，序之者以为达于政事，明乎得失之迹。今者别风余址，带陵阜而茫茫，铜驼卧棘，已八十寒暑矣。后生罕识旧事，能过而凭吊者不知更有几人。王先生之诗曰："废宇倾基君好看，艰危始识中兴难。"蔡君此述，诚足发人深省。故序而明其指趣如此。

---

① 酣嬉：沉湎于嬉游。
② 棒昧：愚昧无知。
③ 疆圉：边境，边界，进而指边防。
④ 讪侮：讥笑轻侮。

关于圆明园[1]

园中建筑集中外古今名园之大成

英人一炬名园成焦土曷胜浩叹[2]

  国立华北编译馆馆长瞿益锴氏,为当代之有数学者,治史尤所专擅。前既应中央广播电台之约,以《关于圆明园》为题,对国人作学术之播讲,词中议论精湛,考证广博,洵为公精心之作。兹觅得先生手稿,披露于左,藉供学术界之参考云尔。

——编者识

  西直门外玉泉附近,自从金代以后,便为帝王常临幸的

---

[1] 原载《晨报》1943年2月21—22日第三版,署名:瞿益锴。本文先由记者缩写成《圆明园事件:瞿益锴氏谈述经过》,发表于《晨报》1943年1月26日第三版。后转载于《新天津画报》1943年2月26—27日,题目为《瞿益锴馆长谈圆明园》(略有删节),其编者按为:"华北编译馆馆长瞿益锴,素娴掌故,顷关于圆明园之沿革兴废史迹,与英军主动焚毁阐述甚详,兹特介绍如次,以见英人残暴之一斑。"

[2] 本文副标题、编者识及小标题均为当时报刊编辑所加。

地方。明时，很多富贵人家在那里建置园林别业。至清康熙平定三藩后，更取明清华园旧址，葺补改建，仿照江南名园之规模，先修畅春园，后修圆明园。所以圆明园原本不过是玉泉附近园林之一而已。

初为世宗赐园，高宗屡加兴修

因为这园另作雍正皇帝在潜藩的赐园，及即位后，扩张亭台，不但作为离宫，并且添置听政处所，即在园内处理军国大事。一年之中，多半时间驻跸于此。乾隆初年，又增建许多建筑，修安佑宫，一切皆仿太庙之制。巍然傲立庙前的一对华表，现在已归还，置北京图书馆前，就这一点可以想见当时虽然没有十分大的增修，然而规模已很宏伟了。

又因为高宗屡次游幸江南，所以江南名园之精萃，都取来融荟于园中，譬如海宁陈氏建安澜园，而在圆明园中也有与之相同的建筑。宁波范氏建天一阁，圆明园中也建文源阁，一如其式。其他的苏州的狮子林，南京的瞻园，无锡的寄畅园，在园中都有类似的仿建。不但如此，西洋的建筑同西洋的水法，也容纳其中，名曰海晏堂，是当时来华教士所设计兴造，就其筑物的作风观之，的确是纯意大利和法国的风格。

至于参与建筑的工匠，有江西建昌县雷氏，该氏清初来京担任营造事业，嗣后子孙相续，便世代继承此项工作，所以他们家里博得一名号叫"样式雷"。雷氏后人，至今尚居北京。

园中之岁时典礼，非常繁多。即以今日上元佳节而言，有正大光明之庆隆舞，山高水长之烟火，同乐园之戏剧。后来光绪中之颐和园，已经是具体而微了。

圆明园全景，自惨被英军焚毁后，当日之巨丽，只能在已往载籍追忆之，现其地所遗剩者，唯一片荒土，无数蔓草而已。幸而乾隆年间绘制《圆明园全图》尚有一册原本，现存巴黎图书馆，二十年前又由奉天故宫发现《长春宫图》铜板，即乾隆中西洋人供奉内廷者所制，其他流存民间的图册，也还有几种可供后人作为臆测的凭藉。有一事令吾人颇为惊奇者，即偌大园林，建造时并不是同时并举，而是陆续完成的，并且设计者既然不止一人，势必易使园的结构失之散漫，但是不然。据西洋画师王致诚[①]一书云：圆明园的布置，虽然是无意中结合成，可是没有一处不有极精细的联络，实为非凡的建筑物。这里面不但有办事的地方，游玩的地方，其他如庙宇村庄，应有尽有，无一不备，甚至并设商店市街，这

---

① 王致诚（Jean-Denis Attiret，1702—1768），天主教耶稣会传教士，法国人，自幼在里昂学画，后留学罗马，清乾隆三年（1738）来华成为宫廷画家，曾参与设计圆明园，并致信法国描述、赞美圆明园。其绘画作品有《阿尔楚尔之战图》《十骏图册》等。

便是俗称之苏州街。

咸丰十年，英法联军因为咸丰八年通商条约的问题，派遣军队到天津，乘清廷不备，由津袭据通州。

英军主烧法军反对

初五日因机到巳夏决裂（此处不通，原文如此），初七日通州战败，初八日否銮，恭王留守。同年八月二十二日，英国兵司令藉口中国虐待他们的俘虏为由，纵火烧毁圆明园，关于焚烧圆明园的意见，英法两军亦各执一辞，英军主烧，法军则否，可于下列各文见之：

亥刻接到英、佛两夷照会，并英夷伪将军克酋照会一件，均藉口于前获夷兵二十余名，监禁凌虐，英夷则称欲赔恤银三十万两，及拆毁圆明园宫殿，佛夷则称给银二十万两，及康熙年间各省天主堂并传教人坟墓查明给还，均定于初七日照复，初九日给银，初十日画押换约，各等语。

（九月初六日奕訢等折）

英额尔金伯爵答复恭王抗议

恭王并有照会致英法军司令，质问其行为，据欧阳采薇所译《中西纪事》①，额尔金复恭王函有云，圆明园者，英法侨民所受痛心疾首惨刑而死之地也，誓必毁为平地。此条因无须恭王之承认，敝军统帅所已决定，亟将执行者也。

大英钦差大臣伯爵额为照复事：前接贵亲王八月二十八日来文内开，大半系为照复我将军克前日去文，本大臣阅悉之下，合立抄录转致查照，听便办理。所云我军攻破圆明园，并在进军之间另有各等举动，本大臣无庸再言。只以此次进兵之故，仅因本大臣前在天津所开和议，贵国不肯定局，旋在通州亦然，加以奸谋袭害，开辟以来无此凶恶，理合申明。兹准将军克咨会，以来文所云，把守城门之法，亦应明定章程照复等语，均为本将军置之不问，而城门该管，毫无异议。所幸当日经交把守，否则彼时贵亲王或执来文所指之意，京城

---

① 此处指《西书中关于焚毁圆明园纪事》一文，由欧阳采薇摘选若干当时西洋相关著作编译，首次发表于《国立北平图书馆馆刊》1933年第7卷第3—4期。

一座，早被我军攻占。再有一端，并应申明者，将军克行文之时，未知贵国相待。所有前八月初四日，为兵均交使在之常例，不问妄执英法员民数名如何暴横，唯凭贵亲王与本大臣来文数件，俱有"并未加害，分别安置，以礼相待"之说。讵据现查英人，总非打仗冲散，实因免战旗号妥保，是以不肯对拒，反被掳缚。贵亲王当日发文之际，已经虐待，甚至内有多名早毙，似兹掩饰，殊堪痛恨，斯乃贵亲王之责。经大将军克后知其实，将前定交门之议，作为罢论，理宜此办。唯念果有全策，仍欲免民之大害，是以尚未施行。至于来文内开颇归本大臣专办之事，所有"两国既经和好"之语，贵亲王何不记本大臣于八月初八日首次照复，内有"该员等未回之先，我军断不能暂息干戈，实不便遽议和局"之言。嗣屡发文，毫无别议，总以务必依议，否则不能复和。容问贵国暨贵亲王原为当国大臣，何以应之。查本国彼日不回者，计共二十六名，今送回生者？仅十三名，身上俱有辱逼虐遇之迹，轻重不等，其余十三名，处死甚凶。本大臣于始终情节，不更长言，只因深愤，难免重提，恐与此等公文，有所不便之语。唯此事甚恶，尚未抵偿，大英国与大清朝自不能先定和局。贵国果愿拯救其濒危，必照本大臣所定，克允遵行。据查园廷，似为两国人员数名受各等暴虐之处，

内各殿宇，尚有未经全坏之区，立必拆清……（《文献丛刊》）

法两将军来往函

但葛罗男爵[①]致额尔金函云：圆明园者清帝行幸之离宫也，其地并未设防御，然而毁之，实系无益之招复。

孟托邦将军[②]致葛罗男爵函，表示意见。函云：

告北京居民文读悉，即请译印交下，俾即张贴。英帅格兰特将军[③]，明日将派兵一师至圆明园。吾意此举，将使和议破裂，我国应向额尔金爵士处抗议，公意如何？吾谓此举，毫无意义，而彼坚持必行，殊不能知其动机何在也。

（《欧阳采薇译〈西人纪事〉》）

[①] 葛罗男爵（Jean-Baptiste Louis Gros，1793—1870），法国外交家，也是早期银版摄影家，为法军侵华全权专使。他反对烧圆明园，主张火烧紫禁城。

[②] 孟托邦将军（Cousin-Montauban，1796—1878），法国将军和政治家，法军侵华司令，因在京郊八里桥之战打败僧格林沁被封为"八里桥伯爵"。

[③] 格兰特将军（James Hope Grant，1808—1875），英国陆军上将，担任第二次鸦片战争中英军陆军部队司令。

葛罗男爵复孟托邦将军函云：

> 告北京人民文，正在译印中。额尔金爵士①处，已尽我全力，劝勿焚毁圆明园，然终于无效。予致彼函中，已声言此举无益，且有危险，予殊不赞同。并云如孟托邦将军欲与格兰特将军一同行动，予亦无可辞置。今公亦反对此举，予甚欣喜。吾二人之反对，纯由各人自动，亦可证明吾人之真心反对矣，似比此刻再去抗议更有价值。因此刻抗议，一则太迟，二则恐启英法二国之隙，殊不利也。他日由欧洲人及中国人之眼中观之，其于是役之本末，必谓吾人之所为，实较美善也。（同前）

以上的史料，足证焚烧圆明园一事，完全是英国的野蛮行动，不但是中国的奇耻大辱，即欧洲人亦不以为然的。英国各种举动，完全暴露了他们的卑劣心理，证明他们对于中国的仇视，尤其对于中国传统的文化，是有如此决意摧毁的企图。

英国人为什么必须如此？因为打倒中国传统的文化，方能毁灭中国人的自主能力，英国之所以为中国世仇者，理由在此。伤心惨目的圆明园，便是我们不忘仇的永远纪念呀！

---

① 额尔金爵士：额尔金为苏格兰布鲁斯家族的英国贵族封号，此处指第八代詹姆斯·布鲁斯（James Bruce，1811—1863），英国侵略者，并下令焚毁圆明园，迫清政府签订《中英北京条约》。

上方山纪 ①

方山者,在河北房山县西三十里,为太行之支裔,当燕京之右障。其在《辽史》及《明一统志》谓之六聘山。

《日下旧闻》云,康熙癸丑登上方山,见兜率寺南十方院东有金大安寺忏悔上人坟塔,后十四年复游上方,于孤山口西麦田中见有元延祐间所树碑,则集贤学士魏必复所撰,称此地为六聘山。

或曰:"即大房山。"

《春明梦余录》云:"上方山即古称大房山。"

以晋霍原隐居处得名。

《晋书》:"霍原字休明,燕国广阳人。元康末与王褒等俱以贤良征。累下州郡,以礼发遣,皆不到。后王浚称制谋僭,使人问之,原不答,浚心衔之。时有谣曰:'天子在何许,近在豆田中。'浚以豆为霍,收原斩之。"

---

① 本篇发表于《旅行》杂志1936年第7号,署名:铢庵。

《水经注》:"涞水北迳小黉东,又东迳大黉东①,盖霍原教授处也。"

六聘之名,盖即因原而起。大房山亦或即大黉之讹也。近称上方山,则不过取佛经语,决非本名也。

其寺曰兜率,在辽曰"天开"。自孤山口入山,先至接待庵,半山以上皆寺基也。凡茅庵七十二处,皆寺之附庸。其著名者有若虹桥庵、云梯庵。

山中诸胜最著者曰象王峰,背盭鼻垂,形宛似象,蔽亏日月,崒绝空灵。其腰有一斗泉,涓涓一勺,不增不减。曰摘星坨②,孤嶂崔嵬,上凌斗宿,烈风冥冥,俯瞰云雨,疑非人间世。辽人侵幽州,时刘仁恭御之于此,即其名可想见其奇险也。曰云水洞,洞中深数里,钟乳下垂,幻作奇景,击之作各种声,如鬼窟神工也。曰筏汉岭,层冈云叠,石磴倚霄,晨风泠泠,若骖鸾而升天,俗呼发汗,亦极言其峻拔。上有巨石数丈,曰欢喜台,亦言病陟者为之一喜也。

自明末以来,始有游人以文字贻后,今摘其尤生动惬切者录之。其记入山光景者。

---

① 《水经注》原文作"又东迳大黉南",《日下旧闻考》作"又东迳大黉东",此处从瞿宣颖原文,不做改动。
② 今地名作"摘星坨",文中引文有作"坨""陀"者,本文保留原貌,不做统一。

曹学佺①《游房山记》云:"万历己亥正月立春,予在都门,纵观灯市,因与陈参军道源出卢沟桥西折之房山县。早间千百成群,观听喧杂,忽入幽僻则萧然形影相吊也。夜始抵县,路迷无人可问,到亦无一人识,投逆旅舍,食讫间行,斗大一城,半为山根,月色皎洁,积雪地上,是去京华未百里,正上元之初夜也。人家皆闭门,有三四人酒酣击鼓,歌唱于市,以为狂,忽睹客,诧异目摄之,予亦趣旅舍。主人曰:'归何迟?城中夜深有虎饲人,客不知耶?又山坳往往龙蛰,闻人声触其怒,必震起。'予相顾咋舌,此光景梦寐不到也。明日向入山之径,无人知者,有老叟佣于寺,愿为向导。出城行六十里,所过村落,曰瓦井,曰天光,曰孤山口,皆与山势为升降。人屋上结茅,盖以石皮,冰溜挂檐间不绝。涧傍有残冰,马啮之解饥渴,无卖浆之家,马上食所携饼饵而已。至孤山口始有一翁迎客入,致敬叙杯酒,聚村人看之。过则崇山如环,幽溪如带,时时涉溪沿壁,践苔扪萝,乃至山麓。有一庵焉,为诸峰所覆,如狻猊之昂首也。客始休车马,结束以入,乱山巉岩,两壁相距,中开一线,鸟道盘旋,五里至石梯,梯即巨石,五丁凿为坎,仅容半跬,高数百蹬,左右两铁绠长百尺,山巅下

---

① 曹学佺(1574—1646),字能始,一字尊生,号雁泽,又号石仓居士、西峰居士,福建福州府侯官县洪塘乡人,明代学者、诗人、藏书家。擅长度曲,被认为闽剧始祖之一,名联"仗义每多屠狗辈,负心多是读书人"出自其手,曾服务于南明小朝廷,清兵入闽时自缢殉节。

垂,陡者缘之,手足分任其力,盖左迫无极之岩而右临不测之渊矣。梯尽处有小庵可憩,折而东北,可一里,至山门,入门始昂首,见诸庵,纵横稠叠,处于悬岩峭壁蒙茸之内,如鸟巢然,所谓禅栖①也。"

谢振定②《游上方记》云:"癸亥秋八月,休沐之暇,余与同志曹给谏定轩,法洗马梧门,张通政雨舟,何太守兰石,郭考功可亭,赵舍人象庵,朱山人野云及定轩子文学泽香九人者往游,度桑乾而西而北,树色山光,引人入胜,洒洒然如脱鞚之骥,脱鞴之鹰也。至次楼村,宿刘文学潜夫之怀德草堂,距山尚一舍。越晨问道所由,徐进士竹厓、阎孝廉致堂及潜夫之叔炳文皆愿往,又益四人焉。驱车至孤山口,舍车而骑,时黍稷方刈,荞麦初花,锦绣参差,一重一掩。问天开寺遗址,仅一碑露立麦田中,勒薛禅曲律皇帝旨二通,末纪虎儿年月日,盖元延祐三年丙寅岁宫中赐田券也。绝数涧,马蹄锵乱石中,山势忽陡矗,若路几尽,则接待庵在焉。仰视山巅,有坼划开处,露天光一线,僧云由此中可达,群相顾骇,叹以为天辟奥区③也。啜茗罢,又舍骑而徒,沿枯涧行,身虱两崖间,石或立或卧,无纤步矣。有岭曰发汗,尤险巇,一步一喘息,五步一坐顾,后来人面

---

① 禅栖:僧人的住所。
② 谢振定(1753—1809),字一斋,号芗泉,湘乡(今湖南省涟源市金石镇桃林村)人,为乾隆庚子科进士,嘉庆元年(1796)怒烧和珅之车,史称"烧车御史",著有《知耻斋集》等。
③ 奥区:指腹地,深处。

青赪黝白无正色。得数武坦夷处曰欢喜台。台故久废不可名其处。西望冠几堕，见一山如驼峰突出霄半。竹厓曰：'此摘星坨，乃上方绝顶也。'又从万木丛中，指示数楹，缀悬岩若巢栖然，是为百步云梯。屈曲低昂，又二里许，乃至梯，梯左压千尺岩，右临千仞谷，仰视辄战栗，旧列石柱环铁锁，行者挽之以升，碑志明司礼监冯保所置，盘折三百余级，级刚容半跌，汗溢筋弛，惴惴然虑后陟者之难乎继也。级尽即上方寺，老僧瀹茗出黄精饷客，息乃定，抚垣槛小瞩，心转惕，但见石漫漫如白沙，即顷所来径也。折而西北，过款龙桥，石槛若铁色，盖山气蕴蒸使然，渐进抵山门，大书兜率禅林字。松桧荫翳，寂无人声，苍翠中山寺错落如置棋。日已曛，次文殊院，视前所望若驼峰者，乃在殿角，饮食坐息，若与之俱也。诘朝[①]出院后，老圃杂木不可识，往往如南中海棠，则随处有之，令人想见花时色香风味之佳，一垂丝杨柳拂拂出松柏间，录阴下覆观音阁，其下有泉汩汩涓涓，则大士杨枝水也。出殿门古柏数株，皆苍蔚，内有古藤穿柏腹而生，肌理相连属，而枝叶各异，藤身视柏三之一，士人目为寄生蒲萄。东过兜率寺，寺居山正中，为七十二寺总汇处，群山拱之，若大环，殿后壁书《佛说四十二章经》，笔法颇媚劲，题为冯保书，保固不以书名，想当时托迹宦门以邀显达者，不知出谁氏之手也。"

---

① 诘朝：清晨。

谢氏此文，距今未远，其摹绘之工，非曾历其地不能知也。山深势聚，南方草木亦得繁荣，此固北方所不经见矣。其记摘星坨一段，尤为动魄。

少焉白云起南山，蓬蓬冉冉，趋摘星陀，陀隐绕岭而北，绵绵如弹絮逼人衣袂，不可以久留。乃由曲径达普贤院，坐阶石玩菊，亦不问此老僧为谁。下此度虹桥，忽闻夹涧作雨声，又如瓶笙声，循声求之，乃石上泉也。泉有二源，分流两壑中，皆会于兹，过此则伏流不复见矣。晨餐后，西出听梵桥，至观音殿，门外有老梅一丛，壁间山水画为南宋人龚开笔。开山水师二米，兹画独用金碧钩勒，有大李将军之遗风焉。时野云山人方倡为摘星之游。行者居者各半，小沙弥为导，披灌莽，攀危岩，略有樵径，草葺葺封之，谛视之乃敢步，不二里雨作，有自岩返者及阎王巘，雨益密，行益窘，逾时至半山，为小摘星。导者曰："从此上不三里，径无歧不需导也。"乃挥袂而登，野云口中作些许声，助气力，险乃逾于前，石挃足硁硁有声，于是或蟹行，或猱行、蚁行、蛇蚋行，胸腹率倚石角，每至奇秀处，辄举头长啸，神为之王。过此则铁锁崖益峻峭，巨木梯之，铁絙引之，大抵亦司礼监所置，游者倚为性命。顷之雨少息，云纵横作态，前行者隔数步窅不见，独坐崖石上，四顾无人，飘飘乎有凭虚御风，翱翔尘表之意。因忆昌黎登太华缒书为诀，王元仲游莲峰起烟为信，论者以为好奇之癖，余谓不奇不好，不癖不奇，山川之奇必有与吾心相符契者。古今人同不同，未可知也。已而笑语声落霄汉，始疑为灵异，继乃知为同行者先至，竭蹶从之，云水满襟袖，山势亦逐步换形，更折而南，若无所位置手足者。从者大呼曰："至矣至矣。"则见先登者数人箕坐于庙荣，心乃慰，气嘘嘘与云缕相荡漾，视山半树如莲鄂，四方上下，灵气往来，古所云呼吸通帝座者，今乃身亲之也邪。陀巅方广不十寻，庙三楹以石为瓦，额书"峻极"二字，为显亲王题，旧有僧居之，负罂樽下汲，毙于虎，今所存惟黔突及水瓢瓦器数事而已。陀无多草木，前有一榆一枣，枝叶四布，后有古柏双歧，如交肘坐石次，皆高不及丈余，盖由罡风震荡，土膏不腴，岁久拳曲，别饶古貌耳。南向有石几，置铁香炉一，花瓶烛奴各二，惟瓶缺其一，或以为羽流斋星之具。燕蓟人谓摘为斋，故陀以斋星名，然不及手摘星辰之为雅，倏而天光下逼，俯仰混茫，仅阶前盈尺之地，数人者徜徉云中，如游鱼之噞喁[①]水中而不见水也。

[①] 噞喁：鱼在水中张口呼吸、求食。

游云水洞者必取道摘星陀,纪云水洞之奇者,有明人于奕正之文。

登大小摘星岭,西望胡良、拒马大小河,如练,如带,如游丝,在拄杖下,颠则落河中耳,而隔山不知其几十里。望且行,缘岭四五降升,达云水洞口。买炬,种火,脱帽袜,结履袜,薄饮,且饭,倩土人导,秉炬帚,杖队而进洞。洞门甚高,入数十丈乃暗,乃炬,乃卑,乃伛,行又数十丈,鹿豕行,手足掌地,肩背摩石。又鳖行,肘膝着地,背腹着石。又蜥蜴行,背膺着石,鼻颔着泥,以爪勾而趾蹲之。乃卑渐高矣,则苦煤,从前入者炬灰也。触焰飞而眯,触手黟不脱,导者帚除之,后者袖左右麾以入。渐见垂钟乳,入渐高。虽高,然曲盘且仄罅也,则前炬张如螯,后屈曲,又蟹行、蟒行焉。入又渐张,垂乳甚众,冰质雪肤,目不接土石色,心忐忐悴悴,谓过一天地,入一天地矣。左壁闻响,如人闻响,如人间水声,炬之,水也。声落潭底,不知其归。又入,有黄龙白龙盘水畔,爪怒张。导者曰:乳石也,焠炬其上,杖之而石声。乃前扬炬,望钟楼、鼓楼,栏栋檐脊然,各取石左右击,各得钟声、鼓声、磬声、木鱼声,声审已。导者曰:塔。共掷石而指塔,塔层层,大三围,其半折,导者曰:雪山也。果一山纷如光霏霏者,芒如磴益侧不属,石益滑。乃又臂引猿行,又入而左,有天光透入,定想之,洞口外昼光也。光所及,壁上有字,可行可数,若梯可致也,尚其可辨识。左侧高广有光乱乱,乃众泉潴分受炬光。泉深莫测,而穴复洼小,从前入者亦无,更进此凛然,议且出,凡洞行得一爽,丛而息;得一遗炬,履而壮;得一形似外人造者物,而嘉叹;得一光,知犹天也,而心安然。凡入洞三易炬,出杀炬三,一凡入洞,伏仆仄援七易,其行出杀行十一。出洞矣,趋接待庵中。道一石,小儿足迹,僧曰:善财也。按志:大房山下孔水洞,时见白龙出,辄化为鱼,尝又闻乐作。唐胡詹记:有人构火浮舟,行五六日莫究,但仙鼠旋飞,赪鱼来近火光也。开元间旱,每遣使投玉璧。金泰和中,忽桃花流出,瓣如当五钱。今山下别无孔水洞,其即云水洞欤?而入不可以舟,而洞中潭亦不得所从出也。

曹学佺又记之云:

僧依洞为窟,石床苫扉可掬。为客煮茗,初不得水,以葫芦系腰,至洞里取水,曳之出入。寻缚枯藤为炬,鳞次而进。第一洞犹隐隐见影,二洞以内即黯黑无光。三洞是一小窦,围可三四尺,深五六丈,伏地匍匐,束身蛇行,即僧所曳葫芦处也。入三洞,倏高广,燎炬不见顶。旁有一潭,石蜿蜒如双龙状,其中圆光如珠,于是取水焉。抵九洞,无路,有穴如井,入者后人蹑前人背。丈余复空阔,但雾气蓊塞,履滑衣湿,不易前进。至十三洞,路尚不穷。云过此无奇,兴尽返矣。大抵中以一曲为一洞,十三洞约有六七里。洞中之石,玉白镜莹,铲为琉璃,逾寸明彻。其境之最著者,曰莲华山,片片如青莲瓣;曰龙虎,宛肖龙虎;曰长眉祖师,兀坐岩畔,眉修然垂;曰吕纯阳,俨然具道者衣冠;曰石塔,层层笔立;曰石钟鼓,叩之作钟鼓声。此非历三洞穿窦之苦,不能得也。又其最著者,曰须弥山,一山甚大,行良久难尽;曰雪山,森如积雪,扪之如刺;曰万花楼,山之上有重楼焉,以雪为地,吐花如灵芝者数万朵;曰仙人桥,跨清溪而渡;曰十八罗汉,为修短倚正各状貌;曰接引幡,从顶倒悬,缥缈如拂。此非历九洞之危不能得也。

谢振定以云水洞水满不能入,不记云水洞而记云居寺之石经洞。与兜率寺同为上方名刹,以隋石径得名者也。

云居寺者,闻村西五十里有西峪寺,亦曰云居,为涿鹿北一古刹,遂往观焉。至则梵院潭潭,佛貌庄严，顾僧无可与语者，惟客寮翠竹清泉娟娟静好。寺后有石浮屠，四角置石幢，刻铭为唐人梁高望、宁思道、王利贞、王大悦所书，犹有颜褚遗则。其别院亦有唐碑，纵横在汗潦中不可逼视矣。舍而东行五里许，为石经山，又曰白带，即所谓小西天也。其上有五井七洞之胜，井即地凿，完石如巨瓮，深广各丈余，湛溢不知所自出，冬不冰夏不涸也。洞贮梵经石刻十二部，计千余版，自隋僧静琬创之，历辽金工乃既，意以佛法历劫后经犹藉此石以传，畸士锐行，令人慨想，洞门锢以铁，无敢启，惟穴石零落，版角字有漫灭者，则游人手泽摩挲之所致。明邑令某强启之，版溢不可复位置，乃别开一小洞庋之，董思翁题为宝藏洞，寺当层岩间，布置疏朗如村落，下洞二，上洞五，惟雷音洞最巨，今日声轮洞不封锢，方广各五十步，四壁嵌《法华经》石碣计百四十六方，滑净如绿玉，书亦犹韵，非苟作，中踞佛座，旁挺四楹，皆就洞石琢成，外有露台可眺远，廊间石碣林立为游人好事者所题名，读其姓氏，百无一二知者，可悲也，抑可畏也。傍岩立铜佛像，金粉剥落，迤东有石亭，又有洞曰火龙，可通山巅，今镂木龙，据洞口，或言洞故有异，设此拒游者云。山上有五台，台置白石小塔，刻梵偈，为唐金仙公主笔，当元明时寺称大盛，内官修之，水部董之，攻木攻石，不知几何时，碑碣可考也。

近年此石经已被盗若干，于是封闭不复开矣。

上方山游客之有名者，当推朱彝尊。与彝尊同来者有徐元文、姜宸英二人。彝尊之诗云：

> 蓬勃东华尘，窈窕西山容。二者各有宜，强之心不从。徐公脱朝簿，姜子淹旅踪。期我大房游，扪葛攀长松。兹山我旧历，不惮寒飓冲。车中三升楂，马后九节筇。谁能先花时，蜡屐乘清冬。雨霾虽载途，相顾多欢惊。雪色妙渲染，一峰殊一峰。明当踏霁日，遍览金芙蓉。

观彝尊此诗则来游固已非一度矣。其余尚有数诗，写景均极工肖。元文、宸英亦各有诗，而禹元吉写为图，图成而元文殁，见元文诗序中也。嗣是而来者，谢振定而外，有高士奇、法式善、张祥河诸人。清末恭忠亲王常游于此，其孙溥儒风雅能诗画，继其先志，撰刊新《上方山志》十卷。上方山旧志者，寺僧自如所草，江宁吴仁敌为之修订刊行，而完颜麟庆复为之修补，其详赡则远不如新志也。

近年游者有傅增湘、袁励准诸人。岁庚午九月二日，余往礼佛焉。冒君广生闻余往也,亦约偕行。是日破晓乘公共汽车自西四牌楼赴琉璃河,下车易肩舆而往,约三十余里,抵接待庵,已曛黑矣。途中所见与诸家游记并合,惟所行之路尽皆粗石,猛犷之气,令人胆寒。石状之奇者,如伞,如芝,如罴虎,如鬼魅,如舟,如臼,如伛偻叟,如海上之冰山。色或青或赤,或黑如焚余,或黄如蒸栗。野旷风高,行人绝希,远山重复,日光所不到处则黝黑,皆使人惨然,弥复想见辽金时之苦寒荒寂也。到山寺一宿后,次日周历各处。所爱者初上山之煤石堂,远对瀑布,气象苍莽。又一斗泉之绝壁,在南方似不少见,而北方未易得也。所见花树,以广慈庵之松及当门蜡梅为最妙。蜡梅繁茂,花时必为盛观。又一庵中牡丹纵横遍地,高可丈许,盖此山深隐,故能植佳卉邪。山中多黄独,其根曰黄精,蜜制可饵。采撷太多,闻已稀矣。

余是行未能往云居寺,仅至云水洞一游,路过摘星陀,居然登其绝顶,尚不甚艰楚。惟峰回路转时,其势甚陡,右傍绝壁,左俯深谷,坐舆中直汗透重衣也。到云水洞寺僧假以布衲,导以火炬,蛇行入洞,时或俯仰转仄而后能过,炬焰复窒息欲哕,几不可耐,亦无如何,地下稍平,则闻寺僧以杖扣石乳,曰:"此石鼓也,此石锺也,此石磬也,此石琴也。"又以炬烛之,曰:"此罗汉也,此观音也,此师子也。"亦果无不肖也。洞长数里,足下沮洳[1],不欲久留,或曰:"前行有河流阻去路。"或又曰:"有白骨焉。"以余所见,视戒台寺之化阳洞尤奇邃,而于、曹二氏之文亦写之绝肖也。

庚午去今已七年,追纪大概,并参录新旧《上方山志》以为后来者之南针。同游冒翁有诗,亦录以为殿云:

> 我行伊家园,言访天开基。土皆如丹砂,石皆如灵芝。居人指路北,中有元朝碑。一碑高过屋,一碑西隔篱。僧亡剩佛在,香火无人司。下立两石幢,漶灭岁月移。道旁委柱础,尚想崇宏规。断塔悄无言,似解兴废悲。孤山不成村,日莫散牛豕。马蹄踏乱石,时见火光起。村后有荒庵,蒙翳生荆杞。当时徐朱姜,雨云同宿止。斗韵围炉红,扪碑剔藓紫。禹生写作图,石墨不曾毁。去来今百辈,姓氏谁能纪。能为柳子厚,我叹曹能始。精蓝结狮峰,解装尘抖擞。问讯上方山,尚在数峰后。山僧进面饽,亦颇佐菘韭。同行得瞿生,未算登临负。有怀夜不寐,卧听苍官吼。兹山产灵药,黄独尤希有。那能把长镵,避世署謷謣。明当买盈襜,闺中贻病妇。四十二章经,大书刻冯保。七字曹化淳,亦复洒文藻。行人攀云梯,铁锁贯鸟道。花宫七十二,遗迹未尽

---

[1] 沮洳:低湿之地。

扫。天开既中衰,上方名遂表。苟无中官力,谁能赤手造。媚灶①士诚羞,佞佛奄亦好。所嗟霍原墓,千载埋荒草。柏王吕祖阁,松王广慈庵②。文殊娑罗树,鼎足能分三。牡丹数洛中,腊梅如江南。我来非花时,恰值霜叶酣。叶叶各色称,柿杏枫槲楠。天风吹晴云,夕照明远岚。时见樵苏人,释担相坐谈。我虽不解画,画意今饱参。莫高摘星陀,莫深云水洞。方其逼仄时,手足尻互用。疾如蛇赴壑,跛似鳖游瓮。纍纍白石乳,万古积奇冻。天公肆狡狯,凿此五丁空。忽倾窣堵波,旋化比丘众。万方态毕盈,八音叩或中。去年龙洞游,浅之难伯仲。兹山既空中,泉名才一斗。人言华严师,得自毒龙手。古来神僧事,记载亦多有。如何百咏幢,不云永明后。咸雍铁头陀,大定寂照叟。吾宁持卑论,世近信可取。昨从中院来,虎年碑字朽。时无朱竹垞,孰宝千金帚。

伊家园即伊桑阿故宅。天开寺今为小学校,屋非当时之旧。石佛下有题字,新旧山志均失载。禹尚吉画游山图,图后立斋竹垞、西溟各写诗,惟竹垞诗已佚,何子贞书补刻,

---
① 比喻阿谀依附权贵。
② 上方山有柏树、槐树、松树、银杏"四大树王",其中柏树王在山上吕祖阁,松树王在广慈庵(现名藏经阁)。

纕蘅①有拓本。竹垞诗注称铁头陀金高僧，今据山中塔院有《辽大安中王虚中忏悔上人坟塔记》，称上人礼忏头陀为师，咸雍六年迁化，则铁头陀辽僧，非金僧，殆竹垞读碑匆匆误记。

竹垞中院诗所称虎儿年碑，今卧关帝庙门外，碑字全没，仅存碑额"护持圣旨之碑"六字。余使十人揭之，则碑阴魏必复记，文尚完好也。

---

① 即曹经沅（1891—1946），原字宝融，后字纕蘅，四川绵竹人。民国成立后，复就读于中华大学，获法学士学位。擅书法、诗文，著有《借槐庐诗集》。

记游上方山①

古人以腰脚强健，为济胜②之具。盖涉险探幽，不能全恃篮舆③之力，非短衣草屦，攀藤缒石，不易达最胜之境界也。予生平惮陟险，不乐登陟之劳。独庚子秋间，礼佛上方山，深感危苦。

上方山在北平西南房山县境，相传《晋书》所载处士霍原即隐居于此。金元间巨刹相望，今犹数见钑花④柱础，偃卧墟碛之间，其胜概俨然犹在目也。山之主寺曰兜率。由山腰之接待庵到寺犹数里，所经皆巉岩潴壑，移步换形，唤舆上山。每数十步必一憩，及至云梯之址，不觉气为之馁。盖云梯为山路之最陡绝处。明神宗时太监冯保，捐资凿梯，两旁络以铁索。行人踵首相接，汗流目眩，必几经番息始达其

---

① 本篇发表于《佛学半月刊》1935年第7期，署名：铢庵。原文无分段，分段为编者所加。

② 济胜：攀登胜境。

③ 篮舆：一般以人力抬着行走，类似后世的轿子，也说是一种竹制的坐椅。

④ 钑花：用金银在器物上嵌饰花纹。

颠。梯级既高且多，每一举步，竟若百钧之重。闻寺僧言，往时恭忠亲王常至此山。王体既肥，舆人亦无能为役，左右侍从捧拥而上，仅而得达。不经此梯，便无法以上上方也。予念铁索已四百年，万一有一柱绣蚀继折，则此身齑粉矣。登山之艰，予生平惟此为甚。

既登上方，乃逾摘星陀而游云水洞，其险乃又逾于此。摘星陀者，刘仁恭拒晋师处。至此山路若绝，突然右转，乃见峭壁千仞，下临平谷，惟峭壁之腰，蜿蜒一线，可以通舆马。默想当时山后之兵，蚁附而登，一及斯处，但须路隅伏一弩手，便可使之披靡崩溃。虽倾国而来，亦必无幸。无怪独龙雄主，沙陀铁骑，至此亦无所施其技。予乘舆至此，初未料其绝险，及舁夫①下降，笋舆几欲成垂直线，仅恃两手握舆之衡，免身之倾驶。设舁夫稍一蹉跌②，则三人齐坠，不至深谷之底不止矣。此时已在中途，更无中止之理，又不敢与舆夫问答，致乱其心意。惟有仰窥青天，暗诵佛号，一切置之度外而已。

其时同游者为如皋冒翁③，年近六旬，步履胆力，皆胜于予，此由天赋，非人力所能强为也。

---

① 舁夫：轿夫。
② 蹉跌：挫折、困顿。
③ 指冒广生（1873—1959），字鹤亭，号疚斋，江苏如皋人，明末江南名士冒襄（冒辟疆）的后裔，本文作者好友。

岫云夕话①
——北平西山潭柘寺游记

北平者，震于西山之名。问仆夫以西山何在，则必曰八大处。欣然命车而往，则始知所谓八大处者，非有八处也，乃一山而有寺院八处耳。八处者，亦各据胜境，若灵光寺，以池水胜，若善果寺，以丹叶胜。当时选境而构精蓝，亦极费苦心。蕞尔一山，经历数朝，或剗削峰峦，或疏导泉脉，或培植树石，或点缀廊宇，本不出一人之手，而众手杂凑，后人来补前人之阙，其意境反较通盘有成算者为尤佳。凡苑圃大抵如是也。不然则诸寺院多属前朝大珰②解橐③营缮，若辈胸无点墨，岂能布置好山林供我辈登临邪？

然八大处有一大缺陷，盖境地太狭隘，一日即可遍游。且八处相去亦太近，一日之间，周览而徘徊焉，且绰有余裕。大凡作郊游者，必愿得雄深幽邃之观，若从容一览无余

---

① 本篇发表于《旅行杂志》1937年第5号，署名：铢庵。
② 大珰：指魏忠贤。
③ 解橐：解开口袋（施舍）。

者,殊不足以餍游兴。吾尝数数问来游北平者以西山之游如何?客每对曰:"西山不过如是,似耳闻不如目见,虚声不可尽信也。"余哑然曰:"是非西山之过,乃导游者不能举其职耳。君试思以半日之间欲领略西山真面目得乎?若欲匆匆一览,不费日力,则只能瞻苑囿之美而不能参山林之境。北平城郊内外苑囿之佳者太多,美不胜收,物以数见而不鲜,宜君之不能尽兴也。"

西山范围,本极广泛,实即太行山麓也。愈远则愈幽峭,若近郊之处,汽车可直抵其麓者,诚不足以尽之。大抵南人来游北平,能一到潭柘方为不负耳。潭柘在北方名胜中有异乎寻常者数端,一则岩壑幽深邃密,一变旷阔滨迤之气象也。二则气聚而奥,夏寒而冬燠,草木荣滋,不似他处之枯燥也。三则水竹并饶,甚似南中景象也。

余以三月既望,偕友二三人乘兴游焉。事前颇费料量,盖同人皆志在休养,不愿再有登陟之劳,饥寒之苦。于是预遣人于山足布置笋舆,多赍①襆被衣装及饮食用具。凡素所习者咸备,虑临时宣索则无以应。余甚哂焉,以为游山耳,而几于尽室以行,不亦可以已乎。友人曰:"是殊不然,游必期于适体,若苦筋骨拂心志,败兴而还,不更以不游为愈邪。且吾亦老于游者,凡出游万不可不自携襆被,若临时假诸僧家,必垢腻不堪用者,若至夏间,蚊帱蝇拍尤不可省,

---

① 赍:怀着,带着。

北方多有土炕，展衾其上即可卧息，若在南方恐并行军床而不可无耳。备而不用，固无所损也。"余无以难，遂亦听之。

是日凌晨，自家赴西直门车站，附门头沟支路车，甫行数刻已到。门头沟之附近，电灯公司总厂在焉，其山曰石径山（今讹作石景山），富煤产，为平西巨镇，此路盖专为运煤者。笋舆及驴夫已待于此，即乘以行。此际露气初收，晓风拂拂，春光正浓，草树滋长，似有山野自然之香，扑人鼻观。凡山中草木得风露之华滋，不受人间烟火，则必有异香。在城中固绝不能领略及此，即郊坰①去人烟未远者亦必无之，且尤须春秋佳日方一遇耳。甫望灵山，已令人俗尘顿袯，故知游山是大有益事。行行过浑河，即桑乾河也。河在畿甸②，缘挟泥沙之故，常足为患，历朝治堤疏浚，迄无善策。康熙中赐永名定河，正惟其不能定耳，望之已无水，然可想见伏泛暴涨时汹涌滔天之概。伫立久之，因有感矣。河北诸水道，本为昔时所以限南北者，自汉至唐，此地迄非中原所重。金元以来，奠都于此，始大讲求水利堤防。直至有清中叶，虽未能甚奏效，然致力终不舍。末季以来，国政不修，至于晚近，燕郊南北，平时则苦尘沙涨天，种植都废，水至则泛滥不能容，田庐荡尽，民生艰难，风俗渐薄，实此之由。今国都虽已南移，然终赖燕赵之人为国干城御侮也。

---

① 郊坰：郊外。
② 畿甸：指京城郊区。

水旱失时则民贫，民贫则俗敝，俗敝则难治，今欲挽回华北之颓势，以壮北门之寄，则不可不亟修水利也。绸缪桑土，谁其听之邪。

自门头沟至潭柘寺，中间险峻曰罗睺岭，俗曰罗锅岭，北人谓驼。

背曰罗锅，状其穹然而曲也。或取天上罗睺星①为名，则亦通。岭路不容并骑，居高而望，山侧层层有麦畦，盖种梯田，惜弃地也。憬然独立，天风吹衣，云涛正白，若在头上，既危而复绝艳，口占一诗云："险绝罗睺岭，频闻始一经。兴来忘峥削，目极倚空玲。擘絮云峰白，盘梯麦陇青。山桃倚危石，亦自逞娉婷。"②皆目中所见，因而入咏。余庚午秋间在山方，山过摘星陀，其境亦彷彿类此，摘星陀既险而尤巍，气象峻阔，自非罗睺岭所及。且时值深秋，天高气肃，风沙飒然，白杨朱柿，掩映回合，景光弥为凄紧。孰若今段春和景明，耳目一快邪！

舆行渐艰，知已渐入山路，碎石荦确③，时触蹄声，想见踯躅之苦。北方泥土不坚，浮沙易起，每遇长夏，山水暴涨，洗伐日深，剥肤露骨，则崖石松碎，随之而下，故草树

---

① 罗睺星：九曜中的一个凶星。九曜为日、月、金、木、水、火、土、罗睺、计都九星，是印度历法的一种，唐代传入中国。前七星同向运行，罗睺、计都二星反向运行，因此与其他七曜相遇就造成蚀。后来中国星相家加以改造，以九星配年岁来算命。
② 此诗收入《补书堂诗录》，发表于《中和月刊》1942年第9期，题目为《罗睺岭》。
③ 荦确：怪石嶙峋，样貌坚硬。

不易滋生，到处呈荒凉之观。惟白杨、松栝、胡核、鸭脚、柿槲之类，不畏沙石者，能繁殖耳。顾入山稍深，峰峦之势渐紧峭，树渐茂密，境界渐不同矣。山深故树密，树密则鸟鸣盈耳，似迓客者，兼可闻蜂声，因思古人诗句"蝉噪逾静，鸟鸣更幽"，虽似朴拙，而实有至理。诗人以平实自然之笔写出之，已可夺造化之妙，不必再以雕章琢句为工。由此类推，诗之佳处只是能将人人眼前所见之物，人人意中所有之想真实写出耳。世人不察，必求深一层，则求深反浅，世人之所谓深者，反不如浅者之深。犹之乎雅俗之辨，惟有不刻意求雅者方是真雅。过于求雅则反不如俗者之雅矣。

潭柘寺本名岫云寺，乃在四山回合之中，疑当日选境取其据险能避世也。语曰："先有潭柘，后有幽州。"此语见于《春明梦余录》，而不知其所自来。大约幽燕文献，明清之际所能见而今已佚者颇不少，当日孙退谷或系据金元人之著作，而金元人又必曾见唐人著作之不传于今者。此寥寥二语，虽无来历，而亦可决其非杜撰，必是唐以前之传说。窃意汉末以后，中原民族为避胡祸及兵乱计，每喜聚合宗族宾客，觅地以自存，此种民间组织，谓之"坞壁"。其组织盖兼军事政治经济教育各种性质。建堡垒，修器械，练丁壮，守望相助，外御其侮，是军事性质也。

推有智谋勇力负人望之豪强以为宗帅，号令莫敢不遵，是政治性质也。坞中聚积谷帛，耕种自给，是经济性质也。

文儒之士，往往借此辟精舍授徒，是教育性质也。例如闻鸡起舞、击揖渡江之祖逖，即是此种自治组织之领袖。祖为范阳人，亦即河北人也。幽州在汉以后、唐以前，犹为未尽开辟之地，尽可供避地者之启发。如田畴之躬耕徐无、霍原之隐居大岋皆是。而公孙瓒之营易京，所谓燕南垂赵北际，其中不合大如砺，亦足征此种传说腾于人口，皆以幽州为绝好避世之桃源也。度之于理，固亦灼然可信。何则，中原无山险可扼，又为四战之区，惟幽州有太行之险，处处可依。又道近而不烦远涉，枣栗秾麦之利，可资衣食，弓马之雄，可壮甲兵。斯时之人，苟不南奔江外，则舍幽州尚有何处为乐土邪？以此推之，汉晋之间，必有人焉据此山以为坞壁，守险多年，人不能扰。及至世变稍定，遂将多年经营之公产辟为佛寺。所以说在晋为嘉福寺，唐为龙泉寺。由唐而至今日，中间又不知经若干变迁，但既辟为佛寺，则自然易更维持，此其所以有如此绵长之历史也。或者曰，若谓潭柘之名久已传播于人口，故能由避乱之组织蜕化而成宗教之组织，何以史乘绝无纪载邪？应之曰，自汉末以来，中原乱事，连绵不绝，人民展转流徙于戎马仓皇之中，不暇为文字之纪载，尤以十六国中之燕赵等国为最甚。不似西凉等国自成文化系统，外兵究不易侵入，其天然气候亦较易保存史料，故《凉州记》等类之书尚不乏，而燕史赵史则绝无而仅有。后人撰《晋史》者，所纪偏于江南，至燕赵之事，则得自传闻，其不能详备无待言也。故永嘉乱后，迄拓跋统一以前，史事之湮灭者必甚多。今皆无从踪迹矣。潭柘之为坞壁，其中史事必极有可观，惜乎烟云幻灭，仅存此"先有潭柘后有幽州"之一传说，尚可供人想象。岂非一至有兴味之史家公案邪？论者若犹以吾言为疑，则请推而广之曰，不独汉晋间北方史事多无可考，即魏齐以来之史迹何又尝不较南方为冷寂耶。即如大同武州石窟今之所谓云冈者，虽有《魏书》及《水经注》之纪载，而落落千余年间，亦罕闻游人骚客为之鼓吹，直自清初始有朱竹垞、曹秋岳①等数人张之吟咏，直至民国以来，始哄动一时，名播中外。此无他，北地文人较少，文献无征故也。

又若磁州之响堂寺名刻，及定兴之北齐标柱，皆直至最近始有人注意，皆足证史迹之待后人发挥证明者尚不少。假令有人于岩窦榛莽②冥搜力索，未必不能有意外之收获也。岂惟北方，即南方山林未启之地亦尚多，古来传说有待证明者亦必不少。近年公路四辟，利便于此种搜求尤非浅鲜。由此言之，史与地二者不可分离，须融会贯通以求之，则吾国历史乃一蕴藏无尽之宝库。青年习国史者，须启发其兴味，随时随地导之以想象古代人民生活之实况，一洗从前捧书本死

---

① 曹溶（1613—1685），字秋岳，一字洁躬，亦作鉴躬，号倦圃、钼菜翁，浙江秀水（今嘉兴）人。曹溶工诗词，与龚鼎孳齐名，世称"龚曹"。筑书楼于嘉兴南湖之滨的倦圃别业，称"静惕堂"，藏书极富。

② 榛莽：丛生的草木。

记人名地名年代之陋习。其有助于浚发民族精神为何等耶。吾尝以为中小学之史地课程可以旅行代其一半。特难得此种师资耳。然亦未尝不可精撰一种旅行之教材，无论学校与私人皆可应用，此尚非甚难之事。焉得有心人急起为之。

岫云寺规模之大为北都附近精蓝第一。田产之丰腴，僧徒之众多，殿宇之精闳，益以历史之悠久，不能不使人惊叹。自入山以来，短垣缭绕，自成村落，询之舆夫，皆寺中之产也。即舆夫亦皆出自此中，田家农隙，作工以谋额外之利，生计颇裕，虽时有天时兵革捐税之苦，然亦安于耕凿之乐矣。寺之主僧拥有巨资，广结贵势，趋走城市，不能无尘俗之累。起居服御，有足令穷措大①舌挢②不能下者。叩以《岫云寺志》，欲假一观，则固不肯。其实版藏寺中，何妨印以流行，更何妨如《上方山志》之例续修以张胜迹，彼盖非此道中人，语之亦不能动其听也。《上方山志》为溥心畬王孙所修，文字镌刻皆极精美，心畬自少隐居上方，专志读书，秉清淑之气，故书画诗文皆取法乎上，绝去凡俗蹊迳，今之鸥波③雪箇④也。每过名山，辄念胜流不置。

寺之左偏为憩客之所，曲径幽房，结构宏整，虽游客数十百人联袂偕来，不患无容足处。光绪中，恭忠亲王曾暂

---

① 穷措大：旧时称穷困的读书人，也作"穷醋大"。
② 舌挢：舌头举起，形容惊异的样子。
③ 鸥波：指赵孟頫。
④ 雪箇：指八大山人朱耷。

隐于此，观其陈设，如联额字画窗棂床几，皆有朱邸园林气味，既精且洁，使游人至此心目得一快焉。昔人精心布置，所以供一己之娱者有限，而便利后人者无穷。虽曰游目骋怀之事，无关宏旨，然所以动后人之思慕者，固不在事之巨细。王在墓陵诸子中，最有贤称，惜乎厄于牝鸡，不能效临淄之功业①。然谢太傅一丘一壑之情，亦贤者所不能忘。视彼广积金帛，秽德彰闻，而子孙为下流之归者，贤不肖相去何其远耶！因思清代诸王，每多恭谨守法，自雍正以后，更无敢稍越矩度。其贤者怡情于书画园林，即出游亦不敢涉足百里以外。不肖者不过溺志于狗马狡狯之戏而已。其纳苞苴②树权势之风，亦至辛丑而后方有之。论者遂云清室亡于亲贵，则受一二人之累也。寺僧犹能道恭王事，并出示其遗像，丰颐而目有威云。

是日解装少息，薄暮随喜各处，见寺僧之食极菲俭可哀，终年以白水煮菜蔬为馔，并盐齑而无之。惟春夏间有远来布施檀越，饭僧资福，始得一尝油盐之味。余深怪寺产如此之丰，住持僧生活优裕乃尔，佛法平等，纵不能一无差别，何以刻苦僧众若此，而默尔顺受之无起而与争者。社会不平，固到处可见，然若辈出家本为解放浊世种种痛苦，必有至不堪忍受者乃出于逃禅之途。何以空门中还须有如许压

---

① 指东汉统一关东之战，建威大将军耿弇击灭关东割据势力张步部于祝阿、临淄等地的著名以少胜多的战役。

② 苞苴：指包装鱼肉等用的草袋，也指馈赠的礼物。

迫,岂非大背慈氏宗旨耶?大抵寺院中组织秩序甚严,其所以维持不敝者,全赖此无形之威力箝束①之,不识不知,顺帝之则,方得无事。若寺僧皆通经典,具知识,则必有尤高之知识尤精之戒律者,始能服人,则寺院将为选贤与能之局,而寺院亦不免多事矣。吾国一切社会组织多不健全。惟寺院假借印度输入之流风余韵,社会事业乃稍稍有所寄托。例如僧人常为人治病,寺院亦常施药,是寺院有医院性质也。又常收留贫老无告之人,是寺院有救济院性质也。僧寺每藏有珍贵之经卷及法书名画古物,较私家为易保存久远,是寺院有博物院、图书馆性质也。古时僧寺每兼营典当,是寺院有公众借贷机关性质也。僧寺常能款待长期短期之旅客,是寺院有旅馆性质也。如有公私集会苦无宽大处所亦假僧寺为之,例如唐时与吐蕃会盟于章敬寺②,是寺院有公共礼堂性质也。近年僧寺多附设小学,是寺院有学校性质也。又从前国事犯往往削发披缁,受僧伽保护,即可保存生命,佛门广大,法力无边,此千余年来,吾国社会受寺院之益亦不少矣。若无寺院,则吾国恐不能有公共事业。昔程子见僧众入斋堂而叹三代威仪在是。盖吾国民性所缺乏者严肃整齐与公共生活,故除寺院以外,无论何种公共事业辄以涣散而终也。

日云暮矣,鸟雀喧于檐际,久之始定。凭槛而观,则

---

① 箝束:控制、约束。
② 章敬寺:位于西安东郊长乐西路一带,原为唐代宗的宦官鱼朝恩的东庄,是公卿宴叙之所,早已无存。

三面皆高峰，互相掩蔽，来时一径，已没于苍茫暮霭之中。而寺之后面，则殿宇层层，不能远望，就山势度之，此寺实已四面为山所障矣。山高则能障日，然则山中日夕，平原犹不过初曛也。检视时表果然。然则山居之人日力可贵，因之性多勤俭，有由然也。遥见殿中灯火荧然，照栏楯隐隐，益形壮丽，因又思中国式之建筑，多苦散漫，故宜以微弱之灯光映之。吾昔寓居楚南一大宅中，每行庭院，辄持一手灯，所烛不过十数步。客坐中亦仅悬灯两三盏，棐几瓶花，仅见其影，趣至幽也。若遍设电炬，无隐弗烛，一览无余，此惟西式之奥室宜之耳。白乐天诗云："笙歌归院落，灯火下楼台。"说者谓其善写富贵，盖潭潭大宅中必以微茫之灯火点缀之，乃见其深邃也。

是夕寺僧具馔亦殊精洁，若清醇之高粱酒，若甘芳之窝窝头及小米粥，佐以咸菜豆腐，食罢齿颊犹有余香，北方菜蔬种类极少，且不善煎炒之技。但不致使人食不下咽者，良以麦食及小米粥有天然滋味，不假烹调耳。惟有人专喜食稻而不能食麦者，则旅行殊苦，同人有自携食品欲出以佐餐者，余力阻之，盖我辈得尝此山居风味已为不易。既到佛地，宜遵佛戒，虽寺僧不禁止，究非我辈所安，若欲食荤腥，何地不可食，岂遂不能一二日阙血肉之味耶？试思彼寺中贫僧，欲食此咸菜豆腐而不可得，我辈对之，岂不内愧。天下不平事宜去其太甚，今日我辈稍节一分享受，或他日少受一分刀兵劫乎？同人皆以为然，因命并酒去之。寺中侍役闻余辈议论，亦若有所感。因云："外国游客寓此者自皆携行厨，庖鳖鲙鲤①，血肉狼藉，禁之不可，惟有听之。因之中外游客一律得自备肉食，惟寺中不供给耳。"余谓之曰："我辈亦非不知恣口腹者，但闻汝寺中斋饭太苦，故不忍过享精馔。僧家修行，亦不应受苦至此。且同一为僧，而所食不同，此非我佛之教也。寄语住持，自今宜令寺僧每饭稍有香油盐菜，无负檀越布施之意。"彼笑而不答也。

长宵无事，饭饱茶温，众议说鬼以遣岑寂。某君素以胆怯闻，众欲苦之以为戏，因一唱百和，谈兴飙起。某君欲掩耳他去，则处处皆森沉黑黢，无可遁逃，不得已亦貌为镇静，隅坐以听焉。诸君各说一二事，或述旧闻，或引西洋故事，或更证以所亲历，大抵奇警可骇。余曰："凡诸君所说得自传闻者，余不敢知。若得自亲历者，十有九皆非真鬼也。何以言之？凡人亲历之境，偶有异常之事，必以平日所习闻者附会之，不暇追究其所以然，而遂深信其必为鬼怪矣。此其所以反不足信也。吾平日闻人说鬼多矣。其最有声有色者，不过谓亲闻其声，亲见其形，而从未有言闻其声见其形因而踪迹之以见其变异者，此焉得谓之目验耶？昔有盛传某处厕中有鬼物者，某甲素习闻之，不能无所疑。某乙揣

---

① 庖鳖鲙鲤：也作"炰鳖脍鲤"，指珍美的馔食，出自《诗·小雅·六月》。

知其情，伺其夜中如厕，戴纸冠着纸衣画面而往要之。某甲突见大惊，遂病不兴。某乙亟自承。顾虽百端譬解，而某甲终不能释然矣。故知人之信鬼易，而见怪不怪最难。诸君所说，怪则怪矣，顾安知非有人故与君为戏耶。纵或不然，又安知非偶有所想自生幻障耶？今夜居山寺，请即述一山寺故事为诸君醒睡。昔有老僧，道行颇高，一夕黯中如厕，甫下阶，足践一软湿之物而破，僧默念此蛙也。必破腹死矣。是夕遂梦群蛙索命，自觉宿世冤业，道力未坚，难祛孽障。自此卧病不能起。他僧来视疾，询知其故，出至阶畔，依其所言践蛙之地而觅之，则一茄子也。心知老僧之病由于幻想，持此茄子，破妄归真。老僧病果霍然。此虽是内典中寓言，殊切近事理。然安见非后僧设此权宜之说以破其执着耶？所谓怪异，大抵此类。昔年余偕友游于某县，其地一荒凉山邑也。北方诸邑屡经变乱，民生凋敝，元气难复，远不似南方县邑之熙攘。县衙除三堂数楹略供治事而外。昔之客座书斋类多蔓草没阶砌，蛛丝络承尘间，甚至无门窗，无墙垣。院宇空洞，四望凄然。是夕主人秉烛送余等至悬榻之所，见此情形，实不胜其悚息。然夜深人倦，亦惟有引被高卧而已。夜中睡醒，忽闻有筑地之声，若远若近，一似钝物扑地者，且窗棂亦为之簌簌作响。余大异之。未几天明，蓄疑不以告人，姑往墙外察之，乃悟厩中所蓄马骡以蹄筑地耳。屋宇将颓，故每顿地辄震及窗棂。若不审其究竟，则亦可附会以为遇怪矣。世间不易得究竟之事甚多,此所以多怪惑而不解也。"

余又曰:"古人轻去其乡,乡里之间,见闻逼隘,不易有思怪之传说。大抵鬼怪传说,一起于兵灾荒乱之后,一起于邮亭旅舍之间。古人之说鬼,盖亦如我辈今日生于乱世,习闻杀孽,又在客中无聊,恣意装点,以资谈助耳。余记《太平御览》引《还冤录》记何敞在高要鹊奔亭中遇女鬼诉冤,乃是揭穿亭长乘夜逼奸妇女之事,又《风俗通》记汝南某亭中发见狐怪,皆与后世鬼怪故事相似。余以为汉之邮亭正如今之旅馆,但是官家所营耳。邮亭多在荒僻之地,行路之人来此求宿,不免有财色之事,起人邪心,亭长之流,岂皆善类,容或诈为鬼怪,谋人财物,污人妇女,以讹传讹,弄假成真,他日或更发觉,则又归功于鬼怪。揣情度理,必是如此。古人出门行路,诚非易易,有山水桥梁之险,有野兽虫蛇之害,有风雪寒暑之灾,而又有奸盗强暴之虞,宜其为传说故事所集中也。诸君当无不读唐人小说《板桥三娘子》之事者,此为后世黑店故事之祖。余少时闻父老每相戒,出门宜慎,谆谆不已,大抵箱匣太重,易启盗心;待人太刻,易获怨仇;招使饮酒,易生事端,而解毒之方尤所必知,远道长行,必不可单骑无伴,虽或假借官势,亦未必可靠也。往时山东河南为南北交通要道,每苦响马,于是镖局应运而生焉。及同光间哥老会兴,于是江湖之间亦无坦途矣。不独途中可虞,即旅店亦多难置信。余忆俞曲园《右台仙馆笔记》中有一段云：某士子应试北上，至徐州某县，投店已晚，店中谢以客满。此人以无他店可投，坚请不已。店主乃导至最后一室，属以立即就寝。此人久不能眠，而渐闻有异臭，竟不可耐，乃然灯烛屋中，遍觅不得其故，继乃于床板之底得死尸一具，以巨钉四枚分钉其手足，尚未腐烂。盖即前一二日谋害之孤客也。此人恐生事，强忍至天甫明，亟辞去。《庄谐选录》亦有一则，则云在床下泥土中。此等事料为乱世所恒有。展转传说，则更多怪异矣。近今交通工具，远非昔日之比，宜可坦然释虑矣。然长江轮船中昔年尚数见谋害旅客之案，通都大邑中旅馆欺客之事亦所难免。直至近年旅行事业发达。各省市皆有高等旅馆及旅行招待所，方可云一洗从前之黑暗，万里若履户庭焉。"

时已宵深，谈兴方浓，忽闻远山有鸟鸣声，其声若人呼"王三哥"者。凄厉以长，加以空谷传声，益似四山皆应。余曾见某笔记云相传有二人相偕入山采人参，其一失迷伴路不返，其一呼之至死，遂化为鸟焉，亦杜宇、望帝之类也。此鸟独以夜鸣，且惟潭柘有之，固可异也。

寺中本有炕，所设衾枕亦甚华洁，益以自携之襆被，数人共卧一炕，引领窗外，星月微明，气清以肃，乃无睡意，久之始能入梦。晨曦入室，檐下鹊又争鸣，睡魔又为之引却矣。同人皆以山中清晓景物最胜，不可辜负，皆奋然崛起，相约盥漱毕即下山散步。

是时视山内似尚黝黑，而山外较晴明，可见山中之晨后于山外而山中之夕先于山外也。然晨光破宿雾，缓缓而来，前之黝黑者渐亦变为晴明矣。道上见驱驴负木罂①者，骆驿登山，状殊颠顿，铃声与蹄触石声相杂。余因思此声殆惟北方有之。询其所载，则村中居民所饮水皆取诸山上之泉，每日以驴纲往来输运，仅得取给耳。余又思使在南方截则巨竹为筒，接连引之，自山上至山趾可十数里无阻也。自古有此法，可一劳永逸，何必日日费事乃尔。客笑曰："然则北方有驴无竹，南方有竹无驴，居竹行驴，其得失亦相等耳，何必此之是而彼之非也。"

　　意行得一小园圃，盖寺中藏花树之处，北方严寒，名贵之花往往不能过冬，故必别辟温室。有温室则无论何种均可移植北地。故虽芭蕉、茉莉亦未尝不可种。此园有牡丹、芍药及各种盆景，山寺有此，似不合格，未免富贵气重山林气少耳。或曰，岫云寺本是富贵寺，曾作王侯别墅，住持至今尚带满身软尘，何怪其有富贵气之园林也。或又曰，富贵气亦未尝不佳，有富贵而雅者，有富贵而俗者，吾所见南中某寺，新构大殿，用尽种种新材料新格式，直觉其不伦不类。以彼较此，又不如此寺尚不失为富贵之雅者耳。或又曰，此富与贵之分也。彼乃富而不贵，此则贵多于富耳。辨析久之，众皆綮然。

---

① 木罂：木制容器。

道中遇僧人持石求售,有圆若弹丸者,可为玩具。有琢成小砚者,石质似亦不恶,索价初不昂。余等皆欲得之,顷刻已尽矣。僧人于课诵之暇,以一手一足之烈为之,成之至不易,故出产不能多。彼辈不复计及所费之日力,仅以之供消遣,故索价之低出于意计之外也。假令彼辈有组织者,则应公同定一价格,并应多出心裁,制成各种应用之物,可以得极佳之销路,而彼辈不足以语此也。大约住持既不屑问此等事,僧众亦但欲各人私得分外之钱,稍资补助,若化私为公,则必又有假公济私之人起而操纵,则彼贫苦之僧更并此一线生路亦无望矣。由是类推,中国社会非各方面同时改善,则不如不推动之为愈。牧民之要,与其求兴利,不如先除弊,不然则利未及兴而弊又生矣。

道中作一诗云:"度樾晓钟催,林光鸟唤回。意行随柱杖,宿雨净经台。异石从僧得,名花避客开。驮铃声到耳,知是送泉来。"[①]四十字便写出无穷景物,至今回思如在目前。

从寺之左上山,见有一流杯亭,凿石为屈曲状以受溪流,颇似北平南海流水音。上覆以亭,于此举禊饮故事,临水传觞,亦韵事之不可多得者。亭旁种修竹,亭亭如玉,亦北方所不易得,疑此地气较暖也。兰亭之茂林修竹、崇山峻岭、流觞曲水今皆备矣。由此上龙潭,泉水涓涓,从历落巨

[①] 此诗收入《补书堂诗录》,发表于《中和月刊》1942年第9期,题目为《潭柘寺》。

石之间流出，万木槮櫹，径路幽窅①，极蔚然深秀之致。潭柘之潭即此是也。柘则早无有矣，今大殿中存枯木一段，云即仅存之柘木。陵谷尚有变迁，则树木之兴废存亡固无足怪。此时日又将西倾，山风渐起，凛然忽有秋意，遂不敢久留。亦为诗纪之曰："柘树乘雷化，龙潭致雨能。千章今已矣，一亩尚澄泓。缥缈亭如叶，陂陀石有棱。晚来风乍急，山势亦蓊腾。"旧志谓有柘千章今无矣。《日下旧闻》云："相传寺址本青龙潭，上有柘树，祖师开山，青龙避去，潭平为寺。"余诗本此也。

寺中人有弄松鼠者，延缘衣袖间，若甚驯习无去志，试逗之亦不畏人，异哉此豸，乃忘山林之本性而甘受俗子之播弄乎。谥之曰鼠，无怪其然。

岫云寺有传说数事不可不纪之。据《日下旧闻》云："殿中二蛇长五尺余，名大青小青，藏红篋中，篋标护法龙王。蛇无定止，或自逸野中，鸣钟则至，自篋穿炉足，交蟠供卓上。"此理容或有之，传者故为装点耳，今蛇尚在，自是后人附会者。又有元妙严公主拜砖，双跌隐然，几透砖背。相传妙严为元世祖女，削发居此，日礼观音不辍，遂留此迹。万历壬辰孝定皇太后欲经懿览，贮以花梨木匣，迎入大内，后复送归寺。此砖今亦尚存。尚有不见经传之一事，则帝王树是也。殿左有大银杏树一株，以牌楼表之，殆

---

① 幽窅：幽深。

千年以上物，相传每易一帝则长一新枝故云。

综观潭柘之可爱，在山之幽，在竹柏之茂，在园亭之精丽，在泉声，在鸟鸣，然从来诸家题咏罕有佳什，惟王湘绮先生二诗写景最善。其《潭柘寺东涧寺入山亭》云：

> 幽柏洞半青，芳草径初碧。参差重阁外，峭蒨山四壁。入门松风起，偶坐溪亭夕。灵泉度烟响，归人共鸦息。暂闻清梵落，始觉心未寂。暝色春蒙蒙，孤此云外石。

《潇碧房听阶上流泉》云：

> 潇碧延清窗，掩映三竹林。坐对白云莫，安知溪水心。微风又如何，历历一钟音。春心夜始寒，想象空山深。幽梦断复续，吾其观古今。

余等宿潭柘二宵，由此更游戒台寺，戒台以松胜，殊形诡状，争出道左。寺踞半山，景象开豁，轩庭亦恭王所修。院落中时闻松子香，又是一番幽境也。由此游化阳洞[①]，秉炬

[①] 即太古化阳洞，当年一处佛教圣地。位于戒台寺西约两千米处的半山腰，洞口的原建有观音殿，又称作大观音洞，另建有一座明嘉靖年造的石砌护国宝塔。洞长达一千多米，中部宽三十多米，高达二十多米，遍布石钟乳和石佛像。20世纪60年代以后改为炸药库，遭到损毁。

而入，万蝠齐飞，惟其奇险不如云水洞。

自此南趋，可至长辛店，附火车回北平。忆咸丰庚申英法军北犯烧园，恭王由园往长辛店，所经即此道也。可胜慨然！

苑西志感

其 一[1]

吾于薄暮时过北海五龙亭，转入校场，望见巍然一楼，丹腰[2]剥尽，犹屹立不动。循苑墙而南，过旃檀寺，入羊房夹道，今不知何以讹为养蜂夹道也。苑墙巨砖齾齾[3]，近址处浸入沟水，有剥蚀痕。然绳尺严谨，曾无少欹侧。心念此殆犹明代之墙砖也。历数百年，与世变相吐吞搏击，世变之起落无有已时，而此无情之墙砖尚坚持其故态。呜呼！可以概想人世一切事矣。今此一带地方，因铺户人家皆稀少，东抵苑墙，尤为旷阔。每当星月之夜，四望寂然，几疑有数百年前之故鬼，伺行人而诉其衷曲也。

因思当明之盛时，此为内校场。武宗以内臣典兵，日夕

---

[1] 本篇发表于《古今》半月刊1944年第43、44期，署名：瞿兑之。
[2] 丹腰：红色的涂漆。
[3] 齾（yà）：缺齿，缺损。

操练于此。虽近依禁御，而刁斗锣鼓之繁，决非今日之岑寂可比。又明之玉熙宫，正当今北平图书馆一带，自正德至崇祯初年，常有玉熙宫①过锦之戏②，其热闹亦可想见。由此辄念明武宗之为人，真有耐人寻味者。

　　明代诸主虽多庸暗，然性好武事，似由家风使然。太宗在燕邸时招集猛士，而以僧人为之魁。高煦当宣宗时，亦以勇力自矜谋反。武宗之好武，尤毕生以之。其宠江彬③也，虽由钱宁之引进，而实以彬善战饶胆力。彬初以大同游击随大军征讨河南贼及兵罢，遂留边兵于京师。按明制，边兵不调作他用，征讨四方皆以京营兵。正德六年，以京畿盗作而京营兵不能制，乃用兵部尚书何鉴议，调边兵讨贼。彬既得帝宠，遂建议以京兵与边兵互调操练，论者皆以为不可，阁臣李东阳持之尤力。而武宗竟不听也。平心论之，明之京营，积敝已久，平日京兵皆为势豪之家占役，加以侵克贿纵，号称禁旅，实则老弱癃残，不知执干戈为何事。边兵虽亦长子孙非一日，而久处西北高寒之区，不得不恃弓马为生，两相比较，自觉稍胜。武宗见京营之不足有为，而喜

---

　　① 玉熙宫：在西安里门街北，金鳌玉蝀桥之西，始建于明正统年间，嘉靖皇帝长居于此，万历年间为排练、演戏的场所，演弋阳、海盐、昆山等腔。康熙年间改为内厩，豢养御马。
　　② 过锦戏：除戏剧之外的杂项表演，包括扮演世间百态，街巷杂耍等，以供逗笑娱乐。
　　③ 江彬，一说名瀕（？—1521），北直隶宣府（今河北宣化）人。明朝边将，后成为明武宗的义子，赐姓朱，封为宣府、大同、辽东、延绥四镇的统帅。武宗死后被捕并抄家，嘉靖即位后将其处以磔刑。

边兵之骁捷，适投其好武之性，故自正德六年以后，帝之为人，已一变以往之无意识游戏，而颇有整军经武之改革计划矣。

宁王①起兵江西，称奉太后诏讨贼，其指斥之语，史家无从详记，盖不止于清君侧而已。意谓武宗为孝宗所养之民间子，故有"祖宗不血食十有四年"之语。武宗好微行，不乐居大内，于宫闱毫无系恋，而所与游者皆市井中人，其行迹诚有可疑。当时殆必有此种推测，故宁王因人心之摇动而有此攻击也。顾余意明代诸主，皆无甚高尚之嗜好，其习于市井卑俗之事，亦不止于武宗一人，似由保傅之制度使然。明之东宫讲读，并不每日进讲，经筵则月仅一次，皆是具文。非若清代之宏德殿、毓庆宫授读，直与寻常人家之书无异，课读背诵，毫无假借。故明之诸主文理均不甚通，而批本不能不假手于太监。太监得权，自不免以猥琐之事蛊惑其心志。且明制，君主见廷臣之时少，而宫庭内外尽为阉宦，人数众多，流品猥杂，一举一动，无不在其掌握中，焉不受其潜移默化，转而与市井为缘耶？至若明代藩王，转多好文学鉴赏者，以其远在藩国，所接近者，尚有文学之士耳。即如宁王，亦颇知优礼士流，李梦阳即为所用也。

明诸主好武事，疑尚有故元遗俗。此则由于太宗北迁之

---

① 宁王朱宸濠（1476—1521），明太祖朱元璋的五世孙，明武宗正德十四年（1519）由南昌发动叛乱，波及江西北部及安徽南部，史称宸濠之乱，又称宁王之乱、宁王叛乱，叛乱仅持续四十三天，后被王阳明平定。

故。北京近于边塞，而弓马射猎之俗，为民间所习见。自永乐以后，皇室生活殆已全同北俗。其最显而易见者，如番经之崇奉，即其一也。正德十年，遣太监刘允往乌斯藏赍送番贡，费至百万。而《明宫史》载"番经厂"一节云：

> 各习念西方梵呗经咒。宫中之英华殿，所供西番佛像，皆陈设近侍，司其灯烛香火。其隆德殿、钦安殿亦各有陈设近侍也。凡做好事则悬设幡榜。惟此番经厂仍立监斋神于门旁。本厂内官皆换番僧帽，穿红袍，黄领，黄护腰，一永日或三昼夜圆满。扫砂神庙时，每岁八月中旬，遇万寿圣节，番经厂虽在英华厂做好事，然而地方狭隘，须于隆德殿大门之内跳叱，而执经诵念梵呗者十余人，妆韦驮像、合掌捧杵向北立者一人，御马监等衙门，牵活牛、黑犬围侍者十余人，而学习番经、跳步叱者数十人。各带方顶笠，穿五色大袖袍，身被缨珞，一人前吹大法螺，一人在后执大锣，余皆左持有柄圆鼓，右执弯槌齐击之，缓急疏密，各有节奏，按五色方位鱼贯而进，视五方五色伞盖下诵经者以进退，若舞焉。跳三两时方毕。

此所云"跳叱"，即清语所谓"跳步札"，今雍和宫之打鬼也。想元亡以后，所遗番僧仍在北京，故有此风俗，若永乐不北迁，必不如此也。

又如衣冠之制，亦稍参北俗。冬季百官戴貂鼠暖耳及披肩，关外岁贡貂皮，盖即为此。又内官佩小牙筯及小刀、银厢鲨鱼等鞘，以红绒辫系束于衣，亦见《宫史》。清代内廷臣工亦佩此物，盖北人割肉为餐之用。至今东安市场及安定门内售卖蒙古、西藏货物者，仍备此物。诸如此类，均非汉人旧俗也。若武宗所好，更惟北人之限制。史称正德中，东、西两官厅所领诸军，悉衣黄罩甲，中外仿之，虽金绯①盛服亦必加此于上，下至市井细民亦皆披之。又于遮阳帽上飘靛染天鹅翎以为贵饰，贵者飘三翎，次二翎，兵部尚书王琼得赐一翎，冠以下校场，自谓殊遇。此即清制黄马褂及花翎、蓝翎之所由始，清制之褂即罩甲也，本较衣为短，其尤短者则谓之"马褂"。靛染天鹅翎即蓝翎也，初本以之赏军功，其后通缅甸、安南，孔雀羽来者益多，遂以孔雀为贵，而蓝翎仅以施之六品以下。由乾隆至咸丰，花翎非有军功者不赏，文臣多不戴翎，同光以后始滥与矣。不但此也，正德十三年武宗自塞外回銮，百官迎驾者，传旨用曳伞大帽鸾带，而不令着朝服。朝服为汉魏以来旧制，而曳伞则军中之服。此即变古从今之渐，亦即清制改用袍褂之微。又赐群臣大红纻丝②

---

① 金绯：金印红袍，指官服。
② 纻丝：缎的一个品种，俗称"段子"。缎指采用缎纹，经纬丝中只有一种显现于织物表面，形成外观图案纹饰的光亮平滑的丝织品，起源于宋代。

罗纱各一具，彩绣一品，斗牛二品，飞鱼三品，蟒四品，麒麟五、六，七品虎彪，翰林科道①不限品级。此亦清制补服分品级之先声。明人虽极诋武宗之失德，然此制竟沿用弗改。深考其故，盖由武宗性好北俗，颇如赵武灵王之胡服骑射以变旧风耳。（又是年，赐文武群臣银牌。三品以上曰"庆功"，以下曰"赏功"，各被以花红，此又清制功牌花红所自始）

史又称是年回京时，上衣戎服，乘赤马，佩剑，边骑簇拥，遥见火球起戈矛间，烟直上，乃知驾至。群臣齐伏地叩首，上下马坐御幄，大学士杨廷和奉觞，梁储注酒，蒋冕进果榼，毛纪擎金花称贺。上曰："朕在榆河，亲斩敌首一级，亦知之乎。"廷和等皆顿首称圣武。上遂驰马入东华门，宿豹房。观此段纪载，令人想见其意气之盛，旌旗车服容卫之美。此岂帝一人之力所能致哉，毋亦北俗南渐之势有以使之然耳。

由是而言，武宗之任边将，盖愤戎政之不修，而思有以一振国俗，其初心固亦可谅，而秉钧之臣，但知奉行故事，无所裨益，稍有变革，辄以祖制相绳，故帝不得不转而谋诸武将。此辈生长边关，习于武事，帝欲略知外间之事，亦不得从此辈得之也。

意明之豹房，包括今西安门内，自皇城北面直至光明殿

---

① 科道：明、清六科给事中与都察院十三道监察御史总称，俗称为两衙门。

等处，在明代本皆内官诸司之地，与外间完全隔绝。其间除虎豹之嘶号，刁斗之严警，外此则禁军与内官之语声与步声而已。今此一带距市稍远，岑寂最甚，过此弥令人想像前明之景况必不如此也。武宗既与武将狎习，宜其又乐近醇酒、妇人。《金鳌退食笔记》云："腾禧殿覆以黑瓦，明武宗西幸，悦乐伎刘良女，遂载以归，居此，俗呼为'黑瓦老婆殿'。"史载，上在偏头关①索女乐于太原，晋府乐工杨腾妻刘氏善讴，上悦之，载以俱归，江彬与诸近幸皆母事之，称"刘娘娘"云。盖即此事。腾禧殿即今之大光明殿也。俗传"游龙戏凤"故事，当即由此而来。余尝薄游大同②，其地有久胜楼者，故老相传云即武宗调李凤姐之地，殆酒肆主人设为此说以哄动流俗耳。然因此想见边关士女，至今犹艳传此风流天子之故事。余又见宣化、大同一带民家，屋瓦皆施鸱吻，求其故于志乘，知为明代军官邸舍之遗。且人物昌丰，俗尚艳冶，于塞草黄沙之中，寓鹦鹉楼台之盛。若在明代更不知繁华何若。宜乎武宗之流连忘返也。

武宗以宁府大同为家里，固缘爱其地而喜其人，亦良似有亲属关系存乎其间。宁王指斥之词，未必绝无影响。顾世宗即位以后，于宁王仍深恶痛绝，并不翻案者，盖宁王自

---

① 偏头关：位于山西省偏关县黄河边，与宁武关、雁门关合称"三关"，因东仰西伏，故名偏头。现存关城为明洪武十三年（1380）所建。

② 作者曾任交通部秘书，因途经大同的京绥铁路（今京包铁路）竣工通车，多次来大同公干并考察云冈石窟。薄游：为微薄的俸禄而宦游于外，也作谦虚的说法。

有党羽,亦颇得人心,若宁王事成,则世宗决无入承大统之望,且恐并遭其一网打尽也。世宗于武宗无所爱,而于宁王则大有所恶,故必不肯翻前案。总之武宗之举动如此,实不能令后人释疑团耳。武宗舍帝王之尊称而自号威武大将军、太师、镇国公,人以为离奇出意表,不知民间知大帅之贵而不知天子之尊,为帅则身之尊荣身可得而自见,为天子则夐乎不相接触,故天子诚不如将帅之可乐也。军中习惯则更但知有将军,而不知有天子,武宗既身居军中,宜其为耳目所濡染也。

武宗养子至百余人,盖皆其所蓄之勇士,如宁王之养把势也。太祖未称尊时,亦复如此。帝王所恃以为股肱心膂者,朝臣皆顾身家不可恃,则不得不求之于宦官。宦官仅能供使令而无材勇智谋之辈,故由宦官以求草野之能者。彼所谓能者无他,匹夫之勇与夫方外卫士之徒而已,即太宗之为燕王时,见解亦不过如此,要之明太祖忌才太甚,而科目出身之士夫类多庸庸保位,故其嗣君皆不欲与士夫为缘,因此养成宦官与士夫对峙之局面。

武宗因江彬之荐,与佛郎机①使人火者亚三相狎,遂学其语言,事见《明史》。佛郎机为欧洲之国,而火者亚三乃阿拉伯语。疑其人来自重洋,假远邦以自重耳。然以此知江彬部下之无奇不有,而武宗亦喜与异方人相接也。

---

① 佛郎机:明朝对葡萄牙、西班牙的混称。

武宗初来，偏信刘瑾，阁臣刘健、谢迁欲诛之而未能，致反为所排斥。论者多恶瑾为人，以为大奸慝。其实瑾之专权，仍与士夫相结，特有一南北成见耳。其党焦芳力持南人不可为相之论，瑾不过相与附和而已。比瑾之诛，仍由杨一清结张永而得其助。细按史实，只是宦官间之争权，与南北朝臣朋党之起伏。瑾固不良，然去瑾又何益于国，徒使武宗更不信任朝臣而已。且瑾综核名实，奏罢各边年例银两，似颇不负任使，非持禄养交之朝臣所及。固未必无一节之长也。

因过苑西而慨然于正德年中事如此，武宗诚一异人矣。使其享国长久，殆将一变重文轻武之风，或进而益致力于海外交通，未可知也。

其　二①

暮霭苍茫之中，踏雪城西，从北海五龙亭而南，循海墙行，见墙趾啮沟冰，巨砖剥落如锯齿形。武宗、熹宗阅内官操于此。当时钲鼓之殷填②，旌旗之盛美，其景况不难想像。今杰然一楼，虽丹碧驳落，犹屹立于严风朔雪之中，四围景

---

① 本篇发表于《三六九画报》1944年第25卷第1期，署名：蜕庵。
② 殷填：人很多的样子。明陈子龙《送杨扶羲入都授官》诗："晨钟初罢散朝归，车马殷填照城郭。"

色凄凄如在墟墓。假若明代之人复生于今日，睹此情形，亦未必能复识此为当时天子阅武之场矣，更未必能知事势变换已至此极矣。惟此无情之木石，经人事千万之变迁，犹有少数存留不变者。人目所不能尽见者，惟木石犹能见之，安能不使我辈浩然发长叹哉。

今所谓养蜂夹道者，实为羊房夹道之讹，在明代为豢养禽兽之处，以供苑囿之娱。今之北京图书馆新建筑，本为御马圈官地。至今此一带人烟荒凉，时有断垣残础，令人想见明清两朝皆为内苑中荒僻之地，帝王足迹固不易到此，即朝士大夫亦无缘涉足其间，数百年来殆惟内府厮养能至耳。

自此以西为旃檀寺，寺以大佛像出名，为内城最巨之佛刹，自庚子一役为团民所盘踞，遭兵燹后，迄未能恢复旧观。历史上垂名之巨像，亦化为黑灰永埋地下矣。晚清以来，相沿为驻兵之地，夜间刁斗相闻，与五龙亭校场新旧相映成趣。

寺西为西什库，所地极宽。其围墙亦犹旧时建筑。想自明代即为内府各种库藏，而典守之者则为内监。其间出纳侵渔何可胜计。而连楹累栋之旧藏虽经李自成之乱，未曾全毁。清室入关，一仍旧贯，历朝累积，倍极充盈。光绪中将北海蚕池口之教堂改建此处[①]，树立丰碑以明敕建之意。庚子

---

① 即今西什库教堂，也称北堂。最初建在中南海紫光阁以西，羊房夹道（即养蜂夹道）以南的蚕池口，称蚕池口教堂。康熙四十二年（1703）建成，光绪十二年（1886）因中南海扩建迁移到西什库重建。

围城，拳教相攻，喋血满地，亦古人所万不及料者。库物迭经荡毁，盖数百年之蓄积一无存矣。惟十库中之广积库，自明代即为存硝磺之处，清代沿而不改，即民国犹然，历史最悠久。丁丑后将旧址售与北京大学医学院，今已建为医院，新宇奂然。今为回春之地，昔作杀人之储，得不更令人爽然耶。

大凡自西安门以内，北接旧皇城，东接苑墙，自明代建都以来从无外人居住，皆官苑所司奄人接迹之处。自民国十年以后，皇城撤卸，界限已不甚分明。更若干年恐街道房屋皆无旧迹可寻，行人过此亦未必再能生今昔之感矣。

嗟嗟我生，所历已多，每到一处，辄思我身所亲见者已变幻若此，假若我设身为瓦砾为尘土，其感想又当何如。诗人云"乐子之无知"①，彼诚无知耶？我诚有知耶？有知者未必不幸，无知者亦未可乐也。然吾意大地有情，皆宜竭力保存勿破坏，能保存一分即保存一分，勿令其遂澌灭。此都之故实，诚有不忍听其竟毁者。是在有心者共维护耳。

---

① 出处《诗经·国风·桧风》，原文："隰有苌楚，猗傩其枝，夭之沃沃，乐子之无知。"

游崇效寺记①

庚辰三月二十一日，赴友人之招游于崇效寺。楸树依然，花已将萎，殿前瘦竹作态伶俜，西院小圃数弓牡丹，高者可及顶，寺僧强指黪紫一丛为黑牡丹也。圃有柳一、松一、柏一，杂树映之，淡日微风，使人意远。东院地稍修广，新建屋舍数楹，惜为人所据，不能设茗临赏。周行花间，秾芬袭袂，伫盼久之，念辛酉一侍慈舆来游，自楸树外，余均不复省记，翻叹岁月之长也。寺中《红杏青松图》昔未寓目，今索而观焉。卷粗埒牛腰②，装裱已浥，敞细审清初诸老所题，殊无精采，疑真迹已裁去别弆，惟隔水绫③上字尚存其朔耳。嘉道以后差无所损，曾太傅一绝句云："春花犹是昔年红，烂漫繁枝照碧空。定惠道人无一事，独依松下听清风。"同治庚午十月正其入觐时，此诗《日记》《诗

---

① 本篇收入《补书堂文录》卷一，1961年油印本，署名：瞿蜕园。
② 牛腰：比喻诗文卷帙捆起来像牛腰一样粗，李白《醉后赠王历阳》："书秃千兔毫，诗裁两牛腰。"
③ 隔水绫：书画中引首与画心、画心与题跋之间相隔的部分，多用绫子制成。

集》皆不载。李越缦壬午、甲午两题,后题正其捐馆①之年。老笔颓放而真气犹弥满,恨寺僧眈眈于旁,不欲余私有所录,忽忽过眼而已,不知其深闭固拒②,惟恐缄镅③之不严,适立以速名迹之毁亡。可慨者,固非直此僧耳。其藏经阁,规制颇旧,甚似余乙亥、丙子间所梦之境。今日眼中犹似梦,他年回想,抑又可知矣。

---

① 捐馆:放弃了自己的官邸,指官员的去世,后以"捐馆"为去世的婉辞,亦作"捐舍"。捐:放弃;馆:官邸。
② 深闭固拒:坚决不接受别人的意见。
③ 缄镅:以锁固封。

《北平志》编纂通例[①]

《北平志》之编纂以纪述北平近代之史迹为主旨，尤注重于社会状况之变迁。志之内容兹定为六略，分述如次：

（一）疆理略　凡属于地理之记述者隶于此编。其目如下：

曰位置，

曰气候，

曰地质，

曰地形，

曰自然物产，

曰建置沿革。

（二）营建略　凡人力之建置皆隶此编。其目如下：

曰城垣，

曰故宫，

曰公务机关——衙署，营房，仓库，使馆等入焉。

[①] 原载《北平》杂志1932年第1期，署名：瞿宣颖。《北平》为国立北平研究院史学研究会杂志，共出版两期。

曰文化机关——学校，观象台，辟雍，孔庙等入焉。

曰宗教建筑——佛道寺观祠宇，耶回教堂，及其他半宗教的建筑皆入焉。

曰慈善机关——医院，孤儿院，粥厂等入焉。

曰会所——会馆公所入焉。

曰店肆——市场及私家商店入焉。

曰娱乐处所，

曰园宅——名人故居入焉。

曰街巷，

曰河渠，

曰郊苑，

曰冢墓。

（三）经政略　凡北平地方行政上之设施皆隶此编。其目如下：

曰行政制度，

曰财政，

曰警察，

曰交通，

曰公用。

（四）民物志　凡社会状况之纪述皆隶此编。其目如下：

曰户籍，

曰职业，

曰货殖,

曰氏族,

曰教育,

曰救济事业——贫穷犯罪及娼妓之调查入焉。

曰卫生,

曰宗教事业——宗教信仰者之统计及各教在北平活动之历史入焉。

曰新闻事业。

（五）风俗略　凡属于民俗之调查皆隶此编。其目如下：

曰语言——方音及谣谚入焉。

曰礼仪,

曰乐歌,

曰信仰,

曰娱乐——戏剧,舞蹈,赌博,岁时游览皆入焉。

曰饭食,

曰器用。

（六）文献志　凡属于北平之史料皆隶此编。其目如下：

曰史乘——用《顺天府志》例,专载纪述北平事之书目而撰写提要。

曰诗文,

曰传闻——以上二者皆用旧志通例,但数量过多,只能编目要而注明出某书某卷,某种版本。

曰金石,

曰年表,

曰旧志索引。

案《民物志》内子目,繁简似尚未合。今拟改为:

(一)户籍——职业分属,民众来源均附焉。

(二)农田水利,

(三)工业,

(四)商业,

(五)教育,

(六)救济事业——贫穷犯罪及娼妓之调查入焉。

(七)卫生,

(八)宗教事业——各宗教信仰者之统计及各宗教在北平活动之历史入焉。

(九)新闻事业,

(十)金融事业,

(十一)党务活动,

(十二)物价。

但此问题留待讨论,未为定案。徐炳昶[①]附记。

[①] 徐炳昶(1888—1976),字旭生,以字行,笔名虚生、遁庵,史学家,政治活动家。生于河南省唐河县桐河镇砚河村。曾留学法国巴黎大学,在北大讲授西洋哲学史,近代哲学史等。1935年任北平研究院史学研究会的考古组主任。1948年任北平研究院史学研究所专任研究员兼所长。

"双肇楼丛书"① 序

东莞张子次溪以书来告曰：将辑刊"双肇楼丛书"，以存北都故实。且以余久旅于燕，十年前曾有"北京历史风土丛书"之辑，嗜好略同，坚索一言为弁。余惟北都掌故书《日下旧闻考》修于乾隆，《顺天府志》修于光绪，宏篇巨制，蔑能有加矣。顾近数十年来，两遭剧变，曰庚子，曰戊辰。庚子联军之役，戊辰移都之举，凡宫苑邸宅，衙署街衢，以至服饰器用，制度习俗之易旧观者，盖十不下六七。岁月迁流，转盼皆成陈迹而不可复追。其为时尤迩，则尤易为人所忽。故言北都掌故，不难于其远者，而难于其近者也。庚午为陈

---

① "双肇楼丛书"，张次溪编纂，收录入旧京戏曲史料《燕兰小谱》《日下看花记》《片羽集》《鞠部丛谈》《北京梨园金石文字录》等三十八种，1934年由北京邃雅斋书店出版。张次溪法名"肇演"，娶名佛学家徐蔚如之女徐肇琼为妻，故将著书之所命名为"双肇楼"。瞿宣颖为"双肇楼丛书"作序、题词。张次溪（1909—1968），名涵锐、仲锐，字次溪，号江裁，别署肇演、燕归来主人、张大都、张四都等，广东东莞篁村水围坊人，四岁来京，著名史学家、方志学家。著有《北平岁时志》、《李大钊传》、《天桥丛谈》、《北京岭南文物志》（与叶恭绰合编）等，笔录有《白石老人自述》，编纂有《清代燕都梨园史料》"燕都风土丛书"等六套大型丛书。其父张伯桢（1877—1946），为著名学者、藏书家，于北京龙潭湖购地数亩造张园及袁崇焕祠，1958年张次溪将其捐献给龙潭植物园。

子纯衷叙《燕都丛考》,尝举斯义。其年与张子同从事北平研究院之史学会,亦辄以此相商榷。张子既夙治此业,又能亲历闾巷访求旧闻,视余之但能钻研故纸,固高出万万。是书之辑,弥此缺陷,盖不待言。张子其亦许为深知此中甘苦,而非徒贡谀已也。

岁在阏逢阉茂①之秋,瞿宣颖兑之父书于北平补书堂

附　双肇楼题词

一楼遥在凤城南,眉史修成拥翠岚。
若向春明征故事,定知覆茗涴轻衫。

次溪道兄,以粤东世家久客燕京,熟谙掌故,与不佞同钻故纸,常有余味。近与海盐徐肇瑛结褵,榜所居曰"双肇楼",无识与不知,皆称而羡之。他日续竹垞、退谷之书,又增此一段佳话矣。

---

① 阏逢阉茂:即"甲戌",本文作于1934年,为农历甲戌年。阏逢,亦作"阏蓬",天干中"甲"的别称;阉茂是地支中戌的别称。出处:《资治通鉴·汉纪四十四》:"起阏逢阉茂,尽旃蒙作噩,凡十二年。"

"京津风土丛书"序[①]

古来纪都邑之书,巨帙易于流传,而零篇短简往往湮没不为人所重。即以燕都故实而论,竹垞朱氏所引诸书今已多不复觏。十余年前,愚尝有志蒐辑陆续付梓,俾以汇编而获广流布,粗引其端,终未克竟,自惟闻见寡浅,铅椠[②]之功,日益荒殆,虚存此愿。而已东莞张子次溪侨寓宣南,究心掌故,手所纂录何止等身!赏奇析疑,每承许为同调[③],尝谓燕京建鼎千年,当有宏著以扬其辉,如竹垞、退谷者且不足道,惟君盛年当引为己任。君志怀谦退,姑欲以辑存文献启其端近,以偶游沽上,兼朵此两地之故实。凡流传稍希者若干种,先行刊之,曰"京津风土丛书",以视愚昔年所辑博且精矣。辱承征序,赞叹何极,惟祝早日成名山之业,不佞且以筚路之劳,被余荣焉。

瞿宣颖敬序

---

① 本文为"京津风土丛书"序,署名:瞿宣颖。"京津风土丛书"由张次溪编纂,1938年出版,收录有《北京形势大略》《燕都名胜志稿》《旧京遗事》《燕京访古录》《琉璃厂书肆记》《崇效寺训鸡图志》《大兴宛平岁时志稿》《春明岁时琐记》《燕市货声》《燕市负贩记》《燕市百怪歌》,以及《津门百咏》《天津杨柳青小志》等十七种。瞿宣颖为之作序并题签。

② 铅椠:指书写,校勘。椠:古代用作书写的木头板片。

③ 同调:比喻志趣或主张相同的人。

《湖广会馆馆志》后记①

京师之有会馆,昉于汉之郡邸。自明以来,遐陬日辟,贡举、仕宦、行商于辇毂之下者,苦于人海之浩瀚,情意之难通,相率买屋宣南,以为乡人税驾问津之所。推其原始者,或云永乐已有之。而刘同人《帝京景物略》则称盛于嘉隆。同人所纪详核,其必有所受之也。余尝遍读各省方志,于江西诸志中得其所纪在京县馆数事,有备录万历中房契者。明代江西人文最盛,故斤斤致意若此。然述掌故、备考核、杜侵欺、垂信守,允哉良法,惜他省方志不及也。自余少时,备闻承平故事,簪绂之家,仕履无间,中外莫不以资助会馆为急。京朝士大夫之来自南服者,政事之暇,踪迹咸在私事,必取办焉。宣南尘坌湫隘,曹郎寓舍,不能旋

---

① 本文为《北平湖广会馆志略》(又名《湖广馆志》《湖广会馆馆志》)一书后记,署名:瞿兑之。该书由石荣章编纂,北平湖广会馆董事会编印,1947出版。石荣章(1880—1962),即石荣暲,原名修忠,字荛年,号靖耸,湖北省阳新县白沙镇白沙铺村石清人,近代方舆学家,1908年毕业于山西法政学堂,曾在政法、交通等部门任职,原中央文史研究馆馆员。编纂有《库页岛志略》《尼泊尔志略》《平南国史略》等,个人主要著作均辑入"蓉城仙馆丛书"。

马。每至行庆言欢,张乐召客,惟会馆是赖。岁年之中,计偕谒选,送往迎来,沾溉所及,下至舆隶。一从改革,事异时移,梦华风味,只堪追想。民国肇建,于今三十有四年矣。选举之制既沦,廛市之规亦改,来游之人各自为谋,不必独亲其乡里。且郡邑分合,大异于前,循名责实,多成陈迹。加以岁月滋深,栋宇倾坏,或且陵谷。贸移令威,重来无由辨识。其间经管之人,被侵盗之嫌者,亦所恒有。凡天下事之存废,一视需要之缓急,尤视其人力之是否克尽。由此以往,不出三十年,此都数百区之会馆,殆皆将渺然不知所往矣。夫中国之大,乡里之谊诚有不得不讲者。其先世既同里居,联姻戚,共患难矣。则子孙数世之后,彼此情谊倍乎,所谓水源木本之思。欲期民德之归厚,何可竟斥为不合时代。中国文化精神,基于家族,成于乡里,然推而至于国家天下。继自今国运日隆,则乡谊必更趋于扩大,而不宜加以摧残。缅想燕京之为首善,千年于兹,人文荟萃,源远流长。全国之所具瞻,亦即全国天民之秀,精神所寄。邦之先贤既已苦心缔造于前,要皆本乎众擎共济之忱,期后人之发扬光大。其心公,其利溥,其规远。苟遂视若路人之事,听其日就澌灭,则肯堂肯构之谓何?岂所谓克肖者耶!

我湖广会馆,于各省馆中规尤宏大,春明士夫咸乐称道。改革以还,幸得两省耆旧相与维持,未至颠坠。顾瞻时难,亦深虑日久而终于涣散。佥以经久之道,宜以保存文献为先。往时诸馆本有馆志，而流布未广，日渐亡佚。今宜创编《湖广馆志》，及时刊行，以垂久远。议既定，公推阳新石君荩年执笔为之。石君发箧陈书，躬自搜访，越一载而脱稿。余既得寓目，因喟然而兴无穷之思焉。夫所谓志者，大之方州，小至于一乡一镇一寺，乃至一馆，其用意固无殊也。而昔之从事于斯者，每不能探其本旨所在，徒为途泽耳目之具。及夫达者兴于其间，欲勒成信史，昭兹来许，则又苦文献之不足征，卒不克副其志。是以章实斋有州县设志科之议。志之所以取材者，不足则虽有良史之笔亦未如何。然苟无良史，则后之人亦不知史料之可珍，两者互为因果。今观石君之所作，知其难有十百倍于州、县、乡、镇之志者，盖馆中文籍近者仅存其经费之数，与质剂之属而已，远者固已无存。历来移交保管之章程，难得善法。此来彼去，遂渺焉莫寻。今欲纪述本馆之沿革变迁，求之于馆中，绝不可得。无已，惟有遍搜其他纪载，摭其鳞爪，聊存一斑。若传闻之言，未可遽信。揆之著作体例，诚亦不能滥收。以羌无故实之馆籍，而求其成史，不亦难哉。

虽然，石君之苦心，必为后来深识之士所能昭喻也。往者不谏，来者可追。沧桑之变，有难预测。失今不传，后将何述。即此一编，固吾今日竭尽心力所仅克有成者。使从此而馆中能续续保存勿使更有亡失之文献，则犹有可告慰于方来。筚路蓝缕，有开必先，创难而因易，自古然矣。石君之为是书，固审度甚周，而非率尔操觚者。其详于近而简于远，重事实而略浮文，凡足备后来之征考者，虽一字而必存，诚良史之用心也。观夫是书，益见馆志之不可少，而前此之失于经意，为深可惜。编既竟，佥以四方未宁，人不自保，相率鼓舞，以授梓人。虽纸墨窘乏、事力奇艰如今日者曾不顾，恤诸君勇于任事，诚有足多。付刊有日，使余读而为之后序。自顾于乡里之事，既未尝有所裨补，惟是粗解文字，校勘之役，亦未敢辞。爰推阐诸君与石君之用心，疏说如上，俾后之人知际此百艰而犹汲汲于此不急之务者，良以吾侪今日所能为，正莫此若。自其大者言之，区区一馆志，不足道矣。自吾侪数千百流寓北都之人言之，则患难相依之中，务固莫急于此也。抑又闻王君子刚之言曰：两省各县邑会馆，往往有甚绵长之历史。而经理不尽善，濒于危殆者甚多。盖各为之志，以附于是编而行诸君咸是其言。方属友四出，口咨笔录，亦渐将盈帙。与是编如骖之靳，为美尤备。余乃进而言曰：夫所贵乎文献者，岂徒资观感而已哉。固将使后之人鉴往知来，推陈出新。使事业之日增月盛，而不坏也。会馆之为良法美意，既如前之所云，今后当操何术使之克为自存自给，且滋荣无已之公共事业，则在后人抒发悃忱，摒除私见，因时制宜，选贤与能，勿以有利而群争，勿以无涉而不问兴废。绝续之交，其在今后十年间乎。中国之事，废于公众管理者，不知凡几。人亡政息，鲜克有终。惟会馆以众目昭彰，且继起者乐于资助，幸能历数百年不坏。然其不坏者，亦仅矣。吾为此惧。然揆诸时代趋势，将来公共事业，必日以发达。人民习于团体生活，必较以往为胜。则吾侪今日所耿耿者，未必不即为将来事业滋荣之券。然而守先待后之责，吾侪有不能自暇逸者，馆志特其一端焉耳。

乙酉中伏日，瞿兑之记

瞿宣颖北京题材诗词选

《补书堂诗录》（1961年线装影印本）选

初春侍母游八达岭

空巷春声欢，独奉安舆出。城堙昔险艰，今走奇肬疾。妫儒古边郡，金埒更盘屈。逆行上青天，俯视荡太乙。伟哉挥斤手，地平真有术。起伏鳌背掀，灭没隼飞鴥。登城凭睥睨，残甓动践踤。野人献遗镞，苔绣蚀劲质。古人已冥莫，不见九边谧。马足谁能限，弓刀尽堪绌。下寻弹筝峡，冰解流洄汩。石骨漱灵泉，云木转明瑟。草心澹幽姿，将回黍谷律。

碧云寺赁舍

平生志独往，惜不四体勤。所慕村社间，一廛对榆枌。

寤寐恣取适，耳听离垢氛。宁敢木石伍，亦讵猿鹤群。但期悦我性，旷览朝及曛。农圃皆可师，岂必典与坟。卜居暂得此，寄意良欣欣。

主人西斋屋，洁除甚闲雅。不劳从家具，缾瓮粗可假。撷芹蒸胡卢，芳鲜谋诸野。儿童饱唉后，四走脱鞯马。月出始归卧，枕藉户牖下。

意行入谷口，扑面山翠酽。谷深蓄风涛，策策林树颭。曾空荡冷旭，明镜写秋艳。或时乘疲驴，来往憩村店。樵童谐语笑，真率无杂念。田居乐莫比，南面吾敢僭。

磴道凌青苍，曲折达寺东。门栏隐奇礧，亭槛俯深丛。栌栝阅岁久，亭亭招烈风。流泉啮石腹，琴筑鸣琤琮。幽禽亦时来，欲破莓苔封。选胜尤爱此，坐聆日暮钟。

昌平

八陉九塞势雄尊，摩荡青天树石浑。陵户世官沦隶卒，经幢番字署关门。中兴恃此精兵处，下第犹然直道存。人物山川供指点，沙城窨酒驿旁温。（沙城煮酒为近时名产）

登陶然亭

黑窑厂废接城头，坐阅辽金此一丘。龙树含风通院落，荻花如雪满汀洲。迟迟欲歇蝉鸣昼，漠漠还疑雁带秋。载酒已非吾辈事，翻书聊证昔人游。

永安寺禊集

无知乐芣楚，适性愧倏鸟。冬沍春始苏，清霁荡林表。幽径隐桧石，步入忘窅窱。虽无水曲觞，且复借芳草。六种岌震动，岿然犹壶峤。刹竿植其颠，法相更精好。八难傥袯除，垂闵在三宝。无谓游衍怀，高吟托禅藻。

观我生诗二十首

忧患余生思亲，血泪纷然，杂感不可名。言姑取平生，所经之地各系一诗，以亲存之。日为断，已见集中者不赘述。

（1）正则揆初度，黄门观我生。生当春二月，遥在锦官城。柱欲神鳌动，波潜海若惊。百罹从此始，今日老兰成。（甲午花朝生于华阳学院。）

（2）王程罢蜀辀，归棹指潭州。严妪多怜爱，青翁任謇修。渐看驯海鸟，复得傍春鸥。再整还朝辔，粗营故国楼。（乙未还湘寓浏阳门，聂大母有相攸之议。其年还京，先公初置朝宗街宅。）

（3）宣武坊南路，潘园尚岿然。官联坊局里，栋宇道咸前。湖石堆墙角,藤萝接屋榱。甫能离保抱,竹马戏三年。(丙申丁酉,先公官詹事寓米市胡同潘文恭故邸。)

(4)舴尾双歧展,车檐四望齐。邮程常早宿,稚齿赖亲携。夜火床窥鼠,晨风牖听鸡。兰陵南去路,他日到应迷。(丁酉由驿路赴江阴。)

(5)西园香雪海,树老定无香。斜抱墨华榭,深依嘉荫堂。鸦催官鼓动,蚓出砌苔长。亦解吟唐句,亲欢剑咡旁。(戊戌至庚子江阴学院。)

(6)棠棣舒双秀,梧桐荫满庭。不知春艳落,犹借暮苔青。揖拜逢三党,咿唔守一经。每随兄放学,复迓姐归宁。(辛子辛丑还湘,居朝宗街。)

(7)湖头冷日微,系缆傍渔矶。野犬冲人立,神鸦逐肉飞。夕阴沉鼓炮,水色冻旌旗。三楚连关辅,风波估客稀。(辛丑冬北上洞庭舟中。)

(8)迟回寓武昌,岁晏息征装。诏已回銮定,程犹赴阙长。姐丧殊突兀,母哭最凄惶。风雪凌兢里,油灯一穗黄。(辛丑壬寅寓武昌大朝街。)

(9)浩荡随春泛,侏僑问俗殊。禽言调吉了,海绣拆天吴。照夜灯荷转,窥星柳槛扶。衣尘凭暂浣,已解试奇觚。(壬寅春东下过上海。)

(10)初踏天街去,方疑尺五邻。更无旋马地,唯有候鸡晨。天佑銮舆返,元丰象魏新。街弹明汉法,雨洒属车尘。（壬寅入京，寓北池子。）

（11）趋朝宵甫半，退直日将中。灯火催人吏，冠裳犯雪风。问安惟子职，深念切臣衷。书塾兼宾馆，人来说孔融。（癸卯后居黄米胡同。）

（12）清漪园近处，路指六郎庄。麂眼巧遍格，虎皮粗叠墙。野塘荷点小，官道柳丝长。寓直因随读，相携步晚凉。（癸卯以后夏秋随侍六郎庄园寓。）

（13）寝庙营初毕，门庭雁序从。海棠花对长，湘上阁三重。鱼笋亲尝膳，书灯伴过冬。青庐忆庚岁，双胜映春浓。（丁未至辛亥居长沙朝宗街宅。）

（14）雨丝吹客鬓，暮色下湘川。人语悲笳里，鱼凫短艇前。家园轻一别，村舍已三迁。兵起殊仓卒，飘零故物毡。（辛亥冬移乡居。）

（15）稍有楼居兴，因成吟望佳。壁灯明四照，窗镜拓新揩。试马纤纤草，藏乌郁郁槐。亦知风景异，强欲慰亲怀。（壬子寓上海，自百老汇路迁静安寺路。）

（16）海曲频年住，三迁复向西。堤杨青更展，庭草绿初斋。楼店亲蛮槛，郊原试马蹄。年光难尽好，桑下影凄迷。（乙卯以后迁寓卡德路。）

（17）郭西湖畔路，旅舍辟岩扉。松吹凉依枕，波光晓浸帷。茗香龙井贱，馔美醋鱼肥。佣保频相讯，安舆客当归。（戊午以后常寓西湖葛岭下之新新旅馆。）

（18）磴道铺平石，逶迤指墓门。泉分新竹笕，绿满旧苔盆。瀹茗添寒色，烹蔬带露痕。岁时来下拜，咫尺二亲魂。（以下均灵隐石笋峰墓庐。）

（19）森森年易长，绕径柳杉栽。树树花争发，临窗绿萼开。不知春已老，安得母重来。手自经营地，扶节日几回。

（20）山深尘不到，每到似依然。几杖犹常御，琴书略未迁。自怜同雁泊，那得傍牛眠。却愧苍头叟，多年庇一椽。

秭园居东华门即光禄寺旧址题缄后重有感

半生出入经过处，题上书缄意欲消。薜壁近邻光禄署，虹腰却忆望恩桥（东安门桥久废矣）。春声纵鼓风骀荡，暮景长街巷寂寥。试向街南求法酒，几人曾此解金貂。

大防山诗

庚年秋九月，礼佛谒上方。其日气哀肃，天宇晶且沧。
夙兴振筋骸，襆被治行装。局蹐附传车，颠簸如扬糠。
既午达窦店，村驿具壶觞。卒瘏未云甚，谐价致笋将。
草驴不习乘，聊用负衣囊。行行乱石沟，触石蹄铿铿。
四山渐回合，野旷闻敲钂。山势有向背，显晦判阴阳。
其阴不受日，其阳转明晶。连环数十叠，戏绣为屏障。

道旁所解后，巨石纷狰狞。或蠢如盆覆，或亭如盖张。
或轮囷如芝，或连蜷如姜。劲或如斧劈，柔或如罗缥。
或翼天羸垂，或蟠地彭亨。忽立如巨夔，忽委如驯羊。
排奡或雕鹗，历落或蚌蛏。䖝以赤城霞，缟以青女霜。
有若椹汁紫，有若锦斑驿。有若阿房焦，有若大河黄。
形色不敢谛，挥霍眩目精。日暮途又远，数数问里程。
遂至孤山口，稍稍见村庄。矬屋瓦以石，广场援以荆。
食歉鸡啄倦，客稀犬行僵。绯衣转磨女，悴薄不胜妆。
急殆发火绒，颠倒索汲铛。涉险此方始，噫气濡以浆。
既懔山径束，复骇暮色荒。举步重若缒，移杖坚逾柳。
忽到一平台，高柯郁偾偾。云是接待庵，于此姑旁皇。
缁衣五六辈，问客来何乡。远行殊不易，吹火趣饼羹。
两壁约天起，一隙中修藏。地高日易冥，搅树风琅琅。
覆我床上衾，严植门中枨。冷趣砭骨发，竟夜心怦怦。
陵晨礼莲台，祗肃五愿香。次第要具瞻，七十二茅棚。
闵兹三途苦，回向坚精诚。晓禽为翻飞，清樾流华鲸。
洗心苦不早，自失始芒芒。余尤恋初地，曰惟煤石堂。
远对垂绅泉，蜿蜒一线绗。水枯石骨露，铁色如裸裎。
未上玉女峰，先睹娑罗坪。五里登石梯，铸绠贯银铛。
一步一喘息，接武不敢翔。云谁五丁凿，冯监殊铮铮。
想见进香者，络绎多贵珰。山腰既上跻，诸庵据堂隍。
就中曰广慈，双松与云平。翠涛风荡之，侧耳疑砰磅。

别院莳牡丹，枝叶犹颉颃。浓春贮深色，依倚何媌婧。
门右缃梅丛，风日艳相当。禅枝与忍草，不得比嫈嫇。
幸无过客恋，亦绝俗士评。尝考谢公记，老圃植猩棠。
复闻观音阁，上覆垂丝杨。古藤穿柏腹，连理枝相萦。
信兹物候殊，少松多篔筜。虹桥径斗绝，涧水鸣瓶笙。
虽无荇藻姿，即此濯沧浪。言寻百丈峰，有若象鼻峥。
陡起插青天，其上萝蔓扬。长年一斗泉，点滴悬钿缨。
禅师叱龙地，振锡留渟潆。其气独瀸润，一洗山骨苍。
仿佛凉雨日，薄游蒸与湘。蒙茸覆黛碧，馨逸霏杜蘅。
点染发朱丹，绛缥飘枫桱。夙闻摘星陀，险峭世所惊。
奋兴重结束，行縢自攛樱。舆轿以即领，蓐食起长征。
颇如崤关路，七盘十二绛。径密探峭菁，壑浚临嘈呕。
云气嘘户牖，风力撼屏墙。鹰隼亦敛翅，侧睨不敢抢。
骑行度阻厄，蠕动如蛣蜣。虽有飞走技，却立愁鼯鼪。
虽有草苯蓴，潜育绝蜾虫。此身可齑粉，所恃一发争。
舌结犹含箸，心摇犹悬旌。半涉得数椽，石础铁作甍。
烛盘何磊落，历载镇山楹。朱邸煏扁书，金薤灿琳琅。
颇疑古王者，望祭通九阆。申诚举柴槱，致严瘗圭璋。
风雷绠坤乾，倏忽变雨旸。金翅下擘海，巨灵倚高闶。
阆风昆仑颠，矫首群龙将。下士亦再拜，冠缕接裦裳。
云昔有阇黎，仓猝猛兽婴。自兹人迹绝，空复遗瓢罂。
榆枣不拱把，竦立瘅而勍。土疏气廉刿，岁久难为荣。

恭惟造峻极，簪笏朝群卿。灵祇通帝座，上下而四旁。
耀睫动象纬，倾耳调咸韺。于此叹观止，惧为睢盱侦。
往者朱邪族，潜师来自并。咄彼刘仁恭，凭险恣跳踉。
猛士蹩而登，懦夫扼其吭。黄间与渠荅，飞旝施雷硠。
定有万千士，肝脑涂铦铓。至今饮马窟，风起悲清商。
山花烂盈隰，泫若哀国殇。为此思古昔，浩歌慨以慷。
水大者拒马，隐见兼胡良。下视若游丝，大气接混茫。
度岭四五重，仆夫邪许更。爰达云水洞，进叩开士房。
耀我以束缊，冒我以两裆。前行焪明炬，麻黂杂苞稂。
继进类虫豸，扶服被泥汤。趾抵不得释，首压不敢骧。
有进不可退，遑恤肌肤创。一洞犹见影，二洞黝无光。
三洞一小窦，烟焱眯目眶。围可四五尺，蓄水清一泓。
第九洞将尽，井穴不可量。欲入前后踵，欲却左右妨。
背负若蛮駏，腹帖若蟹螯。自此十三洞，为里六七强。
洞中石钟乳，冰潇杂瑶霙。亿万琉璃碗，倒泻甘露瀼。
殊形而诡制，鹘突而溯滂。靓饰若郑旦，魌头若方相。
或掠晓鬟整，或被乱发鬤。赑屃左右立，对植俟使令。
龙女护瓶钵，俨然座金刚。昔闻洞庭山，石楼有神钲。
山肤何峑峇，乃奏微妙声。崇牙既业业，猛簴复趪趪。
肃然思武臣，忽听编钟锽。若风起纤末，缇瑟流铮镪。
时闻雕玉佩，采齐戛葱珩。厥音实奇肖，厥状难悉详。
或云善附会，所见邻村伧。噫嗟造化秘，神妙讵能衡。

壮兹广阳郡，凤昔帝所京。东向骛川原，演迤千里疆。
其西起巨镇，领脊走太行。幽燕之奥室，锡号维大防。
物产极俶诡，取精而用宏。或云苹婆果，树木甚繁昌。
入秋自结实，色若儿颊赪。一一如来面，美好相常呈。
寺僧不忍摘，遍山珠颗莹。或云双崖门，老树相交撑。
寒叶翩而下，簌簌涧谷盈。流泉注为池，三叠鸣琤琤。
传闻有龙卧，不敢濯我缨。石穴见故籍，冬温夏清凉。
春秋有白鱼，味美逾侯鲭。徒然资朵颐，临渊不获当。
山多黄独苗，堪作仙家粮。嘉名得□题，环产宜穰穰。
何敢觊久视，但期振羸尪。恨不北堂献，驻龄祝篯彭。
逢辰思古贤，孰如卢道将。下车表祠墓，先及霍休明。
当年教授处，犹表大小黉。胡为豆田谣，害贤致菹烹。
世乱名苦多，风烈身先戕。何能复正始，岂独哀元康。
缧马白杨树，旋车黄茅冈。千秋六聘山，悠悠处士名。
寂莫春复秋，释子苦经营。亦越辽金来，天开始恢宏。
旧志诸碑碣，想见排雕楹。自入韩姞寨，荦确隐荔芒。
诏书表延祐，断珉犹崝嵘。护持国家力，禅宫此宗祊。
锦镜林渊地，宝花间榠桁。摩挲辨书势，砺角供麋麖。
颇闻兹灵区，行迹绝豺狼。用此湛冥士，独往证无生。
吁嗟人海中，触目何伧仁。譬彼终南山，密迩丹凤城。
堤沙布官驿，车马日熙攘。咫尺闷灵秀，谢彼俗客婴。
寻常探幽胜，芥舟帆绝潢。谁具万斛舰，壮观凌溟沧。

初惩步武失,继忧精魂丧。自非长往者,畴敢山神盟。
发策索志乘,稽疑若追亡。一一合符节,泚筆亲寒系。
长言二百韵,累夕吟方成。作赋非余事,力惫徒望洋。
他年或避地,劚石容躬耕。漏永秋宵栏,如闻清磬鸣。
云居在指顾,岂曰疲津梁。回头下山路,天风移我情。

《司法公报特刊》(1938年12月)所见瞿益锴诗

惜红衣·六月二十四日十刹海酒楼

蠹柳藏鸦,初葭吠蛤[①],画楼烟幂。虾菜亭边,凭阑黯尘迹。茶陵祭罢,又数到、庐陵生日。长忆。此地晚凉,有承平裙屐。

明妆敛抑,翠盖霞裳,盟心沁银砾。曾澜近飑,太液锦灯寂。试觅冷云身世,清梦年年轻历。问旧栖鸥鹭,花底吹香犹识。

---

① 吠蛤:蛙鸣。

新雁过妆楼·七夕泛舟液池①是日独无雨

水殿云廊,初凉夜、碧天四卷清秋。宜春太液,方壶宛在中流。银汉斜分乌鹊浦,彩云先散凤鸾舟。悄思量,水天如梦,梦渺瀛洲。

银灯画船移处,又四弦唤起,海思云愁。粉香钏韵,谁知暗泣潜虬。流年易催素发②,况舟楫江湖险未收。金波滟,叹洗兵无雨,今夜偏休。

五月十八夕北海揽翠轩③坐月柬同游诸君

暂聚萍蓬成促膝,久疲榛莽一沾膺。何辞抱柱频移晷,聊为同舟快得朋。月傍重轮宜数至,地平一掌爱新增。轩楹豁露屏收栝,栏楯倚危④坐倚藤。宿鸟竞趋平楚界,晚蝉微辨绿阴层。心情总赖登临遣,腰脚都难少壮矜。天上广寒风缥缈,佛边舍卫劫频仍。本缘龙纛严周徼⑤(白塔本八旗禁兵信

---

① 液池,太液池本汉代宫中池名,今北京北海、中南海,为元、明、清时太液池。
② 素发:白发。
③ 揽翠轩:位于北海白塔正北面,建于民国年间,三开间,东西耳房各一间,能直观白塔。
④ 倚危:危险、欲坠的样子。
⑤ 周徼:周围巡行警戒。

炮所),谁悟牛车演法乘。帝网①华鬘交自饰,君弦檐铎暗相应。城濠后族迷兴废(梁家园,萧太后城故址),主客童谣验爱憎(妙应寺白塔)。漠漠尘寰凄下望,迟迟朏魄②待东升。太清何恨浮云蔽,佳气还觇御宿③澄。蓟子铜驼沉巷陌,汉家金爵冠柧棱④。情亲夜永停银烛,候讶秋先转玉绳⑤。荡耳松涛回作雨,涮肠荈饮⑥助怀冰。早眠休办通中枕,坚坐惟须半臂绫。

《中央公园二十五周年纪念册》(1939)所见瞿宣颖诗

稷园展览南海康先生遗墨赋此

九州晦雾非一朝,国耻不振文已敝,世须贤哲导先路。天助风霆吐噫气,伊人崛起岭外豪,独绍春秋志经世。

---

① 帝网:佛教谓帝释所居忉利天宫上悬有珠网,上缀宝珠无数,后以"帝网"比喻事物间互相错综复杂的联系和牵掣。
② 朏魄:新月的月光。用为农历每月初三日的代称。
③ 御宿:帝王出行止宿之地。
④ 柧棱:宫阙上转角处的瓦脊。
⑤ 玉绳:群星。
⑥ 荈饮:饮用粗糙的、老的茶叶水。

大笑徒应下士怜,独醒难起众人醉,何止尺蠖伤明夷。
至今浮游腾谤议,甲午以还逾四纪,绵历艰难事尤异。
经营不见椎轮时,渊源孰念先河赐,酰甘茧缚坐推排。
谋臧具违岂初意,亦知成败逆天难,但惊岁月回首易。
栖栖徒陨任道身,耿耿终赍填海志,及门群彦追慨想。
投老孤城拾遗坠,社坛今作乐游园,临水繁花照春瘁。
国门不忍抉眼留,大荒旨降披发视,鉴格宁依溪涧馨,
神明犹焕龙鸾字,细看淡墨勤点窜,不掩精思出凌厉。
想见沉吟具草时,已贮滂沱伏蒲泪,横流人纪今何如。
护此精诚照天地。

咏公园芙蓉石

玲珑一朵芙蓉石,埋没千年德寿宫。青芝岫又青云片,何止移山夺化工。(《养吉斋丛录》:"杭州宗阳宫,即南宋德寿宫旧址,旧有穹石曰芙蓉石……高宗辛未南巡,尝拂拭是石。大吏遂辇送京师,命置之长春园倩园太虚室,赐名青莲朵,并纪以诗。"现移本园青芝岫,现在颐和园乐寿堂前)

稷坛双树

社坛双树旧称奇,铁立空腔更发枝。忍向风霜深处立,

鬼谋人哭历多时（钱萚石有《社稷坛双树歌》）。

（选自《中央公园二十五周年纪念刊》第一四九页。中央公园委员会编印，1939年12月出版）

《中和月刊》（1942—1944）所见瞿宣颖诗

郊游经静明园至碧云寺

秋郊启新凉，薄游无近远。言寻招提寺，因过黄山苑。绀宇浮层岚，丹梯郁晴献。芳林风未落，芜径露犹泫。昀昀秔稻秀，瑟瑟松桂晚。即事眷景光，微尚寄游衍。劬生亮有涯，赏心会无限。回看斜日明，为照归途缓。

碧云寺金刚塔下小卧起作

红叶萧疏松桧香，塔铃风细石坛凉。斜阳睡起如初曙，始信山家日月长。

（以上选自《中和月刊》1942年第3期）

西山旅店小坐

杨榆夹道绿犹新，橡槲缘沟染未匀。暂坐楼台身入画，小栽花木气宜人。倦来茶味偏驱睡，静里风香更不尘。试把年光闲屈指，晴秋佳处即芳春。

辛酉五月与张次潜乘京绥车游明十三陵因步入南口城城半在山上属故延庆州

闻说金源日，初传此地名。连山趋海壮，高堙倚天成。征战由来事，边关万古情。至今沙碛地，寂历废深耕。

天宁寺登高

九日萧然出近坰，一节聊复叩云扃。夕阳双阙常分紫，山色前朝未了青。檐铎报秋风自答，夜灯消火佛无灵。纵横行潦平车辙，访古何人肯一经。

（以上选自《中和月刊》1942年第4期）

西直门外拜李文正墓

昔闻茶陵作相日,纪纲清宁未全失。中珰伺主导佚游,威柄渐移幸门出。盈廷攘臂竞直声,水火势成缘甚疾。公之独留忧更深,大臣体国无名心。不嫌牛骥甘同皂,要使鸥枭怀好音。当时蚍蜉纷撼树,事过平心论相度。秭归啼月潇湘深,风流文采还如故。城西赐地已丘墟,西涯仿佛烟水余。梧门覃溪两好事,异代能寻庾信居。芳郊三月春如海,我来欲下荒祠拜。畏吾村已不知名,惟有生金碑尚在。麓山南望足沾衣,辽鹤重来有是非。国花吹尽游人寂,空锁苔门黯夕晖。

题承光殿栝

过眼兴亡八百春,珍台奇树尚嶙峋。金源岂忆承平事,玉瓮同留劫后身。枉为清阴来俗客,若回池水浣流尘。犹应悔向人间老,未共盘龙柱作薪。

香山甘露旅馆偶题

章宗望祭天星处,神庙亲题御榜开(谓半山亭与来青馆也)。陵谷未移风景在，山灵亲阅几朝来。

（以上选自《中和月刊》1942年第5期）

昌平怀古

北门锁钥势雄尊，人物山川自古闻。他日小儿思耿弇，几人上第愧刘蕡。诸陵不见兴王气，故垒终思出塞军。乱后沙城更萧寂，犹堪煮酒酹斜曛。

乙丑正月三日偕昌平王明府自县城游汤山逢大雪

平生爱清旷，旷览及兹辰。连骑出城闉，飞雪冒衣巾。郊原惊演迤，草树纷嶙峋。扬尘浩无涯，积素漫已匀。休徒止旅店，入门践华裀。注君清尊酒，濡吻肢已温。荐君绣隐囊，跂足挛已申。自夸县令客，甚似画中人。后车同问俗，比屋应欢欣。庶几丰穰兆，复值岁华新。

明陵诗

文皇昭卜山陵基，昌平东北列屏岫。献策者谁廖与王（江西术士廖均卿，或云山东王贤），爰易嘉名曰天寿。历朝增葺迄嘉靖，宝坊矗表乔松秀（白玉石坊嘉靖十九年建，坊北石桥桥南二乔松）。穹碑丹漆焕金书，舍旧谋新震雷仆（长陵碑字大径尺一以金填之，碑用朱漆栏画云气，碑头交龙方跌，嘉靖中改谥号，锓木加碑上，至万历三十二年雷震碑仆始易焉）。绅笏橐鞬遥拱列，华表精珉镌异兽。祾恩殿中金莲柱（中四柱饰以金莲），盈抱梗楠色深透。石槽水清崔争饮，玉砌泥香燕交蹴（具服殿前有石槽曰雀池）。长陵之次献与景（仁宣二宗陵），享国日浅制稍陋（仁宗遗诏以临御日浅，山陵制度务从俭约）。寿陵初作旋敕毁，金山榛莽风飀飀（景泰中营寿陵，英宗复辟后毁，景泰帝葬金山）。朝天女户不复施，裕陵独辟千载谬（宫人殉葬者复其家，谓之朝天女户，见《野获编》。英宗始罢之，见《日知录》）。三后并祔制作古，笋虡胥完曰惟茂（英宗二后并祔宪宗，茂陵则嫡后孝贞，而外有孝宗生母孝穆，继而贵妃邵氏亦以嘉靖入缵之，故迁祔昌平，《山水记》云他陵或仅存御榻，茂陵则笋簴之属犹有存者）。承尘色黯金井干，泰陵德泽应最厚（孝宗泰陵初建，盛传其地有水，几兴大狱，《山水记》云承尘皆五色花板而茂陵、泰陵独完）。武宗康陵地僻远，青苔菡如碧玉镂（《燕都游览志》云康陵西去红门三十里，十二陵中最僻远者，陵背负五峰形如青菡苕）。旁支入继惟永陵，欹阶霜梧老蛟吼（《游览志》云世宗永陵墙内外皆植梧子松，祾恩殿后之左有松卧而复起，西向三折而始上）。神路上盘阳翠岭，周垣特制崇宝甃（世宗永陵曰阳翠岭，重垣为诸陵所无）。昭陵定陵惨遭贼，明楼摧折火乌昧（穆宗昭陵、神宗定陵明楼及殿庑门为贼所焚）。庆陵基袭景泰洼，德陵复土已召寇（光宗庆陵即寿陵旧址俗曰景泰洼，德陵熹宗陵也）。鹿马山中田妃冢，劫后遗民奉双柩。金钉石户迤逦开，龙衾凤翣参差覆。官钱已竭率私钱，仓猝村酤奠清酎。伪官犹解下符科（《肃松录》载，三月二十六日顺天府伪官李某票仰昌平州官吏动官银雇夫安葬崇祯帝后，云云），下僚无复具簪绶。沉沉待续阳膏焰，黯黯久圹天吴绣（《日下旧闻》云，圹中衣被飘黑，被止一面是锦绣，余皆以布，长明灯油仅二三寸）。具体而微地尺咫，石几前难列俎豆。以封以树赖兴朝，十五株松分左右（《肃松录》云，宝城距石几甚近，无城缭，以短墙左松八株、右松七株）。粤从顺治逮乾隆，特饬守臣禁薪樵。玺书往复具深意，屡申奠醊停弥狩。即今逝水后继前，不觉移星新复旧。寂寥玉座长莓苔，破碎金沟窜狐鼬。空传奉引起金灯（《黄图杂志》：诸陵相传夜分时有神灯出，宫城引驾行），久罢宫嫔瀎罗袖（《谷城山房笔尘》：诸陵惟中官洒扫，不遣宫女）。颇闻故侯葛帔单，严祀犹存龙种胄。宰木离披渐作薪，禄蠹偷欺谁执咎。泉干石瘦马垂颈，春寒野阴龙动宿。下拜何人撷涧毛，发策归来馨宵漏。亭林退谷载笔详，长吟不惮踵作瘤。君不见易州遵化两陵中，石马无灵值麟斗。

（以上选自《中和月刊》1942年第6期）

卓二君庸①邀集玉泉山自青榭分韵得襟字有序

　　光绪壬寅至丁未之间，侍先公于海淀直庐。岁常以春末居园，寒冬复还时，则受书之暇，奉杖多娱御宿之旁，往游常遍问劫灰于胡僧，识遗闻于老监，奉诚易主，柏梁既灾，固已追想承平，感慨系之者矣。逮庚申再入都，星纪已更，沧田无处。每因假日重觅前游，流连坏壁之前，踯躅荒陂之上，睹斜阳之在，树影不暂，移临明漪以照颜皱，还非故人间，何世家国之感，既深桑下，重来佛屠之情无已也。卓子君庸与余屡共郊游，独专胜境，先于静明园得水田一区，治甽淳流，夷坡构屋，塔影当户，宫堧作邻，借西山之遥苍，分玉泉之余黛，筼筜新种遥映于书窗，葭荚自生蒙披于钓艇，颜曰自青，肖其实也。顾余曾有结邻之息壤，差如此地之主人，记风景于前朝，阅流光于二纪，遂书所感，题于卷末，用存故实，以念同游云尔。

小筑来依御宿深，停车还许洒尘襟。日浮湖渌常延榻，

---

①　卓定谋（1886—1967），字君庸，号自青榭主人，福建闽县人，曾任北京大学教授，尤善书法，精研章草。著有《章草考》《银行论》，编著有《对照账记　银行事务解说》等。瞿宣颖与其弟卓宣谋（1891—1950）为连襟。

风定岚光自出林。深贮黄花过雁候，新栽丛竹已龙吟。看君选胜鞭先着，多恐栖迟负凤心。

乙丑十一月重入黄米胡同宅

巢燕仍归梦里身，画梁重扫尚如新。轩舆今日承颜独，阶闼常时听履频。径熟邻园元识我，庭深乔木尚能春。举家多是初来客，寸寸栏干指点亲。

巡行先觅读书台，依约童时蜡凤堆。藤树渐多侵北长，轩窗仍似向南开。新悲最触鸰原泪，旧泽须珍蠹简埃。今日阿咸如我长，书签重为费安排。

海棠阁外敞晴光，正忆春时绛雪香。长物如今犹楚得，名花从昔压南强。年时绣笔描脂黛，依旧猩红对点妆。却恨故园神物化，残枝犹覆画檐长。

篱巷深深苔径纤，闭门真与世尘疏。裁笺自写传家集，却扫兼回长者车。小瓮新笃云液酽，石瓶寒茗雪晴初。近来魏晋纷纭甚，倚枕才消一卷书。

补书堂歌

补书堂中万帙书，芸签塞栋牙比鱼。摩挲一一皆先泽，劫灰神护留秦墟。二十年中事万变，纪以长言歌且吁。昔我先公在中枢，萧然一卷退食余。前厅东西两头屋，纵横所列数十厨。其中上者出石渠，青缥为赙黄锦铺。九朝典录萃美富，私史颇复窥宏模。自从侍直承明庐，继以五省骋轺车。所至官书与私刻，购求橐载并宿储。顾我髧髦劣省事，负剑时复挟策趋。百家七略纷满眼，读不能了意则愉。七年飘瞥辞京国，连翩共返田园居。赐书堂启凌清虚，超览楼前树扶疏。海棠阁外亭双姝，春时绛雪霏坐隅（赐书超览扶疏双海棠并尔时先公手题屋榜）。花朝月夜棐几上，长侍点勘罗铅朱。乌乎胜事烟云驱，忧来不得闲须臾。桑梓龙荒麋走野，流人一纪翩在途。公私涂炭况敝帚，免为煨烬愿已逾。顾托成书拜饮泣，凄凉负土悲孤雏。曷来长安乞囊粟，经营始欲将板舆。梦中松竹新昌第，不意居然完版图。安排家具曰且缓，索我藏书载以舻。四千余里春涉夏，泛江循海来重湖。拂拭尘封抖虫蚁，细审面目还欹歔。珠还璧合虽得地，零编坠简劳爬梳。先为部勒区以别，钞缉散失勤自娱。补书颜堂懔夙夜，书成大业安若盂。朋侪好我染豪素，张我军如鼓应桴。中流何用宝一壶，花前从此浇千觚。时危况复谋身拙，抱残守阙真良谟。

丙寅四月重到福昌殿戏题

液池新被战尘黄，依旧檐铃语夕阳。但喜尊前能斗在

（乐天得此代梦在又云世上争先从尽汝人间斗如吾斗在盖唐人习语也），送人作郡看何妨。

宿香山昭庙数宵景趣幽绝

深墨幂四山，刁骚动万木。遥怜灯火光，有人同夜读。
山深日易夕，萧寂非人境。忽然闻檐铃，高风来塔顶。
早眠中夜醒，欲坐待日出。长宵慰饥肠，拨火煨芋栗。
夜长饥又寒，日出待胡久。起来试开帘，雪花扑窗牖。

（以上选自《中和月刊》1942年第7期）

罗睺岭

险绝罗睺岭，频闻暂一经。兴来闻崭削，目极洒空灵。
攀絮春云白，盘梯麦陇青。山桃倚危石，亦自逞俜停。

门头村

兵过闲村舍，春回活甽畦。石垣苔自覆，篱格柳新齐。
山径随沙没，春烟出户低。欲知长昼好，报午恼鸣鸡。

潭柘寺

度槛晓钟催,林光鸟唤回。意行随拄杖,宿雨净经台。异石从僧得,名花避客开。驼铃清到耳,知是送泉来。

黑龙潭

柘树乘雷化,龙潭致雨能。千章今已矣,一亩尚澄泓。缥缈亭如叶,坡坨石有棱。晚来风雨急,山势亦骞腾。

延清阁

阁回帘栊好,林疏院落宽。鹊声喧暮竹,佛火照危栏。香烬眠初熟,山深夜不寒。承平游赏地,一枕午能安。

许溯伊①招饮净业湖寓斋

元人樯舶通西海,积水城隈纳烟霭。绿野空从诗卷求,朱门几见王侯改。后来城阙生烟尘,此间地僻更荒榛。六街

---

① 许溯伊:即许同莘(1878—?),字溯伊,江苏无锡人,庚子、辛丑并科举人。曾赴日本留学,曾任张之洞幕僚,北洋政府外交部佥事,河北、河南省政府主任秘书等,著有《张文襄公年谱》、《公牍学史》等。

尽化金银气，一水犹余清净身。主人曾作平津客，曷来漫占潜郎籍。卧游已满少文图，异代刚逢庾信宅。结构居然虾菜亭，临流垒石窥珑玲。烟蒙官柳无穷碧，雨出遥山不断青。感君好古复得地，胜地还应值佳士。留宾合坐况多贤，话旧衔杯不知醉。归去长街月影流，钟声将动曙光浮。应念眼前人境异，途中触热几时休。

戒台寺

胜游云日丽，初地丹碧明。暂释登陟劳，已含超旷情。经台冠秀崿，春霭纳丛楹。苍苍松桂树，一一瑰姿呈。神龙变化疾，巢鹤风烟轻。栖迟禅关恋，轸叹世网婴。依依下山路，遥遥钟磬声。

戒台看云

戒台山前看云起，似烟非烟水非水。一片空蒙两难辨，遥指凤城一百里。山僧笑我不解事，看云看风有殊异。此时山中看白云，旋知城市生黄尘。即从云气知风信，上方下界从兹分。须臾去作山下客，真见狂风走沙石。却思山上看云时，苦乐回环不自知。

陟山门过双栝庐感旧

墨气摧颓厌戍旗，边尘塆黩黯征衣。遂看猿鹤同沉劫，孰使龙蛇发杀机。本谓管宁能避地，翻教温序竟无归。料应冤魄干牛斗，炯炯霜天夜有辉。

双桧庭前气不春，谁知好鸟亦忘身（昔过君，见手题门帖，用杜诗"好鸟不忘飞"句）。须眉秀杰常如接，翰墨萧闲奕有神。人意机深疑不测，我缘交淡却相亲。滔滔世乱知何极，论定终应惜此人。

天桥吊客

秀绝闽山望，连翩覆二豪。焦明知晚计，婴武恨同遭。微物犹伤累，浮名孰与逃。桥南埋碧血，终古气萧骚。

（以上选自《中和月刊》1942年第9期）

辛未三日十刹海禊集分韵得倾字

乐章嗟久废，朋酒暂同倾。临水容颜改，逢春岁月惊。风尘蒙客袂，车马散芜城。银锭桥边立，无情夕照横。（宋牧仲诗："鼓楼西接后湖湾，银锭桥横夕照间。"）

溥心畲招萃锦园看海棠以风雨不赴代拈韵得江字

宫殿潜行想曲江，讨春犹遣客心降。国花台废苔封树，极乐僧归土打窗。风雨青春须共惜，园林朱邸尚无双。遥知授简邹枚日，幕结青油倒玉缸。

（以上选自《中和月刊》1942年第10期）

旸台看杏

京西旸台山，金朝清水院。深深好峰峦，依依旧台殿。近说杏花繁，弥望畦塍遍。何止董奉林，还疑潘岳县。入谷路千盘，迎人峰九变。高下灯成球，浅深霞作片。颇助松石奇，芳姿倚山涧。尤矜云日丽，晴艳浮青甸。时时送好风，稍稍扬轻霰。虽嫌尘土污，不夺脂粉蒨。淡沱宫衣痕，轻盈玉妃面。尚想深院中，风帘度双燕。

过米市胡同潘邸即王文贞怡园旧址乙未丁酉间侍先公居此今四十年门径犹依稀若素识者

地出横街近，人曾绣裸来。门庭疑梦寐，水石未烟埃。鹤喜还丁暂，驼思对蓟纔。墙倚牵薜荔，迹扫换莓苔。哽咽乌巢泪，凄迷蜡凤堆。桑余成佛恋，竹想化龙栽。抚槛尘空老，趋庭日岂回。沧田多变灭，主客有欣哀。桂为传经重，花缘及第开。祥云张百福（其听事曰，福寿庭尽悬所得御笔福寿字焉），奎藻映三能。退傅堂留客，尚书履接阶。怡园劳剔藓，半舫复传杯（半舫为园中斋额）。嘉话承平续，衰年战伐催。他年志坊曲，应免问池灰。

（以上选自《中和月刊》1943年第3期）

潭拓姚少师禅室

芭蕉柱杖等闲身，靖难功成六百春。嘉福名蓝虽寂寞，赞公土室尚嶙峋。还家姊在难为弟，作贼僧同尚有臣。一样宗风开国者，瓮山高冢愧比邻。

亦云巢[①]坐话，因访其邻妙云寺奇石，复同游瓮山

买园贫宿构，出郭领余芳。犬护酴醾格，鸭翻薜荔墙。添荷愁膜损，从竹为阶妨。一壑藏身世，悠然可坐忘。

---

① 亦云巢：名士郭则沄位于京郊的别墅，位于京西香山普安店，郭则沄逝世后即安葬于此。郭则沄（1882—1947），字啸麓，号蛰云、蛰园，别号遁厂、龙顾山人，福建闽侯（今福州）人。光绪二十九年（1903）进士，著有《龙顾山房诗集》《清词玉屑》《洞灵小志》《知寒轩谈荟》，编有《十朝诗乘》，另著有小说《红楼真梦》等。为当时京津地区旧体文坛核心人物之一。

轩墀午照深，垂柳自然阴。跛脚绳床卧，清心荈饮斟。夷坚谈恍忽，波匿感侵寻。欲被忧危意，时须散策吟。

养然一磐石，或是陨星余。并绝阶梯上，能全混沌初。风烟经岁久，松桧托根疏。官道颓垣外，谁来访石居。

逝川终不舍，如梦竟何因。共借山头翠，深埋地下麟。团蒲宜结夏，霜栝复经春。各制衰迟泪，休疑过去尘（主人痤爱子于此，殇儿亦葬附近）。

历历开元日，俱窥御宿来。湖天长一望，云木尚余哀。珂马朝回路，雏松乱后栽。澄怀旧园宅，指点亦烟埃。

寿皇殿娑罗树

钱箨石说北中娑罗，以卧佛寺为最古。余按明韩雍《赐游西苑记》云："苑中有娑罗树，盖禁中植之久矣。"

娑罗佛国树，本耐耐寒植。不知此一株，何年载以北。尚想移根时，款款雕栏侧。遥对英华殿，堪与菩提敌。并思优钵罗，敷华傍西掖（见《七修类稿》，礼部有此花）。衣冠月一游，原庙尤严赜。槎枒习风霜，荏苒贸年历。不知步改玉，但见主入佑。九芝拂瑶旒，千官继簪帻。曾罢昭容袖，或倚侍郎戟。渐侵三出陛，突过四阿脊。蜿蜒苔座青，掩映松桷舄。恐忘鹿苑游，竟作鹓行客。休惊走双丸，但伤摧一翼。天䪨有时差，地维有时坼。欣哀固无与，倚伏尽所历。一歌下殿走，再奏客星逼。樱桃春不荐，松柏芟已赤。内官奉祠者，抱树独闵默。敢将蚁命争，庶博蛙怒式。老奴誓弗去，气涌血被额。至今景山下，两树炯生色。国君死社稷，奴亦殉所职。迢迢三百年，愧彼偷视息。奴竟拜粟廪，树亦逃斧柭。春来鸟鸣颠，花开雪沾履。七叶披苍髯，四出逗粉泽。闷宫既空寥，神御遂狼藉。花如蜀魄冷，树类尧肌腊。近游忆卧佛，曩咏怀定力。忍草与禅枝，莫同看紫陌。

妙云寺松

郊西寿安山，其麓富林籁。亦越辽金来，离宫所紫带。早见黍麦侵，无论栋宇败。依依寻云构，稍稍留香界。有寺曰妙云，百废一犹在。想当经营始，亦在池御内。有石矗若屋，有松偃若盖。夫岂人所成，无亦逢其会。松尤郁奇致，攫拿别院隘。根蟠不甃裂，枝突不瓦碍。龙潜何用文，蠖屈以远害。始起西南隅，莝若介胄拜。谁容徐北向，晬若伸笏对。磈砢节益坚，扶胥气仍沛。疏枝日散金，缛叶云泼黛。风回细和镛，雷过殷动旆。邪蒿敢托荫，劲括宁论辈。园将奉诚易，碑疑荐福碎。君撰郊居赋，宜以高松配。休移孙绰斋，但觅张璪画。憬此清净相，愿受具足戒。慈仁已神化，戒台亦身坏。不见松树畸，并作舆薪卖。

（以上选自《中和月刊》1944年第4期）

钓鱼台

汉廷文采想雍容，图象衣冠见四公。尚赖风光明杜曲，但持骚怨继兰丛。半枯松臂长凝翠，乍敛花姿爱洗红。却问著书王处士，金源身世故难同。

蛰园看花

铜轩绮疏春昼静，散香驱娑云裾影。午风深梦护文㙩，浅黛轻红斜复整。藤花相次争妖韶，双回翠架浓阴交。煜如重锦斗步障，洒如紫绶垂云旓。移根到此久阅世，瑞石芳泉偏得地。应怜逐队看花人，花时命酒年年至。

（以上选自《中和月刊》1944年第5期）

秋日安定门边闲行

嘉辰爱肃霜，云物旷昭写。背郭惬近寻，尘迹屏车马。俯观风漪曲，时听蠹叶下。兼葭宛在中，蒙楚蔓于野。土城已坡陀，遗隍尚清泻。宅京壮蒙哥，形胜奠中夏。当时白龙堆，颇出铜雀瓦。蹶兴看已屡，成毁悟盖寡。秋色横空来，咏游吾亦且。

冬初瀛台有作

老抑横卧波，历历见蠹叶。水宽日光冷，风起波自唼。石碕浸波痕，日夕势相压。顾望惟一影，动息恣数鸭。殿瓦黯黄碧，延搂抱周匝。草穿拦楯堕，松长磴道狭。独行还独谣，垣外车马杂。

（以上选自《中和月刊》1944年第10期）

编校后记：燕都掌故，永生不息

侯 磊

整理完瞿宣颖《燕都掌故》一书，更感到作者渊博的学识，劲道的文言，以及对古史和旧京执迷般的热爱。瞿氏擅长作赋和旧体诗，且擅治秦汉史、唐史、微观史，并于方志、传记多有研究，于整理、选编古籍多有实践，与朱金城合著有《李白集校注》，个人著有《刘禹锡集笺校》，整理校订有王先谦遗著《新旧唐书合注》、许敬宗编纂的《文馆词林》等，选注有《通鉴选》、《汉魏六朝赋选》等。他一生热衷于搜集史料，刊印旧籍；加上他出身仕宦，在京为官多年，尤嗜访古出游，雅集唱和，这些都是他治北京掌故的雄厚基础和天然来源。

《燕都掌故》一书所收录的，是瞿宣颖的北京掌故中，用浅近的文言所写成的作品，是作者对旧京的集中描绘。书中文章都在民国时的报刊上发表，中华人民共和国成立以后，除了《养和室随笔》和《苑西志感》等，其他篇章几乎没有再版过。

全书收录有三部篇幅较大、作者看重并写有自序的力作：

《北京建置谈荟》（1923—1924年，约18000字，署名：瞿宣颖）；

《同光间燕都掌故辑略》（1936年，约35000字，署名：瞿宣颖）；

《北梦录》（1934—1935年，约48000字，署名：铢庵）。

三部加起来，以及作者在《杝庐所闻录》、《养和室随笔》、《人物风俗制度丛谈》中有关北京的篇章，构成了本书的主要篇幅。因此，选取《同光间燕都掌故辑略》的书名并简化一下，以《燕都掌故》作为书名，并署名：瞿宣颖。

这三部力作，作者都带有明确的撰写缘由，白纸黑字地写在自序中。如《北京建置谈荟》先连载于《大公报（天津版）》，后收入作者自编的"北京历史风土丛书"中，写这本书的缘由是：

> 以今语论之，则欲观真正中国文化精神，必于北京。非直其建筑美也，所含之历史意味尤深永而可玩也。……居北京之诸公，读吾此记，为当知公等日日所经历之地，皆有可研究者存也。

晚清有"四大日记"之说：李慈铭《越缦堂日记》、叶昌炽《缘督庐日记》、王闿运《湘绮楼日记》和翁同龢《翁同龢日记》。《同光间燕都掌故辑略》是"四大日记"中李慈铭、翁同龢与王湘绮三家笔下与北京有关的篇章汇编，《北梦录》是在作者参与编写《北平志》时搜集的资料的基础上写成的，这两部自序主旨近似，以《北梦录》为例：

> 《春明梦余录》《日下旧闻考》《顺天府志》诸书，博矣精矣，然衡以近今情势，俱不相合。庚子以后，有震钧之《天咫偶闻》，近数年来，有陈宗蕃之《燕都丛考》。……独惜无汇为一偏者。

可见在瞿宣颖心中，北京是如此重要，但已有的著作多有遗憾，有太多的掌故需要理清，因此，他不得不先整理先贤的著作，再把燕都的掌故写下去。

瞿氏在诗集《补书堂诗录》中，以及在各大报刊上，都发表过不少描写旧京的诗篇，一并遴选予以选录。其诗不论五言七言，律诗绝句，长篇歌行皆为绝妙，尤以《明陵诗》、《大防山诗》纵贯古今；《补书堂歌》、《观我生诗》二十首既描绘旧京景物，又展现作者的生活环境与生平，文学、史学、诗学兼备。

瞿氏已收入"北京古籍丛书"的《北平史表长编》，和笔者整理的这两本《北京味儿》、《燕都掌故》，尚不能涵盖瞿氏有关北京的全部著作。作者的另一部《燕都览古诗话》正在整理中。《燕都览古诗话》是作者遍览京城古迹之后，以诗加注文的方式漫谈掌故，能看出旧体诗、文言文是他首选的思考方式，他并不只是"闲征雅令穷经史"，还会"共君一醉一陶然"，充满了旧时的生活趣味。作者还有一部手稿名为《北京掌故》，保存于上海图书馆内。此件为蓝格抄本，纵25格，横10格，单鱼尾，册厚一寸有余，肉眼估计尺寸为30cm×20cm，分为：疆理、营建、经政、民物、宗教、风俗和文献等若干门类，记载了某条掌故在某人某书某卷中，并从清代众多名家诗文集（特包含恭亲王奕訢的八卷《萃锦吟》）中辑出描写旧京的诗文，为作者对北京掌故所编的整体的目录索引，也是他写作的参考。此书可能仅是目录索引，也可能有部分章节存世，具体还须进一步研究。

瞿氏掌故上承晚清，下启民国，直承湘学文脉。行文多参引萧洵《故宫遗录》，刘若愚《酌中志》、顾炎武《昌平山水记》《京东考古录》，孙承泽《天府广记》《春明梦余录》、震钧《天咫偶闻》，及《光绪顺天府志》等，并对明清笔记、诗文集等广为熟知，多从中取材。他本人也曾于1925年编辑出版"北京历史风土丛书"，第一辑收录《京师偶记》《燕京杂记》《日下尊闻录》《藤阴杂记》《北京建置谈荟》五种；第二辑收录《天咫偶闻》《燕京岁时记》两种。他点校朱彝尊的《日下旧闻考》，并于新中国成立后继续为北京出版社整理了《天府广记》等，并写了大量不署名的按语、校记等，对旧京古籍的整理和发掘起了巨大的作用。

他会在文献的梳理和分析后，加上自己所见所闻所感，时常在文中出现"余按……"、"余以为……"、"余以询之……"、"昔时……，今……"等。这种与"古典"对照的"时典"、"今典"，则更见性情。瞿宣颖在《北梦录》里《酒》一篇中，写旧京各路白酒，忽然突发一段：

> 余按北方之白酒燥烈尤甚，尽人皆知矣。良乡黄酒与山东、山西黄酒形色皆相类，大抵深黄而浑浊，饮之甜凝，终不似越酿之清醇隽永也。

读到此处颇见性灵，自然韵味无穷，满口回甘。人间暖意，从天而降，令不喝酒的人也心生酒香，这才是AI无法取代文学的地方。请教过瞿宣颖晚年弟子俞汝捷先生，说瞿老颇为擅饮，黄酒白酒均可。又读作者诗词，多有"屠苏久别莲花酒（海淀出莲花白酒有名，昔年常酤饮），粔籹尤甘虎眼饧（见陈其年词）"（《辛酉（1921）元日》）；"自叙诗成新酿熟，浮云一笑酒杯宽"（《三十生日》）之句。读他的《独饮》、《客坐见翁牛特旗酒辄为赋之》《不眠》

《夜读》等诗,更能看出他好喝酒,爱旅行,会打牌,擅交际,对一切稀奇古怪、奇技淫巧之事,连同杂史秘闻充满了浓厚的兴趣。白天是位场面中人,晚上自家会失眠,会为家庭诸事所苦恼,更会为事态纷乱、亲友离世、史迹不存、学术不振……皆有感怀。

以同代人而论,他的旧京文章比肩于郭则沄《知寒轩谈荟》,夏仁虎《旧京琐记》,陈宗蕃《燕都丛考》,傅增湘《藏园游记》,周肇祥《琉璃厂杂记》等,为南方士大夫多年寓居旧京所作,他本身与上述诸位多有唱和。他下笔描述旧京,既有北洋政府时期时人的视角,又有历史和历史学家的视角,并发出传统中国士大夫的感叹:

> 他如兵、工、礼三部古物并多,散失俱尽,亦从无过问者,更越数年。所谓曹司清切地,恐将尽化市楼,居驵侩矣。
> 百年之间,风气迥殊若此,不尤令人感不去心耶?
> 自经庚子之变,逐渐移革,几皆不可,志其故处矣。
> ……

可见瞿氏有存古之心,更可见他对史学,对旧京的用情至深。新中国成立后,瞿宣颖在《新民晚报》《大公报(香港)》《解放日报》《文汇报》等上面发表了几十万字的文史专栏文章,将他一生深耕的掌故惠及大众。

以瞿氏为例,其针对某一地方的文化书写,是通才型的大学者秉着对此处乡土的热爱,用心写下考据与见闻。如果由仅懂这一方乡土者来写的话,不论学识与才情都是不够的。

随着对瞿宣颖作品、史料研读的日益加深,这位已去世五十余载的掌故家不禁跃然人间,他不再是枯坐灯前皓首穷经一老儒,而是一位翩翩浊世佳公子。

本书的整理工作采取以下条例:

1.原文为繁体字,现采用简体字出版。异体、通假等字改为标准用法,如"馀"使用"余","録"使用"录"等,涉及旧京的书名、人名、地名等参考北京出版社出版的相关书籍,采用通用写法。

2.原作者引用古籍版本不一,又一些常用字尊重作者的用字习惯,除错字、别字外,在编校中并未对所有文字进行统一,如"阑""栏"、"唯""惟"等。

3.原文不少篇章没有标点,仅有断句,也没有使用引号、书名号等,按现代汉语行文规范统一标点。

4.对书中部分人名、地名、风俗、事件等,特别是与北京史地民俗相关之处,加以简要注解。

本书的整理和出版得到瞿泽方先生、金章和女士等瞿氏家族后人的大力支持，得到俞汝捷、田吉、张军、宋希於、龙耀华、王若舟、曾瘼堂、唐雪康等前辈老师的悉心指导，高立志、乔天一、王铁英、张帅、李更鑫等统筹编辑老师编校书稿时付出了辛勤劳动，刘越、林楠、欧然、邓小燕在编校上也提供了很大帮助，在此谨致谢忱。

特别感谢的还有我的老师张卫东先生，彼时张先生正忙于早已绝迹舞台的北京高腔戏的恢复、承传工作，于百忙之中为本书作序推荐。多年来我追随张先生学习昆曲、八角鼓和北京史地民俗，受益良多，特别是在整理到与经、诗、词、曲有关的部分时，能先有此种文体的概念，还能学着吟诵甚至唱两句。张先生特别谈到，点校古籍是门需要承传的手艺活儿，要把所有的原文和相关研究文字阅览后再比较推敲。这与学唱曲子是同一个道理，只有多学、唱熟后才能再学作曲。您并特别推崇相熟的《楚辞》专家王泗原先生。王泗原先生一生仅正式出版了三本著作：《离骚语文疏解》、《古语文例释》、《楚辞校释》，合计一百万字左右，但在点校整理古籍方面博学精深，几无差错。

前人文章广博丰富，深奥精微。本次整理工作唯恐有误，敬请专家读者批评指正。